我们都应该问问自己存在多少缺点，曾被多少人讨厌，受过多少的白眼，经过多少寂寞的长夜，等待过多少条没有回应的短信，付出过多少如流水的真心，掉下过多少颗没人看见的眼泪。

你越强大，站得越高，就会有更多人不喜欢你呀。可是你更应该看到喜欢你的人给你的力量，才能不浪费时间和心情在那些于你根本无关紧要的人身上。2015 年 9 月，长沙中南林业科技大学讲座，七千人，两小时，我为讲台而生，喜欢我的人给我力量！

不管有多少阻力，不管你走得多慢，只要你一直傻呵呵地往前走，就可以走到一个你不敢想象的地方。我更知道，那个地方只是你一个人可以去的。所以，千万不要期待有人能陪你。得之，你幸；不得，就自娱自乐地一个人走吧。

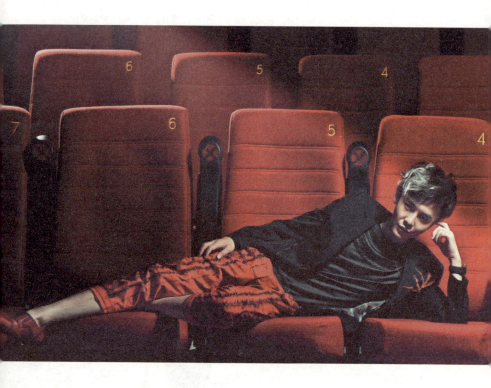

　　每个人都那么不一样，却同样沉醉在自己选择的世界框架中。
尽管这个框架外人不能理解，甚至会嘲笑，但是，它就是我们每
个人独一无二的原因。

　　我就这样，和大部分大学生一样，每听到一句伤害，心里就回击一句诅咒；表面风平浪静毫不在乎，内心惊涛骇浪、浪奔浪流。只是看看镜子里连平凡都算不上的自己，再抬头看看冷漠冷清的天空，只能悲怆地往前走下去。

　　我突然盼望时针能够停摆。我眼中已经没有了周围的杂乱与喧闹的人群，只觉得有一轮巨大的圆月在前方空明澄净的地平线上"嚯"地升起，指引我拉着她不停向前。

那些经年历久、不知为何的苦练和孤独铸就的所谓才艺，
一定会在时机到来的时候加倍地奖励你。

每个人的生命中可能都会有这样一个人，他不是朋友那么简单，又不像恋人那么复杂，而是独自和你创造了凌驾于爱情和友情之上的另外一个世界。他可靠，他强大，他温暖，他爱恨分明，在你需要的时候，一转身，他就在那儿。

寂寞是毒
也是解药

Loneliness Makes You Fearless

King of Popularity

新东方人气王

周思成 ⊙ 著

北京联合出版公司
Beijing United Publishing Co.,Ltd.

目 录

1

先来说点儿别的。我在出完第一本书以后，有很多出版社来找我洽谈进一步的合作。可是我有自己的想法，我想找我文坛的偶像——韩寒和郭敬明的出版社来帮我出书。不要觉得违和，在我心中他们都是天才，都是商业的奇迹，只是一个粗放桀骜，一个细致聪明。他们俩也是我心中的最佳 CP，我经常跟学生开玩笑说，我是他们的结晶。

所以看着接连不断的合作意向书，我天真地幻想，也许有一天，他们的出版社也会主动找上门来，发现我这颗"大结晶"。无奈我的第一本书只是达到普通畅销书的水平，在市场上并没有引起那么大的浪花。我苦等许久，心愿落空。

我决定转"受"为"攻"，主动出击。我突然想到微博上的人一般都是会填自己的毕业院校和就职单位的，于是我输入了出版社的名字，然后跳出了一大堆人。其中第一个人的认证信息便是郭敬明所在的出版社的"总编辑"，于是我开始在他的微博下面留言，说说自己取得的小成绩，并谦虚却渴望地表示想要他给我一个机会在他们出版社出书。

我对自己的主动性很满意，并喜滋滋地开始盼望着回信。据我分析，那家出版社在英语这个门类上会有些弱，所以我想他们一定会展开双臂拥抱我的加入。

过了两天，没有回音。我想，很正常，总编辑嘛，很忙的！说不定在跟郭敬明开会呢。于是我又跑过去，非常诚恳地又留言一番，还发了私信给他。结果又过了几天，仍然音讯全无。我并不气馁，因为看到他的微博并没有更新，所以我推测他一定是太忙了。然后我又发了一封新的私信。发完后，紧接着再发了一封，对我再三的打扰表示歉意。

在我已经快失去信心的时候，有一天点开私信，突然看到了他的回复，我十分激动地赶紧打开：

"周老师您好！谢谢您的信任和坚持！只是您可能不知道，我们是一家文艺社，是不出英语相关的书籍的。祝找到更合适的下家。"

我尴尬极了。我才明白，很多大出版社会有很细腻的分工，每个分社也许只会承担个别的门类。我连忙回声"谢谢"，便开始思考新的出路。

结果第二天我又收到了他的私信："周老师，我觉得你非常坚持，这一点是一个成功作者的必备素质。我有一个好哥们儿在 XX 出版社的外语分社当社长，我把你推荐给他吧！他们出版社的能力非常强，很适合你的。"

我立刻搜索他说的出版社。果然，各种奖项、数据和雄伟的大厦，确实彰显了非凡的实力。不多久，那家出版社的编辑便打电话给我，热情地表示合作的兴趣。

然后，便有了我畅销百万的《一笑而过》英语系列。

我们做的有些事也许出于现实的目的，但是，在现实中去不现实地坚持，说不定会有一些浪漫的回响。

2

刚才说的那个故事和这本书有何关系呢？

今年，这位总编辑先生给我打电话，说很希望跟我合作，出版一本非英文的书，比如励志、鸡汤类的东西。他还"引诱"我说他跳槽到了另外一个市场营销能力特别强的民营出版公司，出版过诸如巴拉巴拉一堆的畅销书。我有些惊喜，毕竟时隔多年，有些犹豫，因为《英语大王思思来了》——我的第一本书，便是讲我的成长、英语学习的方法的。我也有些想法，因为他可说是我的"恩人"，感恩、报恩，于我来讲是一个人基本的品质。我更有些动心，之前合作的都是一些国营出版社，体制和思路都多少有些局限；而民营出版公司也许能给我带来一些全新的东西。

可是这位老兄倒好，我刚跟出版公司签约不久，他又因为各种原因离开了。接下来我跟那个出版公司就有永远沟通不完的事情。

"周老师，我们希望前面说你成长的部分能短点儿。"

"不行，那才是最真实的'Diao丝'时代。"

"周老师，我们想要更多一点的学习方法。"

"可是我希望这是一本纯小说，甚至文学作品，学习方法已经出过了。"

"周老师，你有些语言太露骨了，可能要改一下。"

"除了错别字，你们什么也不能给我改。"

……

最后，我和出版公司友好协商，解除了合同。

再现实，我也有我的坚持啊。

3

这本书我以为我可以一个月写完：不就是那档子事儿吗！

结果，我写了四个月。

并不是一直在写。有时候写完一个部分，要休息一周，才能继续写下去。因为写它，相当于自己再活了一遍似的，所以曾经的快乐也会再快乐一遍，曾经的痛苦也会重新让你承受。我不是专业的小说作家，所以很多情绪都没法儿做到置身事外、冷静客观。

其实我在很早很早以前，就决定要写这样一本书了。我一直没有动笔，一是怀疑这些故事真的足够精彩么，二是我一直找不到一个合适的口吻来交代它们。它们全部真实？其实未必。那些你会看到的"坏人"真的有那么"坏"么？有时候是我遇到的几个人的综合，否则万一这些人在故事里看到了他们的影子怎么办？

所以，你若问我真实性，我想说那是70%的真实，加上20%的混搭，以及10%的添加。

我其实没有，也毫无资格从一个"成功者"的角度来给你喝碗浓浓的"鸡汤"，但是，我也笃信这里面的很多文字和画面，能够在你觉得"为什么这个世界这么残酷"时，让你感觉到温暖和希望。

感谢故事中的那些人。感谢我自己。也感谢你。

周思成

2015年8月28日于岳麓山下

楔子

"尊敬的周思成老师：

这里是新东方教学管理部，恭喜你获得第三届新东方演讲师竞聘的第一名。

祝一切顺利。"

我点开新邮件的提示，短短的、分明的几行字跃入视野。

新东方演讲师，新东方两万名老师中只有十三个。第一名。没错，虽然是第三届的第一名，可《我是歌手》第三届的第一名不代表比第一二届第一名差啊。

胜负心是有多重啊。

可是，为什么要不重呢。虽然我来新东方的第三年，就得到了全国新东方老师"师之王"的称号，可那是来自学生的投票，并不代表官方的认可。而演讲师的第一名，才让这个"王"字有了通通透透的实质。

你缺什么才想什么。

这句话刺耳，但是细想起来，却不是贬义。缺什么当然要想什么，难不成缺什么就逃避什么？想了、努力了、得到了，自然会更想炫出来，以此提醒曾经脆弱的自己：原来你呀，也是可以的。

　　只是，这个第一名我等了十年。

　　当然，如果让你用十年去换一个顶级企业中的第一名，你一定会头如捣蒜般地同意的。那么，请允许我和你一起再次经历那些星辰与大海、孤单与绝望、荆棘与鲜花交织的青春吧。

Chapter 1

谁不曾独自忍受寂寞长夜

我们没有谁有资格去给他人贴上标签，
因为我们的心里也都排斥被他人贴上标签。
但是当这种排斥变成了对他人的主动攻击时，
我们其实攻击的是心中那个弱小的自己。

1

　　我的大学是一所普通的"985"高校。看到这句话，你可能心里翻了三百个白眼：都"985"了还想怎样？可是，同样是"985"高校，有清华、北大这种"985"，也有我们学校这种说出名字也不知道在哪个省份的"985"；就好比都是人，有长成吴彦祖那样的，也有长得我这样的。我的学校大抵就是"985"中长相像我这样的：平凡、暗淡、毫无光彩。

　　当然，我指的是我当时的长相。毕竟现在的我，还是有那么一些光彩的——虽然和吴彦祖中间还隔了一条银河。首先，那时我的体重，非常对得起"体重"这个说法——身体很重。身高一米七，体重一百七；虽算不得大胖子，但是体重和身高的数字一样，好不让人尴尬。这得全怪我妈，因为高三的时候，有种饿叫作我妈觉得我饿，所以我妈无时无刻不在给我弄吃的。比如我一天至少要吃五个蛋，随时随地都可以从书包里拿出两个煮熟的蛋。我经常向我妈抱怨："老往我书包里面放蛋，干！什！么！"我妈笑道："饿了就吃！不吃的时候还可以放手里转转，放松大脑！"

我输了。你看过转蛋的吗？

于是，在这样奇葩妈妈的喂养下，我茁壮成长，肥肉不流外人田。当然，只有蛋是不够的，我妈还给我买了林林总总的补品，什么"三勒浆"啦，什么"DHA鱼油"啦，什么"生命一号"啦。它们每天和那些蛋一起不分你我地滑入我的体内，然后开始旋转、跳跃、毫不停歇。结果就是，它们在我的脸上绽放出了无数朵花——青春痘。

其实人的分类有很多种标准，男人和女人，好人和坏人，阳春白人和下里黄人，性取向直人和性取向弯人……我们用各种标准界定自己，隔绝他人。而那时，在我的世界里最重要的人类划分标准就是，长青春痘的人和不长青春痘的人。

这真的是一个不可跨越的鸿沟，比我和吴彦祖之间的差距还大。你听说过怎么吃都不长胖的人么？只有一种人比他们讨厌，那就是怎么都不长痘的人。胖，还圆圆滚滚，可以跟可爱扯上关系；痘，若圆圆滚滚，却是跟丑脱不了干系。有些人还喜欢找胖胖的男朋友或女朋友，摸摸、揉揉肚子觉得很爽；再重口味的人也不会主动找一脸痘的人，就算不得已嘴上说"宝贝儿，我不在乎"，眼睛却很诚实地每次看到痘就不想直视。你知道长痘痘的人比不长痘痘的人多多少烦恼吗？你知道长痘痘的人比不长痘痘的人要多花多少钱么？你知道长痘痘的人要长多久痘痘吗？他们天天谨小慎微、禁欲忌口、求医问药什么都敢尝试，却阻挡不了一波接一波痘痘毫不留情地摧毁脸上每一寸原本吹弹可破的皮肤。

而我更是痘痘受害者中的"战斗机"。它们大小不一、形状各异、颜色鲜艳、此起彼伏地横亘在我脸上，就好像找到了寄主的流浪汉一样，再也不肯离去。市面上那些"可伶可俐""满婷神药""药妆""韩妆"纷纷在它们面前败下阵来，然后颓废地堆积在我抽屉的角落里再也不见天日。你知道痘痘的生命曲线是什么样的吗？我就知道。我分明地看到一块完好的皮肤上，突然有个什么东西在探头探脑，然后它突然冲破了封锁，崭露头角；接着它肆无忌惮，野蛮生长；它终于大白天下，盘踞一方，谁也拿它没有办法；最终它的野心和欲望喷薄而出——对，在痘痘消亡的那一刻，造成皮肤拥堵的组织液夹杂着脏物一起不堪重负，忽然爆炸。我曾无数次地听过痘痘爆炸的声音，它当然没有"爆炸"这个词本身那么响亮，那是从你的皮肤上突然发出轻轻"啵"的一声，却足以让也许在安静背单词的我大惊失色。我以为爆炸之后这一波袭击就会结束，哪料那痘痘尸骨未寒，经常召唤出它的后辈们继续在它身边起义，你方唱罢我登场，好不快乐。

是的，我好不快乐。

当然，胖和长痘是很多大一学生都会遇到的尴尬。若我也仅仅如此，未免显得平凡，后面那厚积薄发的力量来得便会莫名其妙。我面临的真正问题是，我不能讲话。但凡对我有点了解的人都应该知道我那段神奇的经历：从高一开始的三年半多的时间里，我是不能说话的。当然不是我不愿意或者不喜欢讲话，正常人一天不讲话都憋得慌，何况三年半有一千多天。所以，不是不想，是不能——全因我高一的时候得了慢性声带炎，做完手术后一直没有恢复好。

于是，我就带着我的基本配置——一身肥肉、一脸痘痘、不能说话的喉咙开始了我的大学第一天。

寝室里，三个操着不同口音的哥们儿在神侃着什么，看见我走进来，热情地迎了上来，连忙各自介绍自己，名字、出生地，不一而足。说着说着，还伸手上来，若是我现在，一定会傲娇地说句"讨厌啦，看就看，干吗动手"。而当时的我，有人愿意伸手，已是非常满足。他们各自帮我卸下身上行李简单放好，开始期盼地打量我，貌似在等待什么。我明白了，我应该要像他们一样，报上姓名、性别、年龄，哦不，其他的基本信息，然后我们四个人就要在一起尽量和睦地相处度过接下来的四年时间了。

我张开口，气息从声带滑过，带出悄无声息的密码。我突然意识到他们已不是我的高中同学——那帮已天各一方的家伙，不仅知道我做手术的事，更参与了我能说话的过去，所以一般我张开嘴"咿咿呀呀"，他们大抵便明白我要讲的意思。而眼前这帮陌生人，我该怎么跟他们去传达那复杂而无趣的信息呢？结果就是，我生硬地把一个张开的口型变成了一个哈欠，然后对他们点点头，便自顾自地收拾行李去了。当时并没有一个术语叫作"脑补"，但我能脑补他们一定错愕、尴尬，甚至对我的不礼貌有些生气吧。

因为我后来"偷听"到他们的对话来证实了自己的脑补。"你说那小子怎么那么没礼貌啊？从来都不搭理人的！"我正在厕所里解决私事，听到外面门被打开的声音，接着便是一两天前开始才在耳际回响的几种声线在相互鼓动。"不知道。可能是艺术生，所以比较清高吧！""艺术生有什么可以清高的！对了，他学什么艺术的？""听说是跳舞的。""他那身材跳【消音】舞啊！""哈哈哈。""哈哈哈哈。"

此时的情节应该是我漫不经心地从厕所推门出去，然后装作什么也没听见似地洗手、耍狠，再漫不经心地趁甩干手的时候把水甩他们一脸。可是，这真的不是芒果台的校园青春励志大剧，我跟大部分现实生活中的人一样，就蹲在那里，蹲到开门关门的声音再次响起然后寂静，蹲到确认了寂静是死寂，蹲到两脚发麻、两眼发花，蹲到忘记了原来还有站起来那个选项，因为在被别人讥笑误解的时候，大部分人都会和我一样认尿，不要说解释了，连挺直腰杆的勇气都没有。没错，中华民族的美德就是隐忍、圆融、和气生财，有财才有一切嘛。

很快，我"没礼貌、不理人"的行径就传开了。我从来没有住过校，不知道原来住校的生活那么可怕——那些走读生涯里花在路上、花在和父母拉扯上、花在看电视上、花在入睡前独自思考上的时间，现在都要尽数放到和那些明明刚刚相遇，却热络得跟生命挚友一般的人身上，每个人自然都拿出把祖坟都扒开的劲儿找话聊。无奈再怎么扒，毫无厚度的青春和其中轻薄的故事大概也会在几天之内说得精光。接下来的三年十一个月零二十几天的岁月，大概就要在制造八卦、制造绯闻、制造"基情"、制造事故中度过了。

所以我非常符合一个制造谈资而且是黑谈资的样子，那就是明明长着不好看的样子，却一副心比天高的样子。"他们家应该很有钱，所以他才拽不拉几看不起我们。"我谢谢你，我们家醴陵北乡周家村的，你以为是地主。"他们家应该很有关系，所以他那么胖还能给他找关系编个艺术生的身份弄进来。"我谢谢你，信不信我分分钟下个腰、劈个横叉再平转三十圈转晕你。"他应该【消音】很强，不然不会激素分泌旺盛到脸上的痘比我们全班所有人的痘加起来还多。"我谢谢你，我【消音】很强，你告诉辉瑞制药找我做他们拳头产品的代言人哪。

亲爱的隔壁寝室同学，你们能不能不要这么肆无忌惮？你们难道不知道两个寝室之间的墙只有五公分厚？你们难道不知道自己关灯夜谈会的声音真的很大？你们难道不知道我只是不能说话而不是耳朵也聋？你们可不可以不要每次嘲讽完我还"吼吼吼"地狂笑一通？

　　我就这样，和大部分大学生一样，每听到一句伤害，心里就回击一句诅咒；表面风平浪静、毫不在乎，内心惊涛骇浪、浪奔浪流。只是看看镜子里连平凡都算不上的自己，再抬头看看冷漠冷清的天空，只能悲怆地往前走下去。

2

事情并没有变得更坏，因为大家迎来了大学的第一课：军训。很快，所有男生都把精力花在如何把被子折出锋利得可以削肉如泥的边缘上来；而女生们则把目光都聚焦在了表面凶悍严肃，实际上随时在散发电力的教官身上。而我的那点称不上"八卦"的逸事立刻退出了他们的谈资。

是的，我们有时候没有我们想象的那么重要。我们的优点也好，缺点也罢，根本不会在他人脑海中停留太久，因为人就是一种忘性很好的生物。正如你记不住单词，其实你并非记性不好，只是忘性太好。所以到现在，经常有人问我："思思老师，你穿裙子在外面走，不怕别人说你吗？"怕？也许那个"别人"从看到你，到露出鄙夷的表情，再走到下个小吃摊，他就已经忘记五秒前对你的讶异和不屑了，你却自己在那怕东想西的，未免太过自作多情。

所以，我也很快地忘记了那些在厕所中堆积的恶意和那些在午夜萦绕耳畔的嘲笑，开始继续坦然带着我的痘和肉，面对这个世界。

　　第一天军训就从凌晨四点突然吹哨集合开始。所有人无比狼狈地从被窝中爬起，然后睡眼惺忪地挤在操场上。月色透过红旗投影在我们的面庞上，稍微掩盖了他们脸上的睡意，也稍微掩盖了我脸上的痘痘们。我左顾右盼，看到后排有个男生笑盈盈地望着我。当时并没有"基情四射"这个概念，只觉得那笑容是攒动的人群中难得的美好。

　　在那些哨声、呵斥声、踏步声过去之后，每个人都迎着朝阳、拖着疲惫的身躯，像刚下了夜班的小姐们一般，违和地朝寝室走。"周思成！"记不得是哪个肩膀被拍了一下，然后紧接着的一定是我回头的探索。目光迎上的却是那难得的笑容，我欲开口应和，无奈声带不配合，于是那开口又不得不转化成一个哈欠，现在想来真的让人不讨厌都难。

　　"我是你隔壁寝室的寝室长，你就叫我小鱼吧。"他没有退却，热情地自顾自地说下去。我点点头，心里想那你岂不是每天晚上说我坏话的头子。"我觉得你蛮特别的。"他不依不饶。我尴尬地笑了，因为我也觉得自己蛮特别的，你能随便看到一个三年不说话、满脸是痘的胖子吗？

　　为了避免他继续独白，我停下了脚步，用食指点着我的喉结处，然后再摆了摆手指。他似乎恍然大悟道："啊！原来你不能说话啊！"

　　我觉得又好气又好笑，却又无法解释。于是，一条惊天大八卦又飞速地传播开来："原来周思成是个哑巴，我们之前误会他了。""啊，那他好可怜啊！""是的，还一脸的痘。"我对这种误传并不以为意，毕竟我那时的状况和一个哑巴无异，况且，被认为是哑巴总比被认为是讨厌鬼要稍微好些。

　　不，是要好很多。第二天，我刷完牙返回自己的床铺准备叠被子的时候，发现我们寝室的寝室长阿坤跪在我的床上正在叠我的被子。我拍拍他，露出疑惑的神色。阿坤转过头，轻快地说："没事没事，我们都懂你的难处……"

然后就是军训完回到寝室的时候，另外一个室友在帮我擦桌子。看见我回来了，他立刻对我说："你就坐那儿休息，这点事儿我来。"然后就自顾自地埋头苦擦起来。直到有一次看到阿坤在洗衣服的时候很自然地把我脸盆里的脏衣服和脏内裤拿到他水盆里一起搓的时候，我终于忍不住了。

我把小鱼找了过来，在纸上写给他："我不是哑巴！我只是声带做了手术，暂时不能说话。"他看了后无比尴尬，因为"周思成是个哑巴"这种话是因他而起，他似乎也明白，消灭谣言的任务也落到了他身上。

不出所料，当晚隔壁寝室的夜谈会话题便立即成为了关于我的谣言澄清大会。"周思成是声带做了手术，所以不能说话，并不是哑巴。"一听便是小鱼的声音。阿坤突然问："啊，你不是哑巴啊？"——没错，由于一开始我不说话，我们寝室便从来没有夜谈会的习俗，而那段时间里，理所当然就养成了我们倾听隔壁谈话的习惯。我点了下头，可是突然意识到在黑暗中这个动作应该非常荒谬，于是继续沉默。而他的那一问中，似乎充满了对帮我洗了无数条内裤的悔意。

结果第二天我刷完牙，他仍是跪在我的床上帮我叠被子，我仍是充满疑惑地望着他。"没事，"他觉察到了我的存在，"做完手术也是很痛苦的。"他没头没脑地说。天知道昨天一整夜他对自己做了怎样的心理建设。

于是小鱼和阿坤迅速跟我热络了起来，我也总算找到组织，虽然这个组织规模不大，但好歹也有两个寝室长，加一个不能说话的胖子。

要知道，我从小到大都被任何组织排斥，所以对组织有一种莫名的向往。自小学开始，每个班级其实就是一个小小的生态圈。而这个生态圈中一般会有一个主流社会，它大抵由这个班成绩最好的那几个"学霸"、班长、团支书、学习委员等"高官"，家境殷实的几个准富二代，不论是本班老师还是任何一个老师的子弟，以及从小便五官精致长相最出色的人构成。而这个主流社会边上，是一些非主流部落，它们又大抵分为想打进主流社会的备选部落，爱玩游戏、爱运动的"直男部落"，住得很近的人组成的地方割据部落等等。

我自身的条件完全是跟主流社会绝缘的。现在的很多学生会把我和学校的"风云人物"联系起来，很抱歉，又要让大家幻想破灭了。事实上，从小学开始，我连小组长都没有担当过；加之我们家是从农村移民到城市，自然不可能进入主流社会。课余我一直学跳舞、小提琴，所以举手投足都跟"娘"脱不开干系的我，自然也不可能入选"游戏运动组"。而只是由于地缘关系让我和一些阿猫阿狗组成一个组织，我却也是不情愿的。所以，我属于一心想要打进主流社会的那些人。

于是我望眼欲穿，处心积虑，终于等来了一个打入他们内部的机会——我的生日。我想，主动邀请主流社会的"权贵们"到我家来，欣赏我给他们准备的节目。要知道，我毕竟自幼从艺，所以才华还是有的。于是我苦练了一些巴赫练习曲和各种协奏曲，用劳动课剩下的彩纸剪出"小提琴演奏会"的字样贴在客厅墙上，再手写请帖给每一位主流权贵。然后要等待的，就是生日那天他们大驾光临，被我的才艺震惊，然后一起邀请我加入他们的组织，我再半推半就地答应。不要问我为什么懂得这么多溜须拍马的花样，因为当一个人绝望的时候，他的情商和智商就会迸发出惊人的力量和想象。

左盼右盼着，那一天终于到了。我把爸妈支出去，然后殷勤地布置起了"会场"：我把简陋客厅里的餐桌拖到了阳台上，把我每天睡的钢丝床折叠起来——没错，我睡了十年的钢丝床；然后根据邀请的"贵宾"数量把自己家的椅子悉数摆上，又去邻居家借了几把才凑齐。最后，我还用死乞白赖、打着生日的旗号从父母那要来的十元钱去楼下面包店买了一个普通的、连奶油都没有的小圆蛋糕——生日蛋糕我是决计买不起的，但是店家看到我一个小孩眼巴巴地望着冷柜里的各种漂亮大蛋糕，还是慷慨地送了我几个纸盘子。一切准备就绪，对于一个小学生来说，现在想来这样的 party 都算是用心了，于是就只要等宾客到来，然后宾主尽欢，最后实现这个可怜主人的所有期望和想象。

事实上，在想象面前，真相总是如此直白而残酷。我也没有期待所有被邀请者都会来，可是打死我也没有想到，一个人也没有来。我过一会儿就跑到门上的猫眼看一眼，又转到阳台上张望所有通向我家的来路，再坐在凳子上默默地守着，望着墙上我亲手剪的字，望着我调好了高度的谱架，望着我精心练习过数遍的乐谱，再听着滴滴答答的时钟一个针脚，一个针脚地扎进我连脆弱都算不上的心灵。当时的我还不明白伤心和绝望的意义，伴随我的只有无尽的尴尬。最后，在通常爸妈快回家的时刻到来之前，我把凳子稍微摆乱了些，然后一个人努力塞下了大半个蛋糕，再把蛋糕渣分别弄到了那几个店家好心送我的纸盘里。

很久很久以后，我的生日已不再是那副光景。每年也许我都要去全城最好的五星级酒店吃大餐，甚至会一起飞到海岛上包下海边别墅狂欢三天三夜，邀请的、没邀请的朋友也都会送上昂贵的礼物。我经常骄傲地觉得，小的时候并不会影响你长大的样子。可是有几次，我有两三个好朋友因为上课而忘记跟我说生日快乐，甚至是礼物没有在当天送到，我就勃然大怒，甚至之后一个月不跟他们说话。我突然发现，那一晚空荡荡的记忆给我带来的不安全感也需要花很多的爱才能修补上。

所以，你孤独，你失败，你没人爱，但谁又不曾是如此呢。

突然，小鱼和阿坤在我大学的一开始就出现在我面前，一个笑容灿烂，一个无比勤快，让我立刻有一种"我对佛祖许愿了五百年，终于佛祖答应了"的感觉。阿坤继续天天给我叠被子、擦桌子、洗衣服，小鱼每天早上经过我的房间就会叫我一起去集合。中午吃饭的时候他又会拉着我，帮我排队、打饭。我对我的大学生活突然充满了希望和期望，我终于明白了那些天天搭肩而行的人为什么比独来独往的人脸上总能荡漾出更多的平和与安心。

"小鱼，"隔壁寝室的夜谈会时间和我们寝室的倾听会时间又如约而至，"你是我们寝室的寝室长，怎么天天跟隔壁寝室的人混在一起。"天天晚上都鼓噪的那几个声音之一在黑暗的房间里回响。"是啊，天天跟那个"娘炮"一起玩有什么意思！这几天都不跟我们打球了！"声音之二接了上来。"他不会是喜欢你了吧？你要小心哦！"声音三不甘示弱。"吼吼吼。""哈哈哈哈。"几个声音肆无忌惮地交缠在了一起。"好了，他都不能说话，你们不觉得蛮可怜的吗？"我最熟悉的声音蔓延开来。

嗯，也许他是觉得我可怜吧。一切都有了解释。

可是，那又怎么样呢？救命的稻草，再脆弱，我也要抓住它。

3

军训简直是现代版的满清十大酷刑啊。

酷刑应该具备两个条件。其一是场地特别恐怖，试想在马尔代夫如果有人对着蔚蓝的海水和细腻的沙滩用劲儿把你的脚折到头上，你也一定会咬着牙夸她泰式手法到位吧！其二是刽子手特别恐怖，如果 angelababy 或者郑恺（大王："黄教主莫生气！" 黄教主："闹太套！"）扇你耳光，你应该会一边红着脸一边说："不要！不要停！"

而军训就具备了这两个条件。九月初的太阳有一种行将就木前的固执，早出晚归，无比毒辣；只消一两天，你的肤色就足以让你去非洲认亲戚；而教官们，我不知道他们在女生眼中看来是什么样的生物，但是在男生眼里，应该就是一群丧心病狂的疯子。每天用像被刀划破的喉咙厉声训练，或者训斥着我们，教官之间只有凶和更凶的差别。这样的风格号称是为了让我们从一切有人包办的高中生活中迅速过渡到紧张自律的大学生活中来。我们被期待成为一群孔武有力、服从指挥、生活严谨、学习努力的现代化大学生。可是我常常在怀疑，如果那些教官看到我们大学后来的日子，会不会气得七窍生烟？我甚至认为，很多人后来的叛逆，也许来自军训过度压抑后的个性爆发。

可我却找到了偷懒的方式。由于不能说话，大家在努力喊口号、唱军歌的时候，我就面目狰狞地做出口型，而实际上完全没有声音。没有声音，便不用动气，自然轻松许多。而那些所谓高难度的军姿，从标准的正步，到利索的敬礼，我只消在心里把它们拆解成一个个舞蹈动作，就可轻松、优美、标准地完成。看着身边那些家伙连把脚抬到膝盖下方都要拿出吃奶的劲儿，我真想展现出舞蹈中压腿的童子功，把脚扳到脑门上，让他们自惭形秽。但转念一想我已经是是非和口舌的暴风眼，还是低调些比较好。

所以在站军姿的时候，每当教官威严地在一旁巡视时，我总是目光没有焦点地望向前方，就算他走到我正前方，我也会掠过他的目光，把目光抛向无限远方。我害怕我标准的姿势引来他们的赞叹，我害怕他们对我赞不绝口时要跟我对话而我却无言以对。是，在某个方面过于优秀也是一种烦恼。毕竟我们的教育告诉了我们太多"木秀于林，风必摧之""枪打出头鸟"这类的观念，何况我的优势和劣势都太过明显。

"这位同学站得最标准，你们来看看。"我收回抛向远方的视线，惊异地发现教官正站在我前方，此刻他一贯严肃的脸上居然浮现出了一丝轻松的赞许，凶悍的眼神也柔和了许多。我眼珠左右转了几圈，心想他是在说谁。结果其他同学似乎都放下了自己的脚，共同化作了"你们来看看"中的"你们"，而我，似乎就是"这位同学"。我一下没了主意：我是继续保持着自己都能感觉到的标准姿势呢，还是谦逊地放下我笔直高抬的腿，向"你们"微笑致谢呢？

　　我还在思量，教官沙哑又洪亮的声音立刻打断了我："来，这位同学，你来跟大家说说你标准姿势的技巧。"接下来那一两秒过得无比之长，我在等待平常那些议论过我的人出来解救我，帮我解释，哪怕说一句"他是哑巴"，这个尴尬就可以立刻化解。可是我突然想到，上回教官训斥一个姿势不标准的女生时，同寝室的同学出来帮她解释身体不舒服，结果被罚跑了五圈。

　　这个教官应该是gay，不然不可能这么不怜香惜玉。

　　这是大家对他统一的猜测。当然在那以后，也没有人敢再随意调侃和插嘴。所以，他就站在我面前，我就在那抬着腿思索着，所有的"你们"一直在"看看"，除了汗水还在自顾自地滑落，时间好像瞬时停止了。

　　"你叫什么名字？"刚才赞许的语气突然转调。我的眼神无处安放，落在他身上也不是，飘向别处更不对。"教官对你说话，你该立刻怎么做？"一贯的嘶吼又回来了。我能怎么办，继续僵在那咯。"你……"一般在他的呵斥之下，至少能换来颤颤悠悠的回答。而我的反应让他始料未及，他也噎在了那里。"报告……"一个虚弱却熟悉、我期待了很久的声音加入了这场尴尬的独白，那是小鱼的声音。其实我从未期待谁来帮我圆这个场，但是毕竟他还是可怜我的嘛。"什么事？"教官四下寻找声音的主人。"周思成同学喉咙……做了手术，所以……不能说话。"小鱼哆嗦地说。"哦？那你们为什么不早说？"教官火气转移，"你们"莫名又挨了一刀。

　　"那算了，"教官似乎不想纠缠，"原地坐下休息，找个人上来组织拉

歌。"教官，周思成会跳舞！"不知哪里来的声音响起。"我【消音】"我
心里不由自主地骂。刚才教官跟我对峙的时候怎么没看你那么积极主动。
"哦？"教官又转过脸来饶有兴致地望着我。军训了几天，说话响亮利落的
他没想到语助词如此呆萌，几分钟之内"哦"了两回。"那好，天天拉歌没
有什么新意，周思成同学你来跳个舞吧。"他兴致勃勃地说。

　　我依然站在那里不动。跳你个大头鬼啊！你以为跳舞和唱歌一样随时随
地起范儿就可以？没！有！音！乐！啊！唱歌没有音乐，那叫清唱；跳舞不
放音乐，那叫发癫。唱歌没有音乐，更可以听出唱功；跳舞不放音乐，什么
鬼都看不出。

　　见我还是没有反应，教官使出了拉歌的绝技："同学们，我们一起喊口
号！一二！快快！""一二三四五！我们等得好辛苦！"所有人立刻如雷般
地回应。我环顾四周，所有人的脸上都热烈地荡漾出了事不关己的轻松和看
好戏的愉悦，口号喊得比平时还要响亮许多。我甚至看到小鱼和阿坤那两个
家伙在人群中一起笑得得意忘形。

　　我只好无比尴尬地走到人群前面，硬着头皮跳了起来。由于没有音乐，
组合性强的套路自然是不能跳了，因为忽慢忽快的动作一般会带来抽风般的
既视感。于是我展现了一些舞蹈的基本功，比如说平转，从一个地方转到十
米外的一个地方，像一个陀螺一般，笔直流畅；比如劈叉，我毫不费力地把
两只脚往前后分到最远的那一刻，我分明看到很多男生瞪大眼睛的同时还紧
紧握了一下裆部；比如鹿跳，它不是普通人看到的大跳，大跳类似于在空中
劈叉，而鹿跳是空中劈叉的时候把前脚尖往大腿根无限夹紧，脑补下一只健
美的公鹿跳过山崖时的感觉，便是那样了。

　　到最后一个动作完毕，我优美地鞠了一个躬。抬起头来看到所有人惊异的表情，他们安静了两秒，然后爆发出了课文里经常出现的"雷鸣般的掌声"。特别是教官，他一个人拍的力量似乎是其他所有人的力量之和，应该是常年在军校磨练的结果。

　　我才发现舞蹈真的是一个很好的才艺，而我从小都只以为它是一种考试的加分项或是晚会上的活动背景。唱歌是一种不受条件、场地、时间、空间、心情、装备限制的全民爱好，只要有嘴，谁都能吼两嗓子，跑调了也能让大家哈哈一笑。而跳舞的门槛则非常高，并不是有脚的人都能、都敢跳舞，因为它要求有常年的基本功的练习，调动全身每一个细胞去感知每一个律动。所以一个人唱歌唱得不错时，大家会觉得，哎哟，不错哟，但是我也差不多；但是一个人真真正正在你眼前跳出一些稍专业的动作时，很多人会觉得超出自己的能力范围：我该如何把身体卷成一个S型再不停波动？我该如何把脚抬起来然后碰到头顶？我又该如何把手和脚的动作安排得如此完美从容？哎呀，人家做不到，这个人好厉害哦！

　　直到我后来来到新东方，跳舞这个我曾经不以为意的长处更是为我带来了无限好处。第一次去北京参加新教师培训的时候，第一天的自我介绍和才艺展示环节，来自全国各地的怯生生的新老师们大多只是简短地报了一下名字城市，主持人说的"才艺展现"这四个字无疑被他们的耳朵自动屏蔽了。一小撮不知是脸皮太薄，觉得要按要求办事；还是脸皮太厚，觉得自己的业余爱好可以被叫成"才艺"的老师，唱了一些当时最火的刀郎的中文歌或者20世纪60年代卡朋特的英文歌。到我的时候，我平静地走到人群面前，像以往无数次技惊四座那样把脚扳到了头上。凭借那一下，之后的每一天，所有老师看到我的打招呼方式都是："舞神好！""巨星好！"最后一天的晚会上，我更是得到了压轴独舞的机会。于是我戴着面具，火力全开，最后跳到了正襟危坐在第一排的俞敏洪的腿上，就这样飞快地把我的名字写到了他心里。

那些经年历久、不知为何苦练和孤独铸就的所谓才艺，一定会在时机到来的时候加倍地奖励你。

当然，那是后话了。

当我走到队伍里了，教官仍在鼓掌。其实现在我明白了，特别是在看了《真正男子汉》之后，我们会知道军营生活的单调、辛苦和质朴，让军人做什么都很投入，也很容易满足。我仍在尴尬的时候，教官又开始发话了："周思成同学跳舞跳得这么好，难怪军姿能那么标准。周思成同学，你来做我们连队的排头兵吧！大家鼓掌！"接着，他又带头鼓起掌了。

"这个教官肯定是 gay！""一定是的。""就算是也不会喜欢他吧。""说不定哦。""呵呵呵。""吼吼吼吼。"午夜夜谈会时间到，各种不期而遇的声音自然响起。

次日清晨，所有人到操场集合。"周思成！"教官呼唤道，"排头兵要站到前头来，知道吗？"我默默地站到了队伍的前面。

我们的大学以没有门著称。它坐落在一座山的脚下，这座山拥有中国古代的著名四大书院之一。于是，经过长期的包装宣传，我们学校号称由那座书院演化而来。而书院建立于只有三位数字的公元纪年，所以我们学校又得名千年学府，足以让哈佛、斯坦福等学校叫一声太太太太爷爷。而学校的自信和它实际的年纪果然成正比，于是真把自己和哈佛对比，说是都没有校门围墙，都非常自由开放，都引来游人如织。

　　由于沿着山脚散落，宿舍区到校区的距离奇远，所以每次列队以后，要走半个小时才能到校区的操场，然后才开始一天的训练。而新晋的排头兵，也就是我，就负责走在最前面，带领后面满不情愿却必须显得志气昂扬的兵们蛇行在大路上。每当这个时候，各个连队的教官们就会前窜后跑，看看有没有人掉队，或者有没有人不守纪律。"刘教官，这是你们连的排头兵啊。"前一个连到后面来巡视的教官看见我这个陌生面孔，对不远处队伍旁边的我们的教官说。"对啊，昨天才选出来的。""胖乎乎的，你选他是让他减肥的吗？"那个教官说话不似我们的教官那么一板一眼，语气轻松地说。"小伙子学跳舞的，正步踢得可棒了！昨天给我们表演了一段舞蹈，很厉害！"我们的教官轻快地回答。看来他们之间其实也像普通的同学一样，调侃、玩笑、聊天。"那他会指挥不？最后的军歌比赛我们营正好在选指挥呢！"前面的教官突然露出了如获至宝的神色。"我觉得肯定没问题，艺术就是相通的嘛！而且指挥不就跟跳舞差不多嘛！"我们教官回答道，手还在空中画出了一些很丑的线条。

　　指挥和跳舞差不多？这个门外汉式的推论其实也是有道理的。首先跳舞必须要节奏感好，音乐素养足够；第二跳舞的人对于歌曲的情绪和表情把握非常到位，指挥常常就是要用自己的情绪和表情去带动唱歌的人；然后跳舞的人肢体协调、动作舒展、变化多端，和那些只会机械滑动手臂的人有着云泥之别。更何况，其实我学跳舞的同时，还练了十年的小提琴。不，小提琴可能是我更大的特长，因为练习它的时间也许是跳舞的数倍，只是这个才艺的展现受场合和道具的限制，所以我轻易是不会出手的。而作为小提琴手，在乐队里永远都是在最前排，和指挥最近的位子。所以我对于指挥的套路自是非常熟悉。

算了，本想不能说话所以低调，可是糊里糊涂已经被晾在了空中，那就索性越飞越高吧。

相信我，那些不知为何、深藏不露的本事，一定会在某一刻突然为你插上翅膀。

4

那一晚，梦很长，梦里都是我小时候的日子。

舞蹈和小提琴这两门才艺，前者我是喜欢的、情愿的，而后者是我被逼的、无好感的。

喜欢跳舞的原因很简单。我自小在农村长大，那是一个电视都不算普及的时代，也可能是外面的电视已经普及，而我们的山区让普及也鞭长莫及。所以如何换着法儿娱乐自己，是每个大人小孩儿共同的生活主题。爬树抓鸟、下河捞鱼这样的俗事绝不是我们童年的主流。因为我的家乡是中国瓷器和烟花之乡，所以自制鞭炮才是每个孩子童年最爱的消遣。无奈我天生文静，或是生来就"娘"，所以并不乐意每天把烟花和火药味弄得满身都是。于是我更喜欢独处，顶多是观察他们嘻嘻哈哈、噼里啪啦。

有一天，大人们纷纷议论某大城市来的慰问演出团晚上在村口的空地上举行演出的事。我的年纪还不足以理解慰问演出是什么意思，但是"大城市"三个字总是有着闪闪发光的魔力。于是早早地，我就和人群一起往村口赶。果然是大城市来的阵仗，居然平常乱七八糟的空地上密密麻麻地摆满了塑料小凳子。

我兴致勃勃地看着台上的你方唱罢我登场。可是吸引我的并非是那些在前面独唱，向观众不停挥手、讲话的歌者，而是他们后面人数繁多的的舞者。因为我突然发现，周围的人似乎把目光、尖叫和掌声悉数献给了歌者。歌者出来，尖叫起；歌者张口，掌声响；歌者退场，尖叫和掌声交织起伏。而每次两侧候场的舞者们冲上来的时候，似乎并没有太多人注意到他们。我幼小的心灵突然产生了一种叫作同理心的东西：如果我是他们，看到自己的卖力无人赏识，心里应该不是滋味吧？

谢谢那一刻给我的从此以后不曾消逝的"同理心"。在写这本书前一个月的新东方每年最大的晚会——万人体育馆举行的超级盛典晚会上，我和其他三位名师作为主持和开场曲歌手，而身后有二十几位来自各地新东方学校、不那么有名的名师为我们伴舞。我一冲上来，便和他们站到一起扭动、互动；轮到我说话的时候，我没有理睬手中导演事先写好的主持词，脱口而出的是"感谢新东方各地的名师们为我们带来了精彩的开场舞蹈"。

若大家都有同理心，"暖男"这个词也许不会如此稀奇而珍贵，值得作为一个单独的头衔存在吧。

可是眼前的那些舞者，那些聚光灯打着的歌手身后的舞者，似乎没有任何"不是滋味"的流露。他们的笑容和他们的动作一样用力，他们的眼神充满了莫名的开心，跳完之后他们牵手鞠躬的样子那么虔诚满足。我突然觉得他们是如此有生命力的一群人儿，我突然希望我身上也有这么不借助外力就自然萌发的生命力。

无奈在农村，我的希望也只能是幻想。凭我的认知能力，我并不明白要通过什么途径具备那样的本领，更从来不明白"学习一门特长"是个什么意思。于是，我只能在四下无人的时候凭着那一晚留下的模糊印象，常常自顾自地摆动起来。但是我身体的力量总是不知为何相互抵触和抵消，完全就感受不到丝毫的快乐和满足。我却也不气馁，总觉得那些美妙的姿势不可能天生具备，正如大人们天天打的麻将我也不懂一样。"我以后自然就会了。"我无数次对自己说。

在上学年纪之前，我爸因为特别争气地自考上了研究生，所以我们家得到了机会，从农村移民到了周边的一个不大不小的城市，我的"舞男"梦想终于得以安放。当然，那个时候仍不似现在，有各类的培训学校可供选择。学校会提供一种叫作"二课堂"或者"兴趣班"的东西，体育、文艺、"奥赛"，林林总总，任我们选择。我非常欣喜地发现了"舞蹈二课堂"这个物种，并立刻把自己的名字写在了上面。

终于盼来了第一课，左顾右盼之后猛然发现只有我一个男孩。顾不得思考有什么不妥，我就愉快地跟着老师的指示开始压腿。但凡压过腿的人都一定忘不了那种酸爽的滋味。脚跟、脚掌、膝盖的反面、大腿根部这几个点一齐努力地想把它们两边的肌肉收归麾下，那些无辜的肌肉有种不知所措的痛楚，开始一点点地撕裂、分离、后会无期。

"努力用你们的下巴去碰你们的膝盖！"舞蹈老师温柔而严厉的声音在背后响起，"站着的脚要和压的腿方向一致，盆骨不能歪！"我艰难地调整着盆骨的角度，然后看着下巴和膝盖之间隔着一条银河，分外绝望。

原来那些舞者连这样的痛苦都能忍受，难怪他们总是一脸的笑容。下课后我拖着感觉已不属于我驱赶的两条腿，边走边寻思。突然我眼前一黑，整个脸被什么东西重重地撞击，嘴角腥味传来，然后听到一个球弹到地上的声音。我甩了甩头，回过神来，定睛一看，球场上几个男生在高声欢呼："踢中了，你看我脚法准吧！""你小心他过来打你！""就他那样，一个男孩去报舞蹈班，娘娘腔还来打我啊！"我心中被什么东西驱动着，想冲上去，腿却不听使唤——刚才压腿压得肌肉已经罢工了。

我带着生疼的脸和嘴角，拖着酸痛的腿，狼狈地逃走了。

我"娘娘腔"的标签和倔强的性格从那一刻开始在我的身上生根发芽。我不怕压腿的疼，我更不怕放学路上随时飞来的球，因为我向往那舞台上的笑容，哪怕那个笑容也许只有微不足道的我注意到了。

很快我就成了男生们捉弄的对象。我翘着凳子做题时，经常有男生往翘起来的凳子后边的横杠上一踩，我就一屁股坐到了地上；后来演化成我不翘着凳子，他们也会趁我趴着睡觉的时候突然把整个凳子抽掉，然后我又一屁股坐到了地上。他们往我喝的水里面放风油精，往我的头发上扔涂满浆糊的火柴。有一次，他们把骂我的话写在一张纸条上，然后神不知鬼不觉地用透明胶粘到我背后的衣领上。我带着飘在我后面的纸条，穿过教室，穿过整个校园，穿过车流不息的马路，穿过满是邻里街坊的家属区，然后回到家里。一路上，那些陌生人和与陌生人无异的邻居笑盈盈却欲言又止地望着我。回家后，我妈从我衣服上揭下不知何时粘上去的纸条，看了一眼，就揉成了一团扔到垃圾桶里。那时，我分明可以看到她略微湿润的眼角。于是当她走开以后，我小心地去垃圾桶里拾起最上层的纸团，打开，上面歪歪扭扭地赫然写道："人妖。"

后来的故事很多人可能在一些节目上看过：第二天，我非常潇洒地来到班上，拿着那张纸，对着全班说："谁写的？我不是人妖，我就是妖！"

可是，那只是一个人"成名"之后对以往糗事的美化，而事实要远远不堪得多：第二天，我非常生气地来到班上，拿着那张纸，对着全班说："谁写的？""我。"一个常常用球砸我、高我一个头的男孩站了起来，非常漫不经心地望着我。我不知道哪来的勇气朝他冲了过去，然后只觉得一个拳头朝我打了过来，然后我的下门牙就永远和我再见了。多年后，我在微博上分享补牙经历时，也完全不好意思把为什么会没有那颗牙的经历说出来。

"你还是学点安静的东西吧，"爸爸看着我肿起的嘴，"以后不许跳舞了。"为了避免他们难过，我骗他们说，我在跳舞的时候摔了一跤。哪里料到，是我自己断送了他们对我的爱好的支持。"不行，我要跳舞！"我支着高高肿起的嘴嘟囔道。"不行，你看你刚长出来的牙齿就摔掉了，以后讲话漏风看你怎么办！"我妈在一边支援我爸。

后来的很多年，我讲话确实漏风。由于那时太小，牙医说其他牙齿都还不稳固、在生长，没法儿补牙，而且那时补牙技术极其落后，补的牙齿只有金色和银色可选。咧嘴一笑，就能发出世俗的光芒，所以我也是拒绝的。于是我就带着豁了个口的嘴长大了，盼望着所有的牙齿瓜熟蒂落、补牙技术日新月异之后再做打算。没有想到智齿这个家伙探头探脑地出现，把其他牙齿努力排挤。而其他牙齿感觉到中间有个空隙，便纷纷不争气地挪动。最后，我的智齿由于空间充足，变得跟正常牙齿无异，为我省却了拔牙的烦恼。而中间缺牙的位置，由于被两边的牙齿们入侵，所以缩小到本来的三分之一的大小。这下我可着急了：再去补牙是不可能了，补一颗只有正常三分之一大小的牙齿，笑起来的画面实在骇人；而不补的话，那么大一个豁也不可能是牙缝。所以在很漫长的岁月中，我都努力地在讲话和笑的时候不露下排牙齿。生活中没人一直盯着看，倒也还过得去，只当我说话和笑起来比较装【消音】；可是自从开始上一些综艺节目和网络课程以后，摄像机无死角地对着我，而且观看时还可以暂停、放大画面。这一下，那个三分之一大的牙缝再也无处遁形。只是，它常常会被误解，因为有很多人会跑来偷偷私信我："思思老师，告诉你，你上节目的时候下排牙齿上有块很大的葱！！"

在我亲手断送了我的"舞男"梦以后，爸妈商量了很久后，让我选择一门乐器来学习。"钢琴。"我想起电视里晚会上钢琴家英姿挺拔、手指飞舞，既优雅又疯狂的样子，给出了我的答案。"儿子，你觉得我们家买得起钢琴么？"爸爸妈妈指着半眼就能望尽的房子说。"古筝。"我脑中突然浮现出了当时最火的电影《六指琴魔》的片段，心想学了如此神功就可以报牙齿被打掉之仇了。"你能不能学阳刚一点的乐器？"妈妈似乎又看到了我身后被粘上的咒符。"二胡吧。"我破罐子破摔。"不行，太悲伤了，你看瞎子阿炳。"我爸再次否定。

于是，我后来学了其实他们早就商量好了的小提琴。现代的伪民主大抵如此，其实掌权者已经做好了所有决定，却还要假惺惺地询问被统治者的意见。待被统治者兴冲冲地给出自己的想法后，再一一推翻，按捺不住地说出自己的决定。于是掌权者和被统治者之间愈发不信任，愈发彼此排斥。

我真的打心里排斥练小提琴。小提琴的难度可谓乐器之最，对练习者是一种身心和健康的极大摧残。拿"乐器之王"钢琴来对比，钢琴从来都是坐着弹，而小提琴一般要站着练。钢琴是一种平衡的付出，双肩、双手、十指都在同一层次上非常均衡地锻炼，对人的气质自然是一点一点提升；而小提琴则是一种扭曲的付出：你需要头一直偏左，然后用下巴夹住左手托起的琴，左手只有手指们在辛勤跳动，其他部位几乎僵直，而右手则一直非常着急地上下飞舞。长此以往，劲椎、手腕都有不同程度的劳损。练钢琴时直接弹即可，不需要校对音准，弹很久都不会跑调；而小提琴每一次都要给每一根弦调音，而且分为大调和微调。练习钢琴安全又环保；而练习小提琴则有生命危险：琴弓之所以能和琴弦摩擦发出声响，全都仰赖一种叫作松香的东西。所以每次拉琴之前，都需要在弓上涂抹一层厚厚的松香。于是在拉琴的时候，松香就一点点被摩擦，然后似魔鬼的步伐，在空中飞扬。那是一种用肉眼就能看见的微粒，并且不负其名地有种香味，所以我一般都是边拉琴边不停地闻那些微粒，再把它们吸到肺里。那时并没有 PM2.5 的概念，不然的话提琴周围的指数至少是五百以上。更恐怖的是，每次当你调音的时候、挥弓的时候，甚至莫名其妙的时候，琴弦随时都有可能会崩断！崩！断！我曾无数次地想象着那细细的弦崩断时弹到我脑门上的样子。

如果你恨你孩子，就送他去练小提琴吧。

所以我一直都觉得我爸妈恨我，而且一恨就是十年。这十年活脱脱就是一部我和他们斗争的大剧。每天除了在学校的时间之外，他们巴不得我无时无刻不站在谱架面前。不管我拉出来的音有多难听，他们都会像中了蛊一般迷醉地在一边倾听。要知道，小提琴拉得难听是会死人的。钢琴弹得不好听，顶多是不知道在弹什么，但每个单独的音本身是好听的；而小提琴的每一个音都要靠手在琴弦上摸索、按下去、按实了，右手操控的弓得在正确的弦上运行，而且力道需要均匀，不能太重更不能轻。这些条件同时满足，才能拉出一声像样的曲子来。只要以上的条件偏差有任何一点，琴音就会变成一种夺命的武器。很多人说一个人拉琴不好听像"弹棉花"，这样未免也太侮辱弹棉花了。拉琴不好听的时候，那是一种手指甲挠黑板这种物理攻击加上猫爪挠心这种化学攻击的结合，直接穿过你的耳膜进入你的神经中枢，给你的听力和审美撕出一条邂逅的裂痕。

我自己经常都为自己弄出的声音感到绝望而无力，一回头，我爸和我妈眯着眼，嘴角露出满足的弧线。看到我望着他们，经常立刻接道："怎么停了？继续。"

而另外一边厢，我真正的兴趣——跳舞却失去了他们的支持。我其实不需要他们精神支持，只要给我钱就够了。一学期两百四十元，用现在的物价来衡量简直太便宜，但当时却是彻底地难倒了我。还好一学期的钱已经交完，只是以后怎么办？

原来钱如此重要，它不关乎简单的快乐，而是在于你可以对自己的人生拥有更多的选择权。

"你不准跳舞，必须天天在家拉琴。"

"他就是一个跳舞的娘娘腔，还能过来打我？"

"我们不给你钱，你怎么跳？"

"周思成，你站最后一排，前排领舞的得是女生。"

"暑假开始你必须每天练十小时琴，八月份要考级！"

……

我醒了。是个梦。是个做了无数次的梦。

梦醒后，是新的一天。它不会有多艰难，和那十年的日子比。

5

"刘教官，"我作为排头兵走在班级的最前方带队前进，刘教官正监督着正在行进的队伍，前方队伍的教官走过来对他说，"今天晚上我们营选军歌比赛的总指挥，叫你们的小伙子准备一下。"刘教官转过来望着我说："怎么样，有没有信心？"我木木地点点头，心里暗暗思忖着，本以为上大学可以自由自在地做一些想做的事情，不用再似高中那般为了一次月考排名都要拼尽全力，结果莫名其妙地在最不喜欢的体育体力上需要和别人竞争，肩头莫名地还被压上了整个排和教官的荣誉，真是万万没有想到。

白天在无数个步伐和口令中迅速过去，而暑气却没有退场的意思，它混着夜色、操场的灯光和近千个人的体温折腾着我们。大家似乎没有疲劳的样子，毕竟是大学的第一场竞赛，每个人都情绪激昂地准备去赢得这场无谓的胜利。倘若我也是无数个在人群中唱歌的人，我也许也会放松地激昂着。因为赢了，我跟着自豪；输了，与我无关，毕竟我和其他数个也在唱的人没有什么不同。可是我要去竞争只有一人担当的指挥，带领着几个院组成的营，去和其他的营竞争。教官告诉我，最后的军歌比赛的打分项，指挥占十分里的两分，这更让我压力倍增：输了，丢脸的是自己，而且很多人本来也不看好我；赢了，要独自一个人站在那个位置去竞争，压力山大。

我还在那儿左寻右思，第一个连队就开始唱了起来："日落西山红霞飞，战士打靶把营归，把营归。"一群少年热血地吼着；而此刻，所有少女集体化身田震，压低喉咙一起喊起来。那些年轻的声音汇集在一起，很难说不好听。"歌声，歌声……飞到……飞……北京去，京去，去……"进入第二段，合唱比赛的基本技巧展现开始——二部轮唱。小学的时候大家音乐课也可能经历过，一个班左边的人先唱，右边的人晚两拍再唱，比如："风在，风在，吼，吼；马在，马在，叫，叫。"这对于节奏感好的人来说是一件非常容易的事，但是对于乐感普通的普罗大众，二部轮唱很容易沦为两组人马的较劲儿：有一组人马会突然误解这是一场两组之间的速度竞赛，遂刘翔附体，越跑越快，让另一边的人错愕地不知发生了什么，然后也开始较劲儿，想变身博尔特。于是两队人马在各自越来越快的速度里相互倾轧，战死沙场。这不，《打靶归来》第一段齐唱还不错的少年们和"田震"们开始了"飞到北京去"的竞赛，结果还没飞明白呢，就从二部轮唱变成了交头接耳、七嘴八舌；连队前方那个可怜的指挥也在眼前的喧嚣中绝望地败下阵来。

"下面上场的是工管院的四连，他们带来的军歌是《精忠报国》，连队指挥，周思成。"营队总教官拿着麦克风扯着喉咙喊道。我表面平静内心翻腾地走到前面，然后用力拔直自己的身体，下巴微微扬起，双手高高平平地展开，流淌的时间和眼前少年们、"田震"们的表情一齐凝结，等待我下划的手势打开他们汹涌的阀门。我分明感到嘴角在微微牵动，双手忍不住地在颤抖。

不自信的孩子们，我可以负责地告诉你，那些气场宏大、成竹在胸什么的，都是装出来的。那些你以为很自信的人，确实比你付出更多的准备和努力，可是更多的，是演技比你强多了罢了。天后王菲在开演唱会前都要找高僧做几次法事呢！何炅、汪涵上场主持前都得反复把稿子念熟呢！有一次俞敏洪和我们吃饭，吃到快午夜，说要回去准备第二天的演讲稿，虽然他已经讲了几百上千场了。人生要锻炼的，不仅是内力，还有演技。这样，当舞台ready，灯光洒下的时候，你就可以戴着"面具"上场了。

我的面具可算繁复而精致。那些简单的重复手势在我的构架下变幻万千。我坚定地拖着两边的千军万马，让他们"马蹄南去"时仍然"人北望"。指挥的诀窍之一就是不能只用手跟歌者交流，更要用眼神，必要的时候还得用上狰狞的表情。每当哪边有跑快的趋势时，哪边的手势就要用力地变缓，同时眼睛瞪得圆圆的来恐吓他们：别再快了！再快要出事了！同时，自己的嘴型也要做出应有歌词的节奏，再把它放大五倍以至于最后一排的人都能看清。于是三箭齐发，必可让那些不听话的马儿在悬崖边勒住。而对于非专业的合唱来说，非常稳定且完整的完成就是胜利。

我胜利了。

"四连指挥周思成同学将担任我们营的指挥，在后天的军歌比赛中带领全营同学和其他营竞争！"营长总教官继续扯着喉咙喊道。我自然很开心，站在前面向近千人鞠躬，并把眼神落回到自己的集体上。我看到他们都比旁边那些人更加努力地鼓着掌，那应该是在为我骄傲，我觉得。

"你真的太棒了，太给我们长脸了！"吃饭的时候阿坤和小鱼兴奋地说，

"你平时有点'娘'，怎么指挥起来那么有力！"小鱼耿直地说。我狠狠瞪了他一眼，恨不得把碗里的饭飞到他脸上。"你怎么这么不会聊天呢，"阿坤也听不下去，训着小鱼，"他那不是'娘'，跳舞可不得柔和些！""如果最后我们营赢了，你就是最大的功臣了！"阿坤转换话题来安慰我，殊不知"娘"这个字我听了十几年，其实没有任何杀伤力。"对呀，说不定你就可以当班长，进学生会了！"小鱼也进入到了新的话题。

　　"班长""学生会"这两个词对我来说可谓非常陌生。我所在的小学非常"民主"，班长每次都是大家投票选举。作为从来无法进入主流社会的我，自是不可能被选上。事实是，我连小组长都没有当过。到了开始有学生会的高中，我又无法说话了，所以也是无缘。而看过了那些班长、部长骄傲的表情和天天忙碌又神秘的身影，自是也会产生一些向往。

　　"是的，我那天在女生寝室楼下看到几个女生在问辅导员选班委的事情了，"阿坤继续说，"辅导员说自由报名，然后同一个职位有几个人报名的话，就全班一起投票。""那你一定要去竞选班长啊！"小鱼认真地对我说。我想回应点什么，结果意识到自己说不出话来。突然一股沮丧袭来：怎么可能会有人选一个不能说话的班长？"呃……"小鱼突然也意识到自己建议的愚蠢，"不然你竞选团支书吧！团支书比班长大，又不用亲自组织活动，适合你。"我兀自扒拉着盘子里的菜，对他们的谈话不再有任何表情上的回应，心里希望和落寞交织起伏。

　　"军训完就要选班委了，"关灯夜谈会的时间又到了，"你们有什么打算么？"小鱼的声音熟悉地回响。"我们能有什么打算，所有的风头都被周思成那'娘们'抢光了！"每天都要叫我"娘"的一个男生痞痞地说。"我才不会选他呢。"另外一个声音道，"要不是教官喜欢他，他算个屁。""小鱼你去竞选班长吧，我们都支持你，"几个声音来回穿梭，"是啊，你长得帅，那些女生也喜欢你，又低调，还是我们寝室长，给我们男生争点光啊！""你要去参选，我去其他男生寝室拉票，我跟他们很多人都是哥们儿！""不过，你不要老和周思成一起玩儿，没人喜欢他。""小鱼，你怎么想？""你睡着了？""你说话呀！"

"知道了。"小鱼默默地说，声音里听不出任何情绪。

"嘿！"声音从我们房间传来，原来是阿坤压低声音用气声说，"别瞎想！小鱼不是那样的人！"我听着，心里并没有太多波澜。我一直没有朋友，从小生日请人一个都不会来。我真的很需要朋友，但是我不贪心，我并不认为自己值得别人的看重。我需要，但我不期待。"而且他如果竞选班长，你竞选团支书，这不是很好么？"黑暗里阿坤的声音低沉而清晰，把整个寝室的气压带得更低了。

翌日，一如往常的哨声后，所有人已经习惯急匆匆地穿好军装准备去集合。我和阿坤走出寝室，看到小鱼和他们寝室的几个人在前面。"小鱼，等我们一下。"阿坤唤道。小鱼回过头看了看我们，笑了笑，没有放慢步伐的意思。

没什么好难过的呀。我们才认识多久呀。而且他说过，我只是可怜呀。何况这段时间我已经莫名得到了很多了呀。

军训接近尾声，很多人都收起了一直的抱怨，多少流露出了不舍。这就好比吵着要离婚很久的夫妇，平素再怎么恶语相向，盼望着结束那天早点到来，在真正结束前恐怕也会拿出初见时的温柔，希望时光慢些吧。其实这不代表还想这样下去，更多的是对于未知的恐惧——我们已经习惯了 A 这种活法，好的坏的也都将就着过来了；而明天是 B 还是 X，谁知道？万一在 B 中我们更苦逼怎么办？那还是用力地最后品味下已经习惯的 A 好了。

所以大家更加响亮地喊着"一二一"，所以大家更加用力地踢着每一个正步，所以大家更加投入地拉歌、练习合唱，所以大家开始让教官签名、写留言簿，所以那些你曾不喜欢的慢慢地也就习惯成自然了。

五千新生的军歌比赛如期而至。其实我已经忘记了那天我是否紧张，因为事实上，人越多越不会紧张。直到我后来巡回演讲的时候，面对一两百人时才是最紧张的，因为你几乎可以看到每一个人即刻的反应，任何一个冷漠或者皱眉都可能让你心里拔凉，而万人讲座你根本看不见任何人的脸，所以，只要脑补一下大家高昂的情绪就可以让人欢快地讲下去了。

马上该我上场了。刘教官把我拉到场边，左看右看。他把我的帽子扭了扭，领带调了调，肩膀部位的褶皱用手捋平顺。我转过身来，在乌泱泱的人群中寻找一点支持的眼神。我看到了我们班，我看到我的同学向我挥手，那一刻我感觉他们分明是喜欢我的；我看到阿坤，他高兴得像是自己站在聚光灯前一般。我努力寻找，终于看到了小鱼，他微笑地对着我点头，然后把大拇指高高竖到了空中。我转回来面对高高的指挥台，径直大步地走了上去。

第一名。我的指挥是满分。我得了"最佳指挥"单项奖。无数人冲过来拥抱我，我不记得有谁了。

军训结束送别教官的日子到了。女生们全都哭成一团，男生们也大多红了眼眶。我委实憋不住，遂加入了女生的阵营。无奈我只能哭不能发出声音，那场面也有种骇人的乐趣。平常已经训练得很好的队形此刻已经瘫软得不成样子。每个人都轮流和教官拥抱，说一些难以辨认的道别与祝福。到我的时候，教官本来憋住的眼眶也立即水汽四溢。我无法说话，只听他一个人在喃喃地说"你真棒""最舍不得的就是你"之类的话，听得我更加决堤。更意外的是，他转背拿出了一个鞋盒，说："思思，这是我昨晚去市里给你买的一双运动鞋，有空你们还是可以来炮兵学院看我们的。"这完全没有想到的惊喜更是让我差点儿没哭背过去，然后抱着鞋盒退到了人群中。虽然隔着瀑布，我仍能感受到他人奇怪的眼神。

"思思，鞋盒里有封信，你记得看。"教官走上接他们的军车前最后对我说。我抱着鞋盒肆意地继续流泪，一旁的辅导员对着情绪渐渐平复的大家说："明晚我们就要选举各班班委了，请自愿参选的人和推荐人员把名字和参选职位写在一张纸上明早先交到我这里，然后我会统计好需要竞争的职位，在班会上宣布，然后即兴演讲拉票。大家好好准备一下。"

"那个教官肯定是 gay，居然还送鞋给周思成。"老时间一到，老话题响起。"是啊，不过教官走了，也没人会在意那小子了。""哎，小鱼，明天的竞选你想好没有？""嗯，想好了。明天一早我会把条子交上去。"

谁也不知道那天下午所有人散去后，我满腹疑问地打开了鞋盒里的信，上面写着："思思，我很喜欢小 J，拜托你帮我好好照顾她。如果可以，带她一起来炮院找我们。"

明天一早，就要到了。

6

"你啥时去交条子？"我坐在凳子上，阿坤在一如往常地帮我叠被子。

我望着他，没有反应。

"去啊！你刚得了最佳指挥，全校 5000 个新生都认识你了！"他停下折到一半的被子。我摇摇头，心里想，他们是不会选我的，越多人认识我，越多人讨厌我。阿坤似乎看穿了我的心思，继续说："他们平常说你是一回事，但是你有能力啊，又给我们班带来了这么大的荣誉。去试一下怎么了？你平常不是不在乎别人怎么看么，现在在怕什么？"

他说的似乎很有道理，但是我仍是摇头。这并不是我喜欢的事情，何况我不能讲话，怎么能胜任？最关键的是，我笃定他们不喜欢我。每天他们的夜谈会已经让我非常明白这一点。不，我的前十几年的生活已经明确地告诉了我：没有人喜欢我。我一度不知为何不招人待见，直到中学时看了一部郑伊健主演的电影《中华英雄》，里面的一句话似乎点醒了我："你命犯天煞孤星，注定孤独终老。"那时候我就幼稚地想，好吧，至少有这颗星星属于我，也是不错的。

　　我还在想着自己幼稚而悲凉的过去，小鱼突然从敞开的寝室门外经过。阿坤也看见了他："小鱼，去哪儿啊？"浓重的北方卷舌。"去交竞选的条子啊，思思，一起去吧？"小鱼回答。我摇摇头，阿坤替我答道："我怎么劝他都不去，他觉得别人不会选他的。""你怎么会这么想？"小鱼走了进来。

　　还不是因为你。我心里默默想。

　　是的，小鱼是典型的讨人喜欢的男生。用现在的话来说，他就是一个标准的"暖男"，不，他就是一台"中央空调"。他是标准的江浙水乡的男生，干净、温和、帅气，而且没有许多江南男生的计较。虽然天天晚上经受着他们寝室关灯夜谈会的言语打击，但他从来都不挑事，不参与。我曾一度怀疑他是知道我能听见他们的对话所以故意不说，但是那一句"他很可怜"，似乎又不该是在知道我听的情况下说出口的话。对我这样的"怪咖"，他都友好相待——不，不仅友好，我一度认为我、他、阿坤会成为很好的朋友，直到最近他开始变得反常。女生们对他似乎也都有一种被吸引的羞怯——如果女生跟一个男生特别没有距离，那么就是毫无兴趣，要么就是把他当成蓝颜知己了；而一旦女生碰到某个男生开始矜持的时候，一定说明这个男生身上散发出了吸引力。而小鱼，就是这样一个男生。

　　所以，让我这样一个刚进大学就招人讨厌、无比高调的"冰箱"和他这台"中央空调"比，我无疑会输得很惨。虽说在夏天冰箱是大家都需要的东西，可是别忘了，中央空调也是能制冷的。退一万步说，就算我按照他们的建议去竞选团支书，而他竞选的是班长，看似我们并不存在任何竞争啊。其

实，那样的话有可能今后会造成更多的尴尬。可以想到的是，大家都喜欢
他，对他一呼百应，这样更会显示出我的不招人待见。

也许我不去竞选，以后和他还能做很好的朋友吧！这件事对我比较重
要。而那些头衔，我从来没有享有过，也并不觉得有多大的吸引力。嗯，就
是这样。

"你真不去？"小鱼拍拍我。我微笑着，笃定地点点头，并做了一个让
他去的手势。"也好，"阿坤说道，"周思成其实很单纯，做那些事情未必适
合他；你看刚军训的时候大家还挺好的，军训一结束人就变复杂了。"阿坤
话中有话，似乎在说小鱼。小鱼没有回答他，只是跟我说："那我去了，白
天好好休息。"然后他便出门离开。

"你别郁闷了，"阿坤继续跟我说，"小鱼也挺优秀的，他去参选也是很正
常的事情。"阿坤虽然来自东北，但却不是传统意义上粗线条的东北汉子。相
反，他却有着特别能洞察人心思的细腻。这应该与他的恋爱有关，在军训的
时候每天晚上收训了以后，他就开始给他高三便在一起的女朋友打电话，经
常一打就是两三个小时。那时候手机费还是挺贵的，大家用的都是走廊里一
种叫作"公用电话"的东西——我不太清楚微信如此方便的今天，大学寝室
楼里是否还有这种什物。我们会买一种叫作 IP 卡的东西，在拨号的时候把卡
号先输进去再拨打号码，长途费立刻变得十分便宜，大概合几分钱一分钟。

"你啊，就适合自己一个人出风头，当这些干部，要为老师跑腿。还得给
同学组织这那，真也不适合你。"阿坤这个话痨继续道，说的每句都如此在理。
我收起略显落寞的神情，对他点点头。他似乎也看穿了我的想法，变得也没有
那么沉重。"我们好好想想这四年该干的事情吧！"他开始继续叠被子。

四年，真漫长。眼前这个家伙，似乎可以让这四年变得没那么难熬。一个简单的"我们"，已经无比温暖。也许还有小鱼，不过他做了班长以后可能就要忙碌起来了。我漫无边际地想。

不一会儿，小鱼又从门外经过，应该是交完条子回来了。他并没有进我们寝室，而是径直走回了自己屋。"小鱼，交条子的人多吗？"他们寝室的人热切地问。"不知道，好像没看到男生，女生有几个。"他回答。"肯定有陈燕吧！"另外一个人问。"嗯，看到她了，怎么了？""她跟辅导员特别好，军训的时候就经常看到她们一块儿聊天，好像是老乡。""小鱼你可要为我们男生争口气，一定要选上班长。""我现在就去跟男生们说啊，男生有20个，女生只有15个，我们怎么都能赢。"另一个声音说。

"阿坤，和你们寝室同学说晚上投票，班长都投小鱼啊！"那人三两下就蹿到了我们寝室。"那是当然。"阿坤豪爽地回答，我也在一旁点头。他飞也似的跑到别的男寝去，非常殷勤地一遍一遍说道。然后接着的是一声又一声的答应。

中午的时候，小鱼来叫我和阿坤一起吃饭。知道了我并不参选以后，小鱼似乎又回到了以前对我的态度，至少我是这么认为。照例，阿坤找位子，我守在位子上，他俩一起去打我们三人的饭。吃的时候，话痨阿坤又开始了："小鱼，你有没有信心选上。"小鱼笑笑，并不回答，只是自顾吃饭。"哎哟，这么成竹在胸啊，那就好。"阿坤从不需要别人的回答就可以编织出一段完整的对话。

"你们男生们参选班委的不多啊。"陈燕和几个女生端着饭盘在旁边桌坐下，仔细一看，还有小J，没错，就是教官走时在我鞋盒里放的信上写的小

J。那双鞋，与其说是给我的礼物，不如说是"贿赂"我的"赃物"。后来我才明白，鞋子是送给媒婆的礼物。大人们的世界我真是不懂啊。

"我们男生代表是小鱼，他参选班长。"阿坤快嘴地说道。"哦？那正好，我参选的是团支书，以后我们要多多合作了。"陈燕大气地说道，仿佛她已经在宣读结果一般肯定。有时候我觉得女生和男生真是不同世界的物种。女生更愿意勇敢地表达内心所想，而不像大多数男生，什么都憋在心里，常常形成内伤。我看看旁边的"闷葫芦"小鱼，觉得自己的结论无比正确；又看看对面的阿坤，立即推翻了刚刚做出的结论。

"你竞选团支书？"小鱼用一种奇怪的语调问道。"对呀，"陈燕气定神闲地回答，"我高中就是团支书，而且已经是预备党员了，曹导也建议我去做团支书。"曹导是我们的辅导员。刚开学报到的时候，我对于"辅导员"这三个字感到非常陌生，因为高中都叫"班主任"。高中班主任都以"白色恐怖"闻名，经常默默地飘荡在教室敞开的后门观察大家的听课情况，并把掉以轻心、正在看杂书、玩手柄游戏机的小混混逮个正着。他们大多是女性，却为了大我牺牲小我，天天抛夫弃子，早上最早来，晚上最晚走，对于学生的成绩和纪律可谓功不可没。而大学的"辅导员"却多为一些刚毕业的大学生，而且一人经常统管一个年级。这种"管"，似乎流于表层。迄今为止，我们的曹导只是偶尔来寝室看看大家，关心一下我们吃住得是否还习惯，或者通知一下各种杂事，而大部分时间却是不见踪影的。所以，此时"曹导建议我去做团支书"这样一句明显带有炫耀和亲密的话语，听上去多少有点刺耳。

"对了，这是小 J，"陈燕非常大姐风范地指着旁边的美丽面孔说道，

"军训时大家交流不多，今天我们要更紧密地成为一个集体。"小J嫣然一笑，甚是好看。细细想来，刘教官会喜欢她也实属正常，因为她在我们班的一众女生里容貌、气质可谓最为出众。"我也参选了，"小J用一种无比温柔、甜而不腻的声音说，"我参选的是学习委员。"她继续笑眯眯地说道。

小鱼没有再回应，但是看上去有些不对劲儿。陈燕没有注意到小鱼的情绪，继续说："如果可以的话，希望你们男生们也能支持我。"她无比自然，边说边豪爽地夹了一大口菜放到嘴里。"好的，"阿坤在一边说，"你做团支书，小鱼做班长，挺好的组合。我回去跟男生们说说。""别这么说，"小鱼发话了，"可能还有别人参选啊，你又不知道。"小鱼的语气略显严肃。"哦，哦，也是。"阿坤一看就是蛋白质生物，立刻意识到自己的愚昧。"嘿嘿，没关系，那就公平竞争吧。"陈燕仍然豪爽地说。她那种大气虽然略带侵略性，却不那么让人讨厌。不过，也可能是我并不身在其中的原因。我在一旁看着眼前略微尴尬的场面，反而心生一种愉悦。

"你不想让陈燕选上啊？""马大哈"阿坤在回寝室的路上问小鱼。"不是，只是我们哪能左右别人的想法。"小鱼仍是略微不快。"不会吧。大家都是同学啊，能有啥想法。上午你们寝室的跑到每个寝室去帮你拉票，大家都很爽快地答应了啊。"阿坤说的话永远是别人的数倍，还带有东北话特有的流畅。"你懂啥？你以为所有人都会把想法告诉你啊。"小鱼严肃地说。此刻的他和每天跟我们一起阳光灿烂的他有些不同，虽说他不像阿坤那般说话不经过大脑，但好像也不曾这样心事重重。按理说陈燕和他没有竞争关系，他大可不必反应如此奇怪。或许他还看到了什么我们不知道的强劲对手？抑或是听到了什么议论和八卦？一定是如此。看着眼前从吃饭开始就反常的小鱼，我心里想道。

南方的夏末仍是燥热，九月天高人浮躁这句话算是一个神总结。特别在这样一个九月的结尾，人的浮躁更是到达了一个顶点。树上的知了倒已经疲惫，有一搭没一搭地哼哼着，似乎还在怀念着属于它们的盛夏光年。它们不知道，在它们下面经过的那群各怀心事的年轻灵魂，即将上演一部虽然没有电视剧那般"狗血"但精彩程度却丝毫不输的大片。

"亲爱的营销二班的同学们，我们今晚就将选出咱班的班委。"曹导带着依稀透露着山东口音的普通话，情绪饱满地说。"现在，我来宣布递交的名单里参选的人名和被推荐的人的名字。如果某个职位只有一位同学参与竞选，这个职位就自动属于他了；而如果一个职位有多名同学竞选，我们就要有请每一位参选同学上来做即兴演讲，最后大家匿名投票选出。当然，作为大家的辅导员，我也享有提名的资格。"她顿了顿，大约是想看下大家的反应。我和阿坤、小鱼坐在一块儿，显得无比轻松：做一个局外人是多么舒服啊！曹导的宣布多少引起了些议论，只是已经习惯服从的中国学生自然没有什么反驳的权利。"不过，我并不参与投票，所以这个班委都是由大家民主、公正地选出的。"她继续道，"接下来，我要宣布报名名单。作为悬念，我会把班长和团支书两个大家最期待的职位放到最后。"她打开手中的纸。

最开始念的是体育委员的参选者，这足以说明该职位的地位，和地位发音相近的词是"低微"，大概就是如此。这个职位一般不会有太多悬念，从小学开始就由每个班级个头最高、运动细胞最强的人担任，并且不会引起任何疑议。接下来念的是比体育委员地位更低的文娱委员。体育好歹是全面参与的活动，而文娱常直接等于文艺，听上去则门槛较高，首先就把一半五音不全、四肢不协调的男生排除在外。说来也很奇怪，虽然我在文艺方面有许多涉足，却从未想过竞选这个职务，而报名参与竞选的也只有一个军训中唱歌较好的女生。"她来跟我打听过，听说你不参选她才报的名。"阿坤在我耳边悄悄说。

接下来轮到了生活委员。生活委员从名字上来听就十分尴尬，没有人知道它的具体职责内容和权力边界是什么，所以在班委中生活委员就成了革命的一块砖，沦为任何活动组织者的下手。然后是学习委员。学习委员似乎责任重大，毕竟学生的任务就是学习。但是学习委员似乎一般都不被大家重视和尊敬，所以往往只能自己好好搞学习，从学习委员变成一名学习好的委员似乎就是这个头衔的宿命。不过无论如何，学习委员听上去像是一个"大官"，所以一共有三人参选，分别是小J、另外一个女生和一个男生。

接着的是副班长。能和生活委员和学习委员比尴尬的大约只有副班长了。若是一个国家，事务繁多、千头万绪，任何机关存在多个副职似乎很有必要，他们顺道还可以作为正职的接班人来培养锻炼。而对于一个班级，几十个复杂不到哪儿去的学生，还要专门设立一个副班长，这着实多余。我一直在想副班长的心情怎样的：我是班长的小弟？助理？接班人？果不其然，副班长一职并没有任何人参选。

"好了，现在我来宣布班长的参选者名单。"曹导故作悬念地停顿了一下，全班也从前期的心不在焉变得凝重而安静了起来。"班长一共有四名同学报名，加上我提名的这位，一共五人。"曹导响亮地说。"五个人啊！""怎么会有那么多？""都有谁啊？""听她说吧！"班里一下炸开了锅。

我和阿坤转过头来看着小鱼，眼神中满是关切。小鱼这家伙给了我们一个难以解读的眼神，便扭头望向了讲台，我们也跟着扭头，跟着望。曹导不负众"望"，开始念道："首先，我提名的人是陈燕。"

大家又开始了窸窸窣窣的议论。"陈燕不是说自己竞选团支书么？"阿坤小声对我和小鱼说。我对眼前这一切还没有反应过来，过了几秒，小鱼自顾自地说："或许曹导要保她至少一个职位吧。"我恍然大悟，不得不佩服局内人对局势分析得果然透彻无比。阿坤也赞同地点点头。"其他四名参选的同学分别是，"曹导接下来铿锵有力地念了几个我不熟悉的名字。没错，我并没有刻意去记住每个人的名字。只觉得有一个女生、三个男生，三个男生中还有上午小鱼同寝室友去拉票时，爽快地答应会把班长票投给小鱼的人。

等等！不对！为什么没有小鱼的名字！我和阿坤同时发现了什么，惊讶地望着小鱼。

小鱼并没有回应我们的眼神，依然望着前方。

"你以为所有人都会把想法告诉你啊。"我的耳边突然响起了他午饭时颇有深意的话语。

"小鱼，你是不是没有参选啊！还是你改变主意，参选团支书了？"阿坤急切地问。

"现在是团支书的参选名单，"所有人都在各怀疑问地交头接耳时，曹导接着念道。"参选团支书的一共有两名同学，一名男同学和一名女同学。"我和阿坤一齐望向了小鱼，此刻的他，平静无比，没有任何情绪。

"他们分别是——"空气几乎凝结。

"陈燕。"曹导顿了一下，把所有人的情绪都紧绷到了极限。

"另外一位是，周思成。"

7

我彻底懵了。

阿坤转过头来看着我，我也望着他，不似我的充满疑惑，他的眼神中满是遭到背叛的愤怒："你不是说你不参选的么？"他用气声说道。"我也不知道怎么回事！"我慢慢做出口型，就和唱军歌时用口型暗示大家的节奏一样。"你还装！那怎么会有你的名字？"阿坤真的生气了，我也百口莫辩——何况我只有一张口，还是不能说话的口。

接下来我都在一种眩晕中度过。我听到班长候选人一个一个上台阐述自己对班长这个职位的畅想和承诺，我感觉到阿坤一直在我耳边吼着"你怎么那么假"之类的话，我还感觉到小鱼一动不动地坐在我的另一边。我很想大声吼出来，把我的疑问也吼出来，把我三年来的孤独吼出来，把别人对我的误解吼出来。可是我张开嘴，用尽全力，声带却毫无振动的能力。

"周思成，"我听到有人喊我的名字，"周思成，"我回过神来，寻找声音传来的方向，"你喉咙不能发声，想怎么发表你的竞选演讲？"原来是曹导，她在讲台上对我说。原来，所有班长候选人和陈燕都已经说完，只剩下我一个人了。我摇摇头，想说并不是我写的名字，想说我丝毫没有想要参选的意思，想说请告诉我这是怎么了。"嗯，我知道你没法儿说，"曹导迅速曲解了我的摇头，干脆地说，"那我们就用周思成同学在军训中的优秀表现作为投票依据吧。"

"我来替他演讲。"我身边的小鱼沉着而洪亮地说，然后不等任何人批准，便大步走到了讲台上。全班也立刻安静了下来，显然和我一样都被巨大的疑惑笼罩着。

"大家好，我是周思成的好朋友，大家都知道他的喉咙不方便说话，所以今天我来帮他做竞选演说。"小鱼沉稳、清晰地说。

"我们离开了原来多年一起成长的朋友，悉心照顾我们的朋友，和无比熟悉的家乡，一起来到这个美丽却陌生的学校，我们将一起度过接下来四年我们生命中最美好的时光。我们这个集体非常强大，一共5000名大一新生，我们班出了杰出的军歌指挥，带领我们打下了在这个地方的第一场胜仗。他，当然有能力带领我们去克服更多的挑战。"

我瞪大了眼睛，张大了嘴巴，很难想象这描述我的话语是从另外一个人嘴里冒出的。我的余光也扫到了阿坤的嘴巴，张开的弧度一点儿也不比我小。

"可是他却承受了很多，首先我要表达我对他的抱歉。一开始我就错误地传递了关于他的信息，导致更多人对他有了偏见，跟他产生了距离。每天晚上，我和我的室友们都以取笑他为乐，我常常能听到很多同学对他的各种判断和说法。我想说的是，作为如此优秀大学的如此优秀的学院中的一员，我们都应该问问自己存在多少缺点，曾被多少人讨厌，受过多少的白眼，经过多少寂寞的长夜，等待过多少条没有回应的短信，付出过多少如流水的真心，掉下过多少颗没人看见的眼泪。然后，我们就应该知道，我们没有谁有资格去给他人贴上标签，因为我们的心里也都排斥被他人贴上标签。但是当这种排斥变成了对他人的主动攻击时，我们其实攻击的是心中那个弱小的自己。"

我眼眶里的液体无限涨大，但是我知道我不可以让它破裂，不然这一定会被认为是一场精心设计的"秀"，虽然现在看上去似乎已经如此。

"所以，我和大家一起，都深深地伤害了周思成。而每天和他在一块儿的时候，我完全听不到他的埋怨。是的，他不能说话，我也听不到。我可以告诉你们，他连埋怨的眼神和表情都没有。而这才让我更加深深地自责。他带着那么多误解，仍然在那么大的场合中全力争取荣誉，他做到了。所以以后，他依然有能力带领我们去赢得更多的荣誉，因为他有一个强大的内心。我们可以做到多久不说话？一天恐怕都不可以，但是他三年没有说话，却仍然积极地努力着，这也是我，也相信是在座各位所需要的强大。但是他不可能永远不能说话，我祝愿他能尽快痊愈。这样，他就可以把他内心强大的力量自由地分享给我们。所以，我恳请大家把团支书的选票投给周思成，也祝愿我们每个人越来越宽容。因为只有宽容，我们才能看到他人的与众不同；只有宽容，我们才能虚心学习他人的长处和优点。这样，我们才能成为一个强大的、战无不胜的集体。谢谢大家。"

短暂的安静。接着爆发的是狂潮般的掌声。阿坤边鼓掌边激动地说："肯定是他放弃了自己参选，然后推荐了你。我就知道小鱼不是那样的人！他太棒了！"我还没有缓过神来，只是跟着鼓掌，直到曹导用手势示意大家停下来。小鱼也大步地走回我们身边坐下，阿坤不停地轻拍他，一直说：
"你太棒了！"我也看着他，眼神投射出复杂的感谢。他偏过头对我们笑笑，
就像以往每一天笑的那样，干净、温和、帅气、不计较。

"接下来，大家在纸上分别写上你们心中的团支书、班长和学委的名字，
注意不要搞混了顺序，也不用写你们自己的名字，我们现场唱票。"曹导指
挥着，然后大家开始各自写了起来。我一直恍若梦境，对着桌上的白纸不知
如何是好。"你写啊，"阿坤早已写完，一遍遍催促我，"不写，我帮你写了
啊！"然后他一把拿过我的纸，首先写下的是我最熟悉的笔画顺序。

"好，现在我们找前排的三个同学来唱票，另外三个同学来黑板上计票，
在候选人下面画正字。"第一排同学互相看了看，分两边走上了讲台。我心
脏狂跳不止，紧张的当然不是结果，因为我根本没有打算参选，更不用说选
上；而是我仍然无法消化发生在眼前的事情：是小鱼推荐的我？他自己完全
没有参加？他为什么不跟我说？

除了班长的五个候选人票数比较分散以外，团支书和学习委员的形势非
常明朗：在小鱼刚才那番有情有理的演讲后，大部分人自然是把票投给了我；
而学委那边，绝大部分的票也在小J下面，毕竟她漂亮又乖巧。最后，我以
24票对11票领先，小J更是得到了29票。而班长则是由上午答应把票投给
小鱼的王之恒以13票超过票数平平的其他四位参选人。

曹导看着黑板上的结果，沉默了片刻。此时大家都能感觉到她的尴尬与
不爽：陈燕自己报了团支书，她又推荐了她做班长，明眼人一看就知道这是
一个双保险的招数。没有想到半路杀出个小鱼，简单的局势瞬时变得完全不
一样。

"嗯，结果大家都看到了。"曹导掩不住地失落，但是片刻后她又调整了情绪，"我们现在有请最新出炉的咱班班委上台发言。"然后接着的又是掌声。所有人都转过头来望着我，我突然意识到自己似乎应该第一个上去，于是尴尬地站起身来。其他几位也站起来，走到了讲台上，并非常客气地把我拱到了中间。我知道我该讲话，但是我不可以，于是我只有深深地鞠了一个躬，而且鞠了很深很久。耳边一直都是掌声，我抬起头来，台下的人不多，一眼就能望尽。我看到了久违的友好，也看到了事不关己的应付，最后看到的是，陈燕边拍手，边充满妒意地看着我。

回去的路上，我、阿坤、小鱼走在一起。"小鱼你藏得挺深啊！太有心计，太精彩了！"阿坤雀跃地说。"也没有那么伟大了，我本来是准备参选的，但是上午看到思思说他不去，我就把自己名字划掉了，也没想太多。"小鱼轻快地回答。我一把搂住他的肩膀把他头往下按，然后三个人就像小孩子一样蹦跶起来。

"其实我真觉得挺对不起思思的。"跑了一会儿停下来后，小鱼说道。"我跟他有很多相似的经历，"他的声音突然变得沉重，"我妈妈是聋哑人，从小别的小孩子就经常取笑我，有时候还笑我妈。"我们都放慢了脚步，听小鱼说出这令人惊讶的背后故事。"我一直也没有什么朋友，脾气也很差。"我很难想象眼前如此温和的小鱼会有这样的剖白。"所以我看到思思的时候，我觉得特别亲切。但是他比我更惨，因为不能说话的人是他，他有脾气都不能发。"小鱼转过来看着我，他的眼睛很大，那一看让我非常无措，不知如何回应。"所以，"还好他自己说下去，"我小的时候没有能力保护我妈，我现在想努力保护这个朋友。""啊，敢情你把思思当你干妈了啊！"阿坤迅速把如此感性的场面变成"逗比"的气氛，"你去死！"小鱼看不下去，忍不住去抓他，两人便在前面跑了起来。

此刻的我心情不能说不好。这么奇妙的事情居然会发生在我的头上。我居然在一进大学的时候得到了教官的赏识，并在 5000 新生中崭露头角。我居然碰到两个好朋友，一个天天帮我叠被子洗衣服，另一个默默地帮助我，让我选上了团支书。是什么力量让这样的好事发生在了我的身上？我愉悦地想。可是，我的前十二年读书生活都那么凄惨，这些好事不会是昙花一现吧？也许大家同情我不能说话？或是纯粹给小鱼面子？等我能说话了，大家发现我其实远没有小鱼说的那么强大，会不会对我更反感？不，陈燕一定对我恨极了，说不定其他人怎么想呢。

我抬起头看着夜空，星星堆满天，而且天空好低，离我好近，有一种那些光亮都是属于我的错觉。

那一晚，夜谈会时隔壁寝室异常地安静。

更远的地方倒是有一阵一阵的人声，仔细一听，是一堆人在庆祝他们的好朋友选上了班长。

我迷糊地睡着了，梦里面，星星又多又明亮。

Chapter 2

戴上荆棘织就的皇冠

其实命运就是这样公平，
即使是最暗无天日的时刻，
乌云的背后也会有即将冲破一切桎梏的阳光。

1

我们每个人都会时不时地对自己、对未来冒出各种不切实际的幻想。

比如，我们都很爱身份对调：如果我是那个人，我会怎么过？我就常常想，如果我是周杰伦，我会怎么过？我面对那么多人的爱，要辛苦地掩藏自己的真爱；我面对那么多人的期待，要小心地释放自己的公主心；我有那么多演唱会、那么多通告，唉，真是甜蜜的负担。

比如，我们都很爱假设自己中了大奖：如果报纸上那个走狗屎运的千万乐透奖得主是我，我会怎么花这笔钱？不行，首先我得请几个保镖陪我去领奖，不然我肯定会被闻风而动的歹徒绑架呀！然后，我拿到钱以后，是先买别墅还是先买跑车呢？不行，我还得存一些放到银行里，不然花没了怎么办？唉，有钱也很烦恼。

又比如，我们至少都喜欢假设今后的自己会是怎样：我高考应该能考上理想的学校吧！然后，我就要在大学里好好谈恋爱！我要跟她一起游山玩水，把韩剧中学到的所有浪漫招式全用到她身上；我应该能找到梦想中的工作吧！然后，我要结婚生子，同时还不要有家庭的羁绊，继续潇洒地生活。哎，未来真的很美好。

可是一瞬间，我们又会回到现实中：我不过是真实世界里平凡的我，在一个狭促的空间里躺在一张硌着后背的床上；我如此平凡，毫无亮点；我有那么多临近 deadline 的论文要赶，有那么多人际关系要去处理，爸妈叮嘱我这不可以、那得赶紧，自己对自己的诺言还没实现一半就已经忘记。我渺小、迷茫、无措、失望。

这个"我"，是每个人。但是我，突然幸运地得到了上天的垂青，在一个新的地方立刻收获了新的友谊，我是 5000 个新生中第一个被全部人知晓的人，我还是我们新的集体的一把手。一切阴霾都已过去，阳光的大路正在铺展。

嗯，生活中充满了美好，至少对此刻的我来说。结束了军训的我们，开始了全新的大学学习生活。每一天，我迷迷糊糊地醒来，迷迷糊糊地刷牙洗脸，洗漱完终于清醒，发现阿坤在我的床上帮我叠被子。接着小鱼会来叫我们一起去上课，我们会在寝室楼下一起买点早饭，然后在从寝室到教学楼的路上吃完它。20 分钟的路程虽远，好在依山而建的校园绿意盎然，美景俯拾即是。大学的课程很松，大一新生面对的都是一些无关痛痒的公共课。于是我们仨约定好了好好学英语，每天放了学就一起找自习室背单词。

团支书这个职位对我来说并没有压力，因为不能说话，每次辅导员召集各班班委开会后，班长都会主动地把该干的事情揽到身上。而我也乐得清闲，每天忙于自己的小乐趣中也很不错。

　　可是我不能忘了，我还有一个任务：帮教官搞定小J。所以我常常用短信给小鱼和阿坤指示：叫小J一起上学，约小J一起吃午饭，问小J要不要一起去自习室。

　　"你是不是要泡小J啊？"阿坤又不正经地说。我瞪了他一眼，并不准备告诉他原因。"你这样小鱼会伤心的哦！"阿坤继续嚷嚷。我疑惑地望着他，边给他编信息："难道小鱼喜欢小J？"然后编完发了过去。"才不是，小鱼喜欢的是你吧！哈哈哈！"阿坤像个"逗比"一样跑掉。"你去死，我是他干妈。"我没好气地回道。

　　于是，我们从三个人变成了四个人。我终于感受到了"圈子"的美好：它能让你感觉到安心、舒服，原来主流社会的感觉是这样的。

　　"你们四个人天天形影不离啊。"我们四个人在食堂坐在一桌吃饭，陈燕和几个女生坐在了旁边，一坐下就听到了她不冷不热的声音。"对啊，团支书和学委在带着我们搞学习呢。"阿坤明显也变得敏感，对陈燕充满了防备。"可是这个团支书好像没干什么事儿啊。"陈燕继续阴阳怪气地说。"他干什么不需要向你汇报吧。"小鱼可不像阿坤那样没有攻击力，大刀阔斧地回应道。

　　"那可不一定。有个消息先让你们知道一下，我和大雄分别被任命为年级团总支和年级长了，分管各班团支书和各班班长。周思成，以后我们打交道的机会可就多了。"她霸气地看着我，我也只能被迫迎着她的目光。"谁任命的？难道不需要竞选吗？"阿坤急切地说。"这是年级的事儿，每个班互相又不了解，怎么竞选？"大家对于陈燕的回答似乎也无法反驳。"那……那曹导就这样任命了？"阿坤一急，话都说不清了。"那当然，未必还要经过你的同意。"陈燕转过来对着他，用陈述句的语气吐出了一个问句。阿坤瞬时尿掉，不再回应。所有人也都各怀心事地吃饭了。

"陈燕会不会为难你啊？"回去的路上，阿坤忍不住了。"那还用说。"小J在一边说道。"你们以为是电视剧啊，同学之间哪有那么多为难。"我在手机里打下来，举给他们看。"思思说得没错，陈燕能拿思思怎么样？就只是一个学生干部，"小鱼沉着地说，"不过长个心眼也没有坏处，毕竟她和曹导关系很好。"

其实我明白，"靠关系"从来都是司空见惯的事。中午躺在床上，我盯着天花板，默默地想。我做不到，但是不代表这是件错误的事情。细想起来，虽然从上学开始"三好学生"都是由班主任评出，而且评上的人中不乏同校老师的子弟、被大家议论给老师送过礼的有钱人家孩子，但是那些子弟和孩子却也都是成绩优秀、表现出色、各有所长的。而还有一些也是老师子弟、有钱人家子弟，却天天调皮捣蛋还有恃无恐的孩子，各种荣誉其实跟他们并没有关系。只是太多人看到了既得利益者的双重身份，却忽略了他们身份后，值得他们获得的合理因素罢了。想着想着，我意识模糊地睡着了。

突然被枕头下的手机给震醒，我摸索着把手机举过头顶，睡眼惺忪地看着辅导员群发的信息："请各班班委晚7:00到院楼103集合，有重要事情宣布。曹。"我把手机往被子上一撒，心想中午陈燕说的事来得这么快。

吃完晚饭，小鱼和阿坤去自习，我和小J去院楼开会。我们到得晚，会议室里已经坐满了人，几乎跟一个班的人差不多。陈燕和曹导在角落里说说笑笑的，我和小J找后排位子坐好。不多会儿，人似乎到齐了，陈燕坐到了第一排，曹导走到讲台上。"各位干部，今天开会的目的是要宣布咱年级的团总支书和年级长。大学和高中不一样，很多事情都是由学生们独立完成的。

每个班的班委都是班级的骨干，但是咱年级还得有牵头人，这样才能充分地锻炼更多人的能力。"听着她如此流畅的阐述，我心生羡慕：什么时候我才能开口说话啊？什么时候我才能把话说这么溜啊？不，我哪怕能有小鱼那天帮我演讲的一半口才就已经谢天谢地了。

"由于各班班委都承担了本班日常繁重的工作，"曹导继续道，"所以，团总支和年级长我就从非各班班委的同学中，根据我一个多月来对新生们的了解选出了两位同学。"大家开始交头接耳。"之前从来没听说啊。""是啊，怎么就这么定下来了？""哎，辅导员吗，她说了算。"各种声音此起彼伏。似乎感觉到了大家小小的不满，曹导提高了声音说："其实团总支和年级长更多只是一个联系的纽带，他们并不会干涉各位对于本班的管理工作。"我由刚才的羡慕中突生出一丝鄙夷，仅仅是一个学生组织，"繁重的工作""本班的管理"这么官僚的说法是如何自然而然地蹦出来的？

"好，现在我宣布，咱年级的团总支书记是营销二班的陈燕同学，年级长为工商管理一班的大熊同学。大家欢迎两位同学！"我机械地鼓着掌，只见陈燕满面春风地走到了讲台上，还没站定就开始说话："非常感谢辅导员和各位同学对我的信任，我们以后就是同事了。我一定会努力画出一个以自己为圆心、以各位为半径的完美的圆形，为我们2005级的经管学院同学贡献我的智慧和努力。"

我胃中翻涌着什么，然后用力去平息了下来。我和小J同时望向彼此，眼神中充满了无奈。后面上去的年级长大熊，跟他的名字非常相符：他真的就是一头大熊。我曾经认为自己圆圆滚滚的身材加上圆圆滚滚的痘痘已经是非常吓人，现在看来显然只是因为我见识太少。眼前的这位大熊简直就是超级版的我啊！不，我在军训后其实已经悄然发生了改变：高强度的军事训练，加之我们寝室在七楼，让我一个月之内甩脂不少；而青春痘似乎也因为汗腺的疏通，有退却的趋势。而大熊同学却不然，仿佛军训没有发生在他身上一般。

我突然意识到自己的想法多么可怕：也许一个月前，别人也是这么看着我、在心里判断我的。而我现在，居然也变成了那个样子的人。"我们都应该变得宽容。"小鱼的话在我耳边响起，我自己都能感觉到脸红升温。我努力让自己去接受他传递的信息："我们学生干部就是要多牺牲自己的休闲时间，为同学们组织更多他们喜闻乐见的活动，从而提高自己的能力……"

他说得如此正确。我却完全无力接受。是不是因为我对陈燕空降年级团总支不爽？还是对眼前这个人不服气？又或是我因为有了自己的圈子，变得心高气傲了？我为自己的心态感到恐慌。

是的，因为我常年不能说话，已经习惯与自己对话。我并不会陷在一个想法中自我沉醉，而是会经常突然跳到另外一条路上和自己对话。后来别人解释，这是我的星座使然——双子座，自己和自己就能演出一场戏来。我对于星座学说倒不是特别感冒，因为我一直都觉得每个人都是由截然不同的出身、各自精彩的经历、身边迥异的朋友造就了千差万别的个体，倘若按照星座来分的话，世界上岂不是只有寥寥十几种人。

两个"我"在不断挣扎着："这么冠冕堂皇的话真让人反胃！""你能不能虚心些！""我不想掺和这些事情！""那只是有人骑到你头上了！""你住嘴！""哈哈哈，你真可悲。"

我脑里乱成一锅粥之际，大熊已经讲完下来了。曹导回到了讲台中央：

"请各班班委回去统计有入党意向的同学，我们要开始发展第一批入党积极分子了。团支书统计完毕后明晚交给陈燕。散会。"

"思思，我回去后先去每个寝室问一下谁有入党的意向，然后把名单统计好交给你吧。"班长过来对我说。我点点头。"你肯定要报名的吧？"我又点点头。

看到阿坤和小鱼的时候，我压抑的心情总算有些缓解。我突然有"圈子"以后，抗压能力和适应性都急剧减弱，对于新东西的接受速度也慢了许多。难怪在恋爱的时候很多人会变得"重色轻友"，当有个人完全和你分享你们两人的世界的时候，其他的一切似乎都不那么重要了。友谊似乎也有同样的功能。

小J在跟他俩绘声绘色地描述开会的每一个情节，模仿陈燕和大雄的表情和说话的腔调。他们俩也时不时地发出"啧啧"的回应，或是摇摇头。"所以我一开始就不想当班长，屁事儿特别多。"小鱼说。

"那你为什么让我去竞选？"我说。

霎时间，所有人都望向了我，他们的眼神中都透露出了一丝惊恐：

"刚才的声音是你发出来的？"

2

医生的头镜反射的光分外刺眼。

我躺在检查室的椅子上，医生拿着一个长得像冰棍儿的棍子的木片——我曾经无数次地以为那就是吃冰棍儿后剩下的——压到我的舌头上，对我说："扬起脖子，来发'一'……"我乖乖地照做，却需要调动全身的力气才发出一个微弱的"一……"

这个检查我在过去三年做过数次。高一做手术之前，我就问医生："多久才能好？"医生不带任何情绪地边写边说："三个月吧。"我心想那还好，于是接着问："好了以后我能唱歌么？"医生把笔停下，抬起头来望着我，笑了："这个手术对声带是很大的损伤。做完手术以后讲话是没问题的，唱歌就不可能了。"

这个宣判对于我来说可谓是晴天霹雳。你一定会想：你不是本来的梦想是跳舞吗？怎么又想唱歌了？

算你记性好。

没错，我的儿时一直是在我的梦想——跳舞与我父母给我的计划——小提琴之间挣扎的。哪里有压迫哪里必有反抗，所以我的小提琴一直练得非常一般，但偷偷跳舞的热情反而强化了我成为"舞男"的决心。于是小升初的时候，我去参加了北京舞蹈学院附属中学的选拔考试。结果，尽管我文化考试第一、专业考试第五，但是由于身材比例没有达到"北舞""下半身比上半身要长 12.5 厘米"的硬性要求，所以，"舞男"梦碎。

反正我是不喜欢练小提琴的。我想，那就开始学学唱歌吧！毕竟舞者一般都是给歌手伴舞的。虽说我更喜欢舞蹈那纯粹的快乐，但是退而求其次，捞个名利双收也不错。

没想到，我的唱歌条件奇好，音乐老师说进入银河少儿合唱团都没有问题——当时蔡国庆非常火，而他就是银河少儿合唱团出来的。于是，我把"舞男"梦碎的热情全部寄托于唱歌，每天按着音乐课上老师的指点，没事儿就自己吊嗓子、唱音阶、练高音、耍花腔；而小提琴方面则是愈发地意兴阑珊。音乐老师看我进步神速，每教一首歌之后都让我代替原来放的磁带，唱出来给其他人做示范。

好景不长。不消多久我就进入了变声期，声音开始每天降低一个调，而且音质也越来越粗犷。老师跟我说，变声期要两年左右，等变好了再练不迟。可是我刚被燃起的熊熊斗志哪等得了两年，便幼稚地以为自己可以逆天而为，觉得每天多练一些时间便可以把声音练回去。于是，我每天不学习、不练琴的时候，就在不停地练嗓。逆天的结果就是遭天谴，到后来我发声都有困难，检查后发现得了声带炎，比声带小结还要严重许多，需要做手术后静养。

"就完全没有能唱歌的可能了吗?"手术前我绝望地问医生。"也有例外,"医生永远都是毫无情绪,"我见过一个病人做完手术两年没说话,现在跟手术前一模一样,唱歌也没问题。"他冷冷地说。好像两年对于他就像两天一般稀松平常。

既然有例外,我就要成为那个例外。我对自己说。反正,我也没有什么朋友,不怎么需要聊天,不想回应父母对我拉琴的问题。我跟父母、老师、同学都说好,手术后我要静养到声带痊愈为止,也许需要两年。父母表示我不可能做到,老师表示十分同情,同学表示无所谓。

手术后不说话没有想象的那么困难。因为感觉声带好像残缺了一块,所以根本不敢说话。安静着安静着,也就习惯了。你可能想知道那生活怎么过。其实,跟聋哑人一样得过,不同的是,我只是不能说话,其他一切正常,倒也没有什么特别难过的。有时候你觉得很难想象的事情,被逼到那个份儿上也会觉得,其实,太美的想法只是因为太年轻。

比如打车。上车以后,所有的司机都会说:"你去哪儿?"这时候,我就会指着自己的喉结,摆摆手;再指着前方,示意方向。大部分司机立刻明白,便直接开了。但也会碰到喜欢刨根问底的"逗比":"啊,你是聋哑人啊。"我拼命摇摇头。"你能听见?那是怎么回事?"我无法解释,只能不搭理他。

我每三个月就会去医生那儿检查一下。每次都是一样的结果:"水肿仍然严重。""闭合不良。"我当时到底用了多大力在跟命运对抗?我经常苦涩地想。想完之后,又继续沉默向前。

只是，我这样过了三年。想起来，也很想给自己点 32 个赞。硬要矫情地说，这就是梦想的力量吧。

所以我居然又能说话了，虽然我对自己的声音都感到陌生，而且结结实实地吓了他们一跳，我得赶紧再去检查一下。

"闭合不良。"医生吐出了我听了不下百遍的四个字。"可是那天我说出声了。"我在纸上写给他。是的，如果有硬要说出的话，我就会写在纸上给别人看，何况还有手机呢。只是如果两个人面对面在屋里聊天，外面经过的人一定会非常纳闷：为什么屋里的人一直自己说话呢？打电话呢吧？

"你本来就可以说话，"医生边摘下口罩边说，"只是唱歌可能没办法。"

这样说有好一点吗？！我三年不说话就是为了能唱歌啊！我心里有个声音在愤怒地咆哮。

"那你觉得还要多久才能好？"我忍住心中的不爽在纸上继续写道。"不知道。本来做了手术后要痊愈就不大可能，身体的任何一部分都是如此。就好比你骨折了以后，就算接好了，也不会有原来那样坚固了。"他似乎也感受到了我的沮丧，继续说，"你可以说话的，你那天说出来了，就证明器官本身都受不了了。也不是每个人都要唱歌啊。"

真的，我以为坚持、执着、乐观就一定能成功。三年了，却是这样的结果。是我坚持得不够久，我该继续下去？我是不是不该放弃，毕竟已经三年了？可是医生说得十分有理，手术后要跟原来一样本来就不可能啊。

"一定要跟宿命抗争吗？顺从宿命不代表失败吧。"我的双子品格又开始对话。"顺从宿命在这一方面的安排，给自己一条生路，把时间花在另外一件事情上去争取也是不错的。毕竟，幸福的可能性不止一种啊。"今天，双子兄弟异常齐心，都毫无争议地安慰我："不要死脑筋了，你原来'舞男'梦碎了，不也没什么吗？"

我恍然大悟。是啊，我们都太看重"执着"，总觉得要对得起自己的执着。细想起来，也许我们有过无数次执着的悸动，觉得一定要怎样才是我们想要的人生。但是再想想，现在过的样子未必和当时的执着一样，毕竟命运的轨迹不由你一个人控制，有的时候，你碰到的人、读的一本书、降临的一个机会，可能会把你带到一个全新的地方。而看看现在和曾经的执着，并不见得现在这个样子更差。

如果腿够长，我可能现在在舞台上伴舞呢。虽然，那没有什么不好；可是，现在，也没有什么不好。

"……谢……谢……"我十分艰难地挤出两个声音。它们陌生得吓人，却确确实实地飘荡在不大不小的空间里。医生终于露出了难得的笑容："你看你多久没说话了，声带都不知道怎么工作了。这就跟做了手术后复健一样，腿断了，接好了，也不可能立刻跑跳，所以你可能需要慢慢尝试才能习惯说话。"

我点点头，突然发现不说话也挺幸福的。当然，此时的我心中充满了刺激：能够自由说话的世界是什么样的？我都已经开始忘了。现在我要把它原原本本地找回来。

回寝室的公车上挤满了人，但是我却很雀跃。我在往里挤的时候努力对每个乘客说"对……不起"，我对每个主动侧身的朋友说"谢谢……"，我尝试对被我踩到脚的人说"不好意……思"，再对踩到我的脚、对我不好意思的人说"没关系"——其实我故意把脚放到那儿让他们踩，为的就是多一次锻炼说话的机会。

我迫不及待地发信息问阿坤、小鱼、小 J 在哪个教室自习。

在看到他们的时候，我已经可以自如地说：

"我回来了。"

3

"请问你们寝室有谁想要入党吗？"我敲了敲男生寝室惯性敞开的门问。

"啊，你可以……"里面的人像见了鬼一般指着我。我早就预料到他们的反应，笑笑说："医生说我可以讲话了。"然后便走了进去。"你的声音……挺好听的。"一个同学明显还不能接受，他仿佛变成了刚能讲话的我，结结巴巴地说。"没有啦，差好多。我原来声音像王菲一样。"我调侃道，"来，想入党的把名字写在这张纸上，经过筛选后会告诉各位入围的名单。"我回到正事上。"班长已经来问过一次了。"一个正在打电脑的男生自始至终没有抬头，终于还是用声音回应了我。

"喔！那就好。"我突然想起什么都需要别人帮忙的昨天。仅是一天，恍若隔世。我不用再如此麻烦别人了，想想就觉得无比开心。我到一个一个寝室去和他们打招呼，看他们惊吓的表情，然后再告诉他们我的情况。

"老孙，名单统计好了没有。"我拍了拍班长老孙的床，他正躺在床上看书。他看了一眼是我，瞬时弹了起来："你喉咙好了？""我今天去医院检查，医生建议我开始说话。""那恭喜你啊！你等下，我就下来把名单给你。"他边说边迅速从铺上爬下来。"女生那边我也统计完了，你一会儿可以直接交上去。""不然你帮我交过去吧！"突然想到之前的事情都是他在做，我喉咙一好就什么都自己上，未必有点太过强势。"也行。"他爽快地回答。

说真的，我只想赶紧找到我的好伙伴们，把心里的话一股脑儿地和他们分享。那些事情，我当真不感兴趣。我给他们一一发信息，约他们教学楼的天台见。

"我们都来说说自己的目标吧！然后相互监督是否实现了。"小J提议。"今天经济学老师说了，每个人都要有一个职业锚，"阿坤还是那样快言快语，"他说你要想清楚，四年以后你想干什么，三十岁的时候你要达到什么状态，这是大目标；我们生活中的小目标都是为了实现大目标的，这样的话就不会走偏了。"

"我觉得很有道理。"小J跟上，"我希望大学以后考研，去北上广打拼。"她说出跟她甜美的外形不太相符的坚定。"小鱼，你呢？"她转过来问。"我没有那么多打算，我只想努力让爸妈过得更好一点。"小鱼微笑地说。

"我妈妈是个聋哑人。"我突然想到那天晚上他对自己家境的吐露。可是眼前的他，似乎丝毫没有对命运的不满，"让爸妈过得好一点"这样略显矫情的话题，被他说出来依然有一种平和优雅的感觉。我突然发现我们是如此相似，都因为自身的情况，一直招人欺负和嘲笑。我们并不猛烈地反抗，当然更没有逆来顺受。我们都选择带着这些嘲笑继续前进，而且心中没有怨恨。

不，他比我要更强大。来到一个新环境，本来是我"洗白"的一个好机会。我应该低调、亲和地融入新集体，极力展现我所有的美好一面；可是我却在短短的时间里，招惹了无数的是非。而小鱼在这里，似乎是一个人见人爱的存在。他也有个性、有棱角、有态度，却不讨人厌。

"他长得比我好看。"我心里默默得出了一个结论，"我这种'土肥圆'、'痘痘龙'，能有这几个知己已经是不错。"我其实擅长自嘲。何况，老天弄人，我不能说话的事实也导致容易引起误会啊。想到这些非我所能控制，我便心安理得了许多。

"思思你呢？你想干吗？"阿坤问我。这一问把我问懵了。我想借鉴一下他们的答案，然后再包装出一个更加高大上的回答，无奈"职业锚"这么有逼格的术语我实在无法拆解。

四年以后？三十岁？我飞快地思索。可是脑中一片空白。我突然发现我不是一个计划性特别强的人，我仔细想我的未来，但那未来就像在重重迷雾中无法穿破。

"Make each day count." 我灵机一动说。他们三人鄙视地望着我。"你在说什么？刚能说话就装【消音】说英语啊！"不消想，快嘴的永远是阿坤。"这你们都不知道啊！泰坦尼克号里面 Jack 打动 Rose 的关键一句话，'享受每一天'啊！Jack 跟 Rose 说，你跟那人在一起干吗？每天都不快乐，不要去担心还没有发生的事，要抓住当下，享受每一天！"我终于可以畅快地打击他们了。"能不能好好说话，一个肉丝儿被你发出来那么恶心？"阿坤做出受不了的表情。

"你看我们班很多男同学天天打游戏，说白了就是他们很迷茫。"我开始一本正经地说，"我们太喜欢去设想以后，但是实际上，我们是想不清楚以后的。比如，三个月前填志愿的时候，我们也会无数次地幻想报的学校是什么样子、寝室会不会很糟糕、能不能在大学里碰到好朋友，可是现在和当时的想象其实完全不一样。我小的时候也想不到有一天开始居然不能说话了，三天前更想不到今天就能自由地跟你们聊天。老把时间花在想上，不如把它花在做上。"说完我都被自己震惊了：憋了三年，果然不一样，说出来的话有种要把前几年补回来的架势啊。

"你真的很适合做团支书。"小鱼忍不住笑了。"哎，这才是一个从没想过的意外。我谢谢你。"我叹了口气。

"不过短期的目标还是要有的。"我补充道，"我想大一就把四六级过了。""为啥？学校要求大二下学期过呀。"阿坤不解。"我不想和别人一样。听说每个班大一有两个名额可以先考，我要争取一下。小鱼，你陪我一块儿吧。"他点点头，让我感到很舒坦：真正的朋友绝不是那些愿意跟你一起去做开心、轻松的事情的人，那种大晚上你叫唤一声就陪你一块儿去夜宵摊子上边喝酒边撸串儿被你当成好哥们儿的人，很有可能只是他自己饿得慌；而一件想起来就很辛苦、明明可以不做的事情，有人却愿意跟你在这份艰难中有个照应，这个人才配得上"朋友"二字吧。

我望着小鱼，越发觉得自己幸运。

"我和思思晚上要去开会，今晚会宣布入党积极分子名单，你们俩先去自习吧。"小 J 对他俩说。

和小 J 独处的时候我是尴尬的。这并不是因为她不好聊天，恰恰相反，她有一种毫无负担的随和。要找一个人来类比的话，那就是《花儿与少年2》中的陈意涵吧。她时刻元气满满，配上姣好却不冷峻的面容，可谓是个完美的异性死党。只是，最开始毕竟是带着任务接近她的，这让我心里多少有些包袱。关键是，这个任务要怎么进行？我现在一点动作都没有。教官是不是已经恨死我了？我干脆把鞋退回去得了。

我们就这样沉默着，不一会儿就到了会议室。等在那里的是别无二致的景象：挤满了整个教室的各班班委在愉快地聊着天，比他们聊得更愉快的是讲台旁的曹导和陈燕。

"各班支书和班长工作效率都非常高，一天就把名单交上来了。经过我和各班支书、班长的讨论……""她没找我讨论啊。"我小声对小J说。"她还不知道你能说话吧。""嗯。"我想也是。"我们在每个班都选出了5名入党积极分子。"曹导继续宣布。"5名，好少啊。"小J说，"你、我、小鱼就三人了，班长肯定也得上吧？还好陈燕已经是了。"我点点头，听着曹导在念其他班的名单。为了表明入选的依据，每个人的名字前还加了一个简单的称号。

"好，现在是营销二班。入选的有：班长老孙、学委小J、734寝室长小鱼、国家一级运动员陈建龙和成绩优秀的特困生赵宁。"五个名字，十秒不到就念完了。我和小J面面相觑：为什么会没有我？我立刻望向不远处的老孙，他也回过头来望着我，做了一个疑惑的表情。"等会儿散会了我们去问下曹导。"小J用一种安抚的语气说，"团支书没有理由选不上啊，我和班长都选上了。"

我也忍住心中的愤怒和不解，耐着性子地把剩下的内容听完。我很想立即冲上去问为什么。当然，这并不是出于我有多么急切地想入党，我只想知道衡量标准是什么，我差在了什么地方。

可是散会后我却丝毫不想去问了。想都想得到，一定是陈燕捣的鬼。她没叫我去开会讨论名单，她肯定想办法说服了曹导不要选我。于是我过去问老孙，讨论会上是怎么说的，他回说他们只参与讨论到七八人的大名单而已。

一定是陈燕捣的鬼。

"周思成，听说你喉咙好了。"曹导看着我在问老孙，主动跟我搭话。"谢谢曹导的关心。我想知道我没有入选的原因。"我并不忌惮她是辅导员，直白地问她。她听出了我语气里的不客气，却也不生气："你一进学校就得到了太多荣耀，这不一定是件好事。'木秀于林'你知道吗？所以我有意想让你把这个机会让给别人，才做出了这样的安排，你肯定能理解的吧。"她这样一番大义凛然的说法，竟然噎得我气势全无。"是啊，思思，你那么优秀，也给咱班同学多一些机会吗。"陈燕在一旁搭腔道。

咱班。两个人说话的语气和用词都一模一样。我虽然恢复了说话的能力，但如何吵架似乎还是不擅长，所有的气只得往肚子里憋。"谢谢曹导帮我考虑这么多。"我心里有一千个【消音】字，嘴上却硬生生地挤出了这样甜美的句子。"以后的讨论会我都可以参加了，也麻烦下次让我心里有个数。"我说。"那是当然。"空间中有无数把透明的剑在飞行。

夜色中，我和小 J 沉默地并肩。一边巨大的山峰在月色下把巨大的阴影投射到我们身上，和我此刻的心理阴影面积可以形成一个全集。"陈燕太过分了，一定是她和曹导说的。"小 J 突然愤愤地说。"算了，其实谁都能想到。"我喃喃道，"我正好可以多花点时间准备四六级。"我努力地提起兴致，对她笑道。

我突然发现在月光和枝丫阴影的共同勾勒下，小 J 显得格外漂亮。而她更是非常投入地为我打抱不平，每一个蹙眉和嘴唇的弧度也都是女孩子最可爱的样子。

"小J，别说这些了。"我打断她，"你谈过恋爱吗？"我觉得必须勇敢地完成我的任务了。

"谈过。"她异常坦诚，"高中的时候，不过后来文理分班也就慢慢淡了。"

"开学这么久有人追你了吗？"我越来越大胆。

"没有吧？我不知道耶！"她终于有些害羞。

"我觉得刘教官不错，而且他跟我说过，觉得你在我们班的女孩子里面最特别。"我突然发现心情差的时候，真的需要真实的"重口味"话题来帮助转移注意力。那一刻我突然觉得说什么都没有什么不妥。因为我心情不好啊！就算你觉得被我说的话冒犯了，我也有道理啊：我心情不好！

"不会吧？"她果然有点手足无措，"我和他都没有讲过几句话。"

"那是因为他喜欢你呀。说实话，他不敢跟你说这些，所以让我告诉你。"说完以后，我都觉得自己这样的媒人毫无说话技巧，如果刘教官在场，一定被气得七窍生烟。

"可是，我有喜欢的人了呢。"小J并不看我，不停移动的阴影也挡住了她此刻的表情。

"哦？谁啊？"我替刘教官感到惋惜，并立即盘算起把鞋寄回去的事情。

"难道你看不出么？"她转过头来看着我，眼神中充满了平静的坚定，还没等我回答，就径直说："小鱼。我很喜欢小鱼。"

4

我真的没看出来啊。

其实我并不是迟钝，而是暂时关上了接受那些随时飘浮在空气中的暧昧讯息的"雷达"。这种"雷达"在两个时候会关闭：恋爱中和受伤时。恋爱的时候，眼中只有彼此，其他所有的电力都会被隔绝。当然，"花心大萝卜"除外，因为那种人就是一个发电机，自己的电力源源不断，外部的能量也来者不拒。第二种情况是分手以后伤心时，很多人说忘记一段感情的最好方法是开始另外一段感情，这种"鸡汤专家"其实应该拖出去毙了。分手之后看谁都不爽好吗？金城武、林志玲也没用啊！不是没感觉，是"臣妾做不到啊"！一想到又要跟一个全新的人交换灵魂与肉体，牵手把以前牵手走过的地方再走一遍，说出和接受一些再也不敢相信的誓言，每个细胞都会觉得厌恶啊。那种刚分手了就能立刻开始的人，要么是不爱，要么是禽兽啊。

我是属于后者。不，我当然不是说我属于禽兽，我的意思是我的"雷达"不灵光的原因是属于后者：我受伤了，我不想、我拒绝、我厌恶。

那段让我受伤的感情却也是轰轰烈烈的。

其实那就在不久前。刚高考完，所有人都像雷峰塔倒后放出的妖怪一般，想要玩个通天彻地。男生终于可以毫无顾忌地通宵泡在网吧，女生也有了足够理由天天逛街、聊八卦。男女之间，也想抓住最后的机会去点燃压抑了三年的爱的火焰。

我有个姐们儿跳出了周围学生的一般爱好和低级趣味，尝试起了当时刚刚兴起的时髦——见网友。你一定想知道没有陌陌、微信的时候大家是怎么约会的。当然，还得仰赖我们强大的企鹅君。那时的 QQ 有一片天地叫作"聊天室"，点进去以后，可以按照地区找到邻近的伙伴，也可以根据你的口味选择主题聊天。特别火爆的聊天室，比如"夜深了还不想回家""寂寞的妹妹等人聊"等还会被挂在首页上，但是你绝对是进不去的；它们的作用只是告诉你，在聊天室里，请卸下伪装，丢掉矜持，"嗨"起来。

我这个姐们儿有个和她形象完全不符的名字。她叫黄甜甜，可是为人极其泼辣，粗壮的身材配着紫色的短发，十分另类，她喝酒的时候更是一口磕开一瓶盖，然后豪爽地说："我干了，你们爱咋咋。"我一直以为这样的人一定会有更加细腻和需要关怀的一面，果不其然，她天天在"寂寞的妹妹等人聊"里等待真爱。她把这些事情告诉我的时候，叼着一根烟指着我说："周思成，我告诉你这些是因为你他妈不能说话。如果有一天你能说话了，把我甜甜的事告诉了别人，我绝对立刻阉了你。反正阉不阉，你也差不多。"我看着她可以自然地把自己叫成"甜甜"，也是忍俊不禁。所以，我们成了最好的朋友。

"我们明儿去长沙见网友吧，"甜甜姐嚷嚷道，"湘潭这帮男的我能见的都见了，一个比一个屎。"我猛烈地点着头，反正也没事儿干，开学了也就要去长沙读书了，先看看。我心里想。

于是第二天，我按时来到和甜甜姐约好的长途大巴站。看到她的时候她是两个人，她一见我便指着身后的女生，说："我妹妹，程程。告诉你啊，'小娘炮'，不许打人家注意。"她大着嗓门儿喊。被她一提醒，我还真得仔细看看那姑娘——没错，高三后整个人有一种豁出去了的感觉，什么刺激干什么，没钱，但是年轻，有时间，所以任性。

可是只看了一眼，我便蔫了：怎会有长得如此"仙"的女孩儿！她瘦高纤细、皮肤白皙、眼睛大而明亮、薄薄的嘴唇好看极了，再配上女神般"爱谁谁"的表情，给我刚从题海中解脱出来的大脑和眼睛以极大的慰藉。那不是一种怦然心动的感觉，而是一种遥不可及的赞叹。

"嘿！跟你说了不许打歪主意！想啥呢！"甜甜姐作势要扇我一下，我赶紧退后了几步，余光却还留在程程的身上。我们上了车，她俩坐一排，我坐在后面像个"电车痴汉"一样看着程程的背影，恍惚间让我看到了我的女神王菲那样的轮廓。"甜甜姐带这样的女生一起去见网友简直就是自掘坟墓啊！"我兀自想道。

果不其然，甜甜姐亲手挖了一个很深的墓穴。她似乎之前就定了详细的计划和路线：到了长沙以后，她飞速地带我们钻进网吧，然后她不管我们无聊地坐在一边，便熟练地点开聊天室。半个小时之内，她就能聊到一个附近的男生，并约好见面。他们见面的时候，我和程程就在远处等着：只见甜甜姐装得像个矜持的少女，聊天的时候一直低着头，脚在娇嗔地挪动，两只手还差怯地拿着背包的带子，时不时地半抬头看看对方，又垂下眼神。我和程程看着她装得如此虚伪，忍不住相视而笑。

不多久，她便独自过来。"怎么了，不满意吗，影后？"程程问她。"丑得不忍直视啊！跟发的照片完全不一样！我就装装小女孩儿好脱身。"说毕，她便准备过马路。"干吗去啊，小女孩儿？"程程逗她。"当然去下一家网吧啦！好不容易来省城，我就不信找不到一个像样的汉子。""哎，你等等啊，有啥好找的，照照镜子不就是了。"程程也紧跟上去，这种好姐妹才会有的对话真是有趣。

"小心！"我心里喊出了声，赶紧把程程扯了回来——她差点儿被一辆车刮到。当然，这不是电视剧，我没有把她扯到怀里，然后两个人在马路中央对视，旁边的车都慢镜头经过。我甚至扯得太大力，使得她一个大趔趄。她当然知道我不能说话，又看到一辆野蛮的车飞驰而过，所以，非常礼貌地说了一句谢谢。我示意她跟我并排走，并让她走在我的右侧；走到马路中央后，我又绕到了她的右侧。

我必须说刚才扯她手的时候我突然有一种异样的感觉。那么热的大夏天，她的手竟然如此凉，以至于凉得沁人心脾。当然只是那一瞬，我就放开了，夏天的大马路上独有的炙烤又立刻包围了上来。

在见了六个（……）网友之后，程程有些受不了了："姐，我们就别再见了！这里的人和湘潭的没什么区别啊！累都累死了！""再见四个，如果十个里面都没有合适的，我就认了。好不容易来一次省城啊，你俩再坚持一下，别那么尿。"我摊手表示无所谓，毕竟旁边有一个女神，也许回去就见不到了，再多见四十个我都没意见。

眼看就快到了晚饭的点儿，甜甜姐虽然约的网友都不咋地，但礼数却都是有的，下午约的两个人都请她在麦当劳里吃了东西，并且看到我们两个跟班也一并请客。这不，眼前见的这个看到我们，就说要请我们吃晚饭。

我和程程低头吃东西，听着甜甜姐装得娇羞地和那个男生聊一些有的没的东西。"介绍下这两位安静的朋友吧。"那个男的突然说。"哦，他俩是我的好朋友，他们有点饿。"甜甜姐憋着喉咙，瓮声瓮气地说，脚还在下面踢我。我突然意识到了自己的失态，却无奈不能搭腔，只好对着那个男的装作蒙娜丽莎状。"这位美女叫什么名字呢？"那个男的不依不饶。程程仿佛没听见似的，继续优雅地吃着。

"你多大了？"那男的继续道。我担心的事情发生了：任何一个正常的男人面对着甜甜姐和程程，一定都会做出同样的选择。对了，该不会下午那两人请喝东西也是因为看到程程吧？一定是的，他们的目光经常往她身上飘来。

我看着一旁的甜甜姐，感觉她怒气已经上来了一半，却叼着口里的骨头在强忍着。"你有没有男朋友啊？"那男的丢出了最想知道的问题。我瞪大眼睛看着甜甜姐，觉得她立刻就要"黑化"了。果不其然，她吐出了骨头，放下了手中的筷子。

"有了，"却是程程开口了，"他啊。"她嘴唇微张，轻巧地吐纳。

那男的立刻转头望着我，那一刻我的脑海中电光火石：她一定需要我给她打掩护。人家女神都不介意来演戏了，我自然是要配合的。于是，我立即牵住了她的手，然后继续点头、微笑。

其实牵手是看不见的。我只是想感受那夏日里的冰凉。我不确定她会不会把我的手甩开，但是她主动约的戏，哭着都要演完吧。那我就奉陪到底吧。

跟你说，男生都是很现实的，在感情上有了便宜都喜欢占，我也一样。

对面那个男的则是另外一种现实。他显然信以为真，然后就心灰意冷地吃了一会儿，编了个蹩脚的借口，买单先走了。

甜甜姐立刻审问我们："我【消音】，你俩搞什么？"她倒不像是生气。"你见的这都什么人啊，我还不得保护下自己吗。"程程说。

我才发现，我仍握着她的手没有放开，而她，也没有甩开的意思。

"赶紧的，我要去见最后一个，不然都没车回去了。"甜甜姐火急火燎地说，打断了我正默默滋生的幻想。

和我长大的湘潭不一样，长沙真是一个灯红酒绿的地方。小城市的夜晚充满了闲适，晚上的大街上并不会有多少人；而长沙则不一样，我们走在一个叫作"步行街"的地方，街上的人们都像行军一般，激动、快速地走着。他们大多喜形于色，神采飞扬，而且三五成群，勾肩搭背。我们三个在人群中经常被冲散，我又不能出声，好几次差点儿跟她俩走散。

"跟紧一点儿，别慢吞吞的！"甜甜姐在人群中大声咆哮，让我得以重新定位。我们经常跟相向而行的人流撞个满怀，当然，甜甜姐气势如虹，被撞后自然是纹丝不动，还有种手撕鬼子的气势，慢慢地便无人敢撞她；而我正值体重的巅峰期，也算能逆流而上。苦的是程程，本来就无比苗条，加上女神的长相，很多人都故意去撞她，然后还色眯眯地对她说："没事儿吧？不好意思啊！"

我不知哪来的勇气，冲上去一把拉住她的手，并略微走在了她的前面。我不敢去看她的眼神，只感觉到心旷神怡的凉气从指间传来，像一个结界把我和她与外面的熙攘隔开。令我意外的是，她并没有任何挣脱和反感的表情，有的只是完全的舒展和给予。这让我更加大胆，紧紧握住她的手，为她开辟一条顺畅的通路。

我突然盼望时针能够停摆。我眼中已经没有了周围的杂乱与喧闹的人群，只觉得有一轮巨大的圆月在前方空明澄净的地平线上"嚯"地升起，指引我拉着她不停向前。

那一刻我明白了，这就是爱。

无奈思维已经私奔到月球的我还是被甜甜姐的法力无边收了回来。"那儿有个网吧！"她声音洪亮地喊道，压过了所有路人虚弱的声音。我仍不松手，拉着程程去追赶早已消失在人群中、也许已经坐到位子上开机了的甜甜姐。

我们找到了她，果不其然，她已经面对着整屏逐行滚动的文字在聊天。我拍了拍她的肩膀，示意也想要一台机子。我现在该怎么办？牵着她的手不放？网吧里我没有理由这么做啊！而且我的心里已经产生了某种奇妙的预感：她主动让我伪装她男朋友，我牵她的手她也从来不抗拒，莫非……我不敢想得太深，只想找台电脑，避免一下尴尬也平息一下已经翻滚的大脑。

"老板，再开两台电脑！"甜甜姐边应付着跳动的头像和点着发出咳嗽声的小喇叭，边帮我们安顿好一切。我和程程自然地松开手，紧挨着甜甜的右边坐了下来。

我该怎么办？我飞快地问自己。只有过一段自以为是的恋情——详情可以看《英语大王思思来了》中的初恋篇——已经两年全身心学习，对感情无比生疏的我，居然一天之内对一个完全新接触的人从仰慕到好感再产生了幻想，这样对吗？我该跟她怎么说？不，她绝对是不可能看上我的，她真是我见过的现实中最漂亮的人儿。而我，高考后肥硕的身材加上不能说话的喉咙，说是癞蛤蟆想吃天鹅肉都侮辱了癞蛤蟆。

可是我从来不是一个幻想派。是的，我虽不能说话，却憋不住话。我转向右边，对着她，再指了指我的屏幕上打开的QQ，蹙着眉做出了一个"请问"的表情。我才发现此刻的她已经收起了高冷，满脸都是亲和，而且在幽暗的网吧里，分明发出了晶莹的光芒。她似乎立刻读懂了我的意思，并不回答，而是伸手到我的键盘上，打下了一串数字，再按下了确认。

我像是得到了某种确认，转身对着自己的屏幕，看着小喇叭瞬间跳了起来。我尽量按捺住就要跳出胸腔的心脏，点击了那个跟我此刻一样雀跃的喇叭："Maple 通过了你的好友请求。"

我直接点击了她的头像，在对话框里打出了我直到现在都没能超越的一句话：

"我牵着你的手就不想再放开了。"

"那你就不用放开了呀。"立刻，我就收到了最幸福的回应。

我转向她，迎着她清澈的眼神，毫不迟疑地，伸手把她搂在了怀里。

5

　　我也不知道为什么会把这些告诉眼前的小 J。或许是被陈燕她们恶心到了需要发泄，或许是终于可以说话了需要倾诉，或许是觉得小 J 和小鱼很配想要分享一下我的感情得失，又或许是，深埋在心里的不会治愈，坦然说出来的才算慢慢接受。

　　我好想你。你知不知道。

　　"好唯美的开始，"小 J 说，"后来呢？应该就是不久前的事啊？"小 J 非常大胆地问。她很聪明，知道我既然已经讲到了这里，就愿意讲下去。

　　我记得我们俩拥抱了很久。我们完全不在意网吧里也许有人在看，也不在意甜甜姐可能会受到莫大的惊吓，就一直那样抱着。那一刻我的心情从狂跳变成了平静，然后像是飘浮在了明亮无垠的银河中，轻轻的、凉凉的。我的呼吸间是她发梢散发的淡雅香气。我惊叹为何在盛夏中行走了一天留下的却仍是好闻的味道。

她突然松开，把我吓了一跳。她对甜甜姐说："姐们儿，我们先走了。太晚了。"甜甜姐似乎完全没有注意到她身边的巨变，仍是饶有兴致地盯着屏幕。"走哪儿去啊，不回湘潭了啊？"她嚷嚷。"我们随便找一个地方睡了啊，你随意。"说罢程程起身，我自然跟着。"我【消音】，你俩是人吗？把我一个弱女子丢在这陌生的地方。万一我出事了怎么办？"甜甜姐终于舍得让眼光离开屏幕。"别人不出事就不错了。"程程说，我也跟着笑了。她是那么爽快而利索，而且关键是，她是我的了。

"好吧好吧，你们注意安全啊！哎，你们俩去开房啊！住一间房啊！不然危险，你放心，周思成那个'娘娘腔'不会怎么你的！"她说的话正合我意，我也重重地拍拍她，然后拉起程程的手离开。

已经接近午夜，步行街上的人也终于变得稀稀拉拉。我拉着她，在街中间慢慢地踱步。我们靠得很近，她穿着无袖的蓝色连身小洋装，我们的胳膊贴在一起，白天我体验了几次的凉爽瞬间被放大了数倍，加上我们的关系只一瞬间就发生的天与地的变化，我整个人都禁不住笑了起来。

"你笑啥？"程程望着我，我也望着她。"我很开心啊。"我做出口型，并没有声音。"我也开心。"她居然露出了娇羞的神色。路灯下她的皮肤仍然白皙无暇，有种摄人心魄的美。同时，我也感到很惊讶。一般来说，我有想说的话，会跟身边的人做出口型。比较亲近的同学习惯了以后，大概能明白我在说什么；听不懂的，我会慢速、夸张地把口型再做一遍；实在还没明白的话，我会在对方手里写字。没错，就这么麻烦，所以我慢慢地学会什么也不说，什么也不做，只是在自己的五脏六腑之间交流。

而她，我们认识才不到一天，就能看懂我的口型。这让我的喜悦又多了几分，这就是传说中的心电感应吧。"我想不到，你怎么可能会喜欢我？"我继续尝试着跟她交流，因为她可能会听不懂，所以我说的格外直白。"我觉得你很特别。你其实很懂保护人。而且，你有种让我安心的感觉。"她不假思索地说。

你很特别。我生命中无数次听过别人跟我这么说。

"可是，像你这样的女生不应该喜欢帅帅的男孩吗？"我说完了以后自己都后悔：这口型也太复杂了，她一定看不懂。谁知她好像能直接钻到我的脑海里似的，明白我说的一切："追我的人太多了。都是高的、帅的、打球的、打架的，他们看上去都酷酷拽拽的，但其实什么也不懂，聊天的时候只会傻笑。"眼前的她清晰、清澈，和我身边那些看到打球就"发花痴"的女孩子完全不一样，关键是，配上那张脸。Oh，my！

"我们去哪儿过夜呢？"我小心翼翼地问她。小心翼翼，不是因为有什么想法，而是我兜里只有20元钱。原本的计划是陪甜甜姐见网友，一日来回，所以我以为备好车票钱就可以了。我并不觉得有什么丢脸，学生时代的爱情大都和钱无关。

"我听你的。"此刻的她就像每一个依赖男朋友的小女生，再没有人前的清高和伪装。"我没有带够钱，住宾馆肯定是不够了。"我边比画边掏出了兜里的20块。"我也正好20块！谁知道今天不回家啊！"她笑了。我们如此默契。

我们走着走着，一个偌大的广场出现在眼前。一块一块的绿化植物、花坛和几张石凳，中间还有一块湿漉漉、明显是开过喷泉的空地。月光下明显能看到，三五成群的年轻人以及一对一对的情侣，他们各自保持着距离，坐在花坛的沿儿或者石凳上，用亲密的行为搭起一个一个的小世界。

"愿不愿意在这儿过一夜？明早我们就回去。"我征询地望着她。

"好啊！"她很雀跃，拉着我就开始找一片没人的地方。

那天晚上的每一个片刻都条缕分明地镌刻在我的记忆中。我坐在花坛的沿儿上，她躺下把头枕在我的腿上。我们一直说话，她说她的爱好、朋友、学校、家人、梦想；我大多数时候只是听，然后简短地回答她的问题。说累了我们就一起抬头看着星星。我不记得星星的样子，我只顾感受她枕在我的腿上传递的彼此脉搏的跳动。然后她大概累了，合起了眼睛。我就一直坐在那，看着她傻笑，又尽量不要颤动而弄醒了她。我怎么会如此幸运，大概是苦了十八年老天对我的赏赐。看着周围陌生的环境，我一点也不害怕。相反，我觉得我很强大，强大到我觉得我可以撑起我们俩的世界。

我就坐在那，时光一点儿也不难熬。很多年很多年以后，我已经可以天天穿梭在不同的五星级酒店之间。但是我记忆中最鲜明的一晚，便是我俩露宿街头、幕天席地的回忆了。

南方的夏夜特别短，五点多天就亮了。我们牵着手往火车站走——长沙虽然以"星城"闻名，但实际上尺寸可谓非常迷你。我们在沿路上吃了一碗米粉，便搭最早一班的火车回湘潭了。那时候，火车票只要五元钱。

"我想带你回去见我爸妈。"在火车上，她把头搭在我的肩膀上，偏着头看着窗外飞驰而过的各种景致，一边若无其事地说出这惊人的话语。

见家长！这只有在电视上看过的情节！一般男女主人公都会围绕这件事展开各种讨论与纠结，有人期盼它，有人害怕它，但无论如何，这也不像两个刚在一起半天的、刚十八岁的小朋友该干的事情。

　　"我想让我爸妈安心。他们天天都因为学校那帮小混混追我，经常吼我。那我就给他们带回去一个正经的。"她认真地跟我说，认真到我无法反驳。确实，我虽然特别，但不得不说，我却是非常正经的：我成绩优异，长相平实，关键是还不能说话，不能油嘴滑舌。女孩子都主动提出了，我也不好拒绝。而且，这是对我多么大的认可。我微笑地点点头，忍不住吻了她的额头。

　　下了火车，时近中午，她真带我回家了。她爸妈自然是在家的——如此美丽的女儿一晚上没回来，虽然她昨晚打了个电话，但显然他们是担心的。当然，他们没有预料到女儿还牵着一个人回来了，没等他们问，程程就说："爸妈，这是我的男朋友，周思成。"

　　倘若我见过比我更直白的人，那就是她了。不，我现在的直白都是跟她学的。她如此坦诚通透，换我无比安心。正是这样，我后来努力地去做一个坦诚通透的人，也想让周围的人安心。也因为如此极致的坦诚，她爸妈居然没有太多不悦。当然，我想我看上去跟他们平常经常见到的那些"小混混"一定也散发着完全不同的气息。她介绍着我的情况、解释我不能讲话的原因，她爸妈并不讨厌地看着我。

　　"这也太神奇了。"小J忍不住打断我的叙述。"那你们在一起多幸福啊！怎么之前没有听你说啊？而且也没感觉你在恋爱中啊！"

　　是的，我们在一起很幸福，而且幸福得超越了我的认知能力。我们像任何一对热恋中的情侣一样，醒着的每一刻都形影不离。高考过后，父母在钱上都会开明很多，似乎也想弥补我们三年所受的摧残。她把所有的钱全都交给了我，由我来安排每天的行程。上午，我们一般都是醒不来的，毕竟有三年的觉要补。中午，我们会约定好在不同的餐厅见面，我们会找一个僻静的角落，而且经常肆无忌惮地拥吻。下午，我们一起踏遍城市的每个角落，商场、公园、电影院、电子游戏厅。晚上，我们会在饭后在落日下，沿着湘江一直走，每个人耳朵里塞一只耳机，就那么牵着手，静静地走着，我们最爱的歌是温岚的《北斗星》和王菲的《红豆》，我们可以听到同一句歌词的时候一起湿了眼眶，我们经常走到自己都不认识的地方，然后搭公交车摇摇晃晃、慢慢吞吞地回到熟悉的地方。最后，我们依依不舍地道别，或者干脆就一起不回家，去找一家"热水 & 床"了。

"有时候，有时候，我会相信一切有尽头。相聚离开，都有时候，没有什么会永垂不朽。"王菲用这个星球上最清澈空灵的声音唱着。"唱得真好听，但是歌词我不信。"她靠在我的肩膀上，边听边说，"我们会永远在一起的，对吧？"我点头，用颤抖传递我的温柔。

可是，年轻的灵魂除了需要浪漫，似乎更需要的是自由和刺激，抑或是原本平凡无奇的我瞬间拥有如此完美的爱情，立刻变得贪得无厌又妄自尊大，我开始对这份浪漫和完美习以为常了。

我开始不期待每天千篇一律的生活。我开始不在亲吻的时候感觉内心澎湃，我开始不感动一起听歌时她流下的眼泪，我开始不屑她每每把管家里要来的钱递给我时的温柔。

我是多么傻啊！多年后才知道，这些千篇一律的平淡，才是爱情洗净铅华后的最高境界。大概所有的爱情，都会从悸动与脸红、折磨与不安逐渐进化到简单、平静的守候与陪伴。可是年轻的我那时哪懂得这一些呢。讽刺的是，她却懂，而我却把她的懂当成了负担。我现在都不明白条件如此优越的她当时是如何看上那么恐怖的我。即使今天的我，也配不上她的纯真、美好和对爱的付出。

不多久，高考结果出来了。我被省内最好的"985"院校录取，而她却刚刚上二本的线。她告诉我，她家人让她复读，我表示赞同。可是她说不想读书了，想去长沙陪我。"我们在岳麓山脚租个房子吧。你上课，我照顾你。"她一字一句坚定地说，仿佛任盈盈要同令狐冲一起隐退江湖一般。

我极力反对。我不是令狐冲啊！我连江湖的模样都不知道。我很难想象十八岁就开始同居的生活。我向她表示不可以这样，好好读书才是王道。她坚持要陪我去读书。我转身离开，留她在原地。

几天没有联系。

那几天，我居然有种如释重负的轻松。我可以每天邋遢地过着，每天睡得东倒西歪，然后抠着脚、吃着西瓜、看着无聊的电视剧，或者和我即将各奔东西的高中同学聚会，听他们谈天说地、吹牛。更重要的是，没有一个人对我说："我不读书了，陪你去长沙，你每天上课，我在家等你。"真的，那时候我想到这个情景就觉得无比恐怖。我并不知道这种不联系意味着什么、会带来什么，我只知道那一刻我是自由的，没有负担。我害怕责任，因为我根本无力承担那么大的期待。

那一刻，我忘记了那个夏日里她冰凉的手心向我传来的讯息；我忘记了过马路的时候走在她前面的冲动；我忘记了那一夜广场上星空下两个灵魂的交互；我忘记了她居然第二天就带我去见她父母的信任；更可耻的是，我忘记了那句感动她也感动自己的话："我牵着你的手就不想放开了。"

"今晚在老地方见，我想你了。"我收到了她的信息。

"你答应爸妈去复读了没有？"我心有戚戚地问。

"来了说。"她回。

我犹豫了很久，回了一条："听话，去复读吧，我会经常回来看你的。今晚有事，来不了。"

"你就那么不想我和你一起去长沙吗？"隔着手机屏幕我都能感觉到她的生气、失望和我心中越来越大的压力。

"你怎么可以这样？"小 J 忍不住打断了我，也把我从回忆中猛地拽了回来。我分明看到了她眼中的泪花，也许从那天以后我没有再见到的程程在看到我的信息的时候，眼中也涌动着这样的泪花。

因为，我收到了程程最后一条信息："你怎么可以这样？！我本来已经答应了爸妈去复读，但是你的反应太让我失望了，我们分手吧！"

"我们分手吧！"直到看到这几个字，我才突然回过神来。我疯狂地给她发信息，她没有了回音；我打电话过去，等待我的是关机的声音。到了晚上，我更是不知所措：以往的这个时候，我正跟她牵手在河边散步呢！而我自己，亲手葬送了那完美的幸福。

"我在你家楼下等你，我错了，你下来见我一面，好不好？"我在她家楼下给她发信息。

"我站了一个多小时了，你下来好不好？"

"你不下来我上去了啊！"

我敲门，门开了。她爸妈曾经友好的眼神中充满了鄙夷："程程去寄宿学校了，你如果为了她好就不要打扰她了。"说完，眼前只有一扇冰冷的门。

"星星的眼泪，满天的风雪，

谁不为爱伤痕累累；

你竟然坚决，将故事结尾，

我的笑容已经不完美。"

独自走在八月第一个变凉的夜，温岚的声音淡淡地唱着。另外一个耳机上仿佛还有她耳垂的温度。

"我陪你去长沙吧，你上学，我照顾你。"

"我牵着你的手就不想再放开了。"

6

You reap what you sow.

这句话用中文来说叫作"种瓜得瓜，种豆得豆"；逼格高一点的话，叫作"因果循环，报应不爽"。我人生的前十几年人见人烦，所以，老天在我十八岁的时候赏给了我一个完美的姑娘，可是不懂珍惜的我不多久就亲自葬送了自己的幸福；一直没有尝过"主流"甜头的我一进大学就成为了风云人物，并且还被选为了团支书，可是我不讨喜的个性又瞬间为我树敌无数，眼看要把我打回原形。

还好，我有几个不可多得的朋友：阿坤，他是我的寝室长，在生活中对我无微不至，洗衣、叠被，任劳任怨；小鱼，他是人见人爱的"暖男"，却对我尤其之好，并且自己放弃了参选班长而为了我慷慨演讲；还有一个小J，虽然一开始是为了教官的嘱托接近她，但是发现她也是一个美丽通透的女子，并且作为学习委员的她，可以在班委中助我一臂之力。

还有陈燕。故事总是需要一个反派角色的。就像白雪公主的邪恶后妈，或者是《睡美人》中的玛琳菲森，她们冷艳、强大，还有后援。其实从更大的逻辑来看，她们才不是反派，正是有了她们，故事和生活才能精彩，而我们这些自以为是主角的可怜虫才能一步一步地变强大。

"你们说周思成刚开始不能讲话是不是装的啊？"

"我看是的，怎么突然他就能说话了呢？而且还说的那么顺！"

"肯定是为了装可怜然后吸引眼球！小鱼，你应该很清楚这背后的猫腻吧！"

"别瞎说了，赶紧睡觉。"小鱼用不容置喙的冷淡制止了这场关灯夜谈会。他知道，我能听见；他知道，每天晚上我的尊严就被那些人随意地践踏着。

可是，我"装作"不能说话这个论调在班上越传越烈，那些以前对我不爽，但是却又不挑明的人现在已经开始直白地显示出厌恶与对抗，而那些一度中立的人也开始渐渐变得冷漠。我活脱脱地变成了一个"Green Tea Bitch"。不过这不算什么，毕竟生日宴一个人都不来的曾经都经历过了，何况现在还有三个如此真心的朋友。

"马上就要举行我校一年一度最大规模的科技文化节了，其中的'四星大赛'是个人项目里最重要的一个比赛，请各班班委在本班发掘参赛选手，争取为我院争得荣誉。"曹导群发短信指示我们。

所谓"四星"，是歌星、舞星、乐星和笑星。我在班上宣布了这件事以后，大家兴致索然，我当然知道，他们觉得有我在，这种"出风头"的事情自然不需要他们来操心。而我本来就擅长这档子事儿，又觉得可以为班级添彩，也许能让他们因为我的努力而更"爱戴"我，自然也是义不容辞。

　　果然，我一路过关斩将。跳舞的男生本就不多，有基本功又"严肃"地跳舞的男生就更是少之又少了。所以，不多久后，我就进入了"舞星"的最后决赛。

　　"亲爱的们，麻烦你们稍微留一下。"某天最后一节课后，我殷勤地吆喝大家留下来。"我已经进入了舞星大赛的总决赛了，这个礼拜五会在大礼堂举办比赛。希望大家能够到现场来帮我加油打气。"看着我诚恳地说着，大家也多多少少地挤出了"好的""加油"之类的话。我趁热打铁："那就麻烦班长帮我组织一下，周五晚有空的同学六点在公寓门口集合，老孙带着一起到礼堂来。班委成员尽量来，我需要你们的支持，谢谢。"我发誓我几乎是用乞求的口吻说出了这些话。我希望能赢这一场，而且是在他们的见证下。

　　与此同时，小J把她对小鱼的喜欢付诸了行动：上课、自习、吃饭，她都会和小鱼坐到一块儿；早餐的时候会无意地把自己有意多买的牛奶或者糕点塞到小鱼手里；小鱼讲的笑话她永远给予最捧场的回应；而且他俩经常因为"上党课"而与我和阿坤分头行动。

　　"小J喜欢上你了吧？"阿坤在我们仨回寝室的路上调侃小鱼。我在一旁不插嘴，教官交给我的任务已经没有完成的希望了，但是我也不能兴高采烈地去撮合他们吧。"别乱讲！大家都是好朋友。"小鱼否认。"哎哟，还有明星的官方回答，好朋友啊！"阿坤说完立刻溜掉，他知道免不了一顿打。果然，小鱼立刻追打了上去。

　　如果能在一起，一定要好好珍惜。我心里默默道。对程程的想念和愧疚又立刻袭来。自从那天和小J说完我挨千刀的"负心"故事后，原本深埋在心里，已经开始长好的疤痕再度撕裂，并不定期地涌出汩汩的鲜血。

在每天对比赛辛苦的准备和练习中，周五如约而至。我老早就去到礼堂适应场地、预演并抽签，期待晚上能够再次大放异彩。如果我不能用性格讨人喜欢，那我就用才华征服他们，令他们无话可说。我心里暗暗说道。

"怎么办？六点了，我在公寓门口，只有我自己。"阿坤发信息来说。

我隐隐不好的预感终于还是发生了。我打通老孙的手机，还没说话，就听到他抱歉的声音："对不起啊，思思，陈燕突然通知晚上要开入党积极分子生活会，我刚想跟你说呢。"

我火冒三丈，拨通了陈燕的电话，她刚接起来，我便压抑不住怒火："陈燕你够了！你明知道今晚我有比赛，却临时要开会！你什么意思啊！""你别把别人都想那么恶心，我也是刚刚收到了曹导的通知。还有，别人的事情也是事儿，没有人是围绕着你活的。"她冷冷地说完便挂断了电话。

"还没有人来吗？"我急不可耐地又打给阿坤。"你别急，好好候场，我去寝室看看。"他一边喘着气一边说，明显是在爬楼梯。

"小鱼，你去开党会了么？"我打通了我最后的救命电话。"我……"电话那边的小鱼突然噎住了，"请假了，因为我刚接到通知，但是我已经在……市里面办事，所以回不去。"他吞吞吐吐地说。我一时间说不上话来，只觉得血往上涌。"你不记得我今天有比赛了吗？"这句话马上就要说出口，但是电话那头一个更加强有力的句子远远地传来："走了，小鱼，票买好了，六点四十开场。"一个无比熟悉的女声说。

我挂掉了电话。我几乎要站不稳。我的胸口像被一个闷棍猛击了十下，有种血腥的泡沫在翻滚。我忍着巨大的愤怒摇摇晃晃地走到墙边想要支撑自己，快要走到的时候只觉双眼一黑，便失去了知觉和记忆。

醒来的时候是白白的天花板和呛鼻的酒精味——我躺在了医院的病床上。我下意识地扭动脖子，旁边坐着的是阿坤。他眼睛通红地望着我，看到我醒了，便"嚯"地站了起来，关切地问："难受吗？""我怎么了？"我说，声音虚弱得仿佛又回到了不能说话的时候。"你在礼堂晕倒了，"他努力压抑着什么，拖慢速度说："我当时正好找完人在给你打电话，和你一起比赛的同学扶你的时候正好看到了，就赶紧叫我过来了。然后我就叫救护车把你送医院了。你怎么回事啊，太拼了，怎么这么不注意身体啊。"他的语气，心疼中透露着些许责怪。

"我听到他们都不来，很……难过。"我应该是哭了，脸上凉凉的，仿佛十几年受到的冷落一下狂卷起了内心的风雪，把我的悲伤和屈辱一起冻住。"谁说的？我去寝室找他们的时候他们正下楼呢！"他突然语气变得奇怪。我知道，那不是真的。"小鱼呢？"我哽咽地问。"我给他打电话了，他来的时候住院大楼探视时间过了，他就回去了。"阿坤道。

我觉得头很痛，更要命的是，胸口很痛——那不是一种比喻手法，是真的肉体上的痛。我哭得更凶了，阿坤赶紧找来了医生。不一会儿，一个戴的医生白口罩踱了进来："你能站起来吗？去抽点血，然后去照个胸片。"他不带感情地说，就像那个给我治喉咙的医生一样。

那一晚，阿坤跑前跑后地忙碌着。问询、缴费、排队、搀扶我，等结果。所有指定的检查做完以后已经是后半夜了。回到病房，看到有几个小鱼的未接来电。我已经没有力气打过去，当然，我更不想跟他说话：他为了和小J去看电影忘记了我的比赛。是的，他们也许已经在一起了。

"别人的事儿也是事儿，没有人是围绕着你活的。"陈燕的话在我耳边响起，那么刺耳，却那么正确。我的胸口又开始疼痛，阿坤让我赶紧躺下来休息，我问他怎么办。他说就坐在那陪我，让我安心睡。我虚弱得也没有力气去胡思乱想，便昏昏沉沉地睡去了。

第二天早上是在医生查房的嘈杂中醒来的。阿坤站在医生旁边，医生后面跟了几个护士和学生模样的人，应该是实习生。看到我醒了，阿坤眼神中充满了心疼。"你得的是病毒性心肌炎。你同学说了你这段时间过于辛劳，压力过大，所以免疫力急剧降低。你原来检查过心脏吗？"

我点点头。小时候第一次体检我就被检查出心律失常。所谓心律失常，就是跳动速度不均匀。而我的失常是最严重的那种，每两下正常的跳动后就会紧跟一个早搏——比应该规律的跳动早出现，医生说这叫作"三联律"。医生问我是否经常头晕、感到疲倦，我摇摇头；医生又说我有没有坐过过山车，我说坐过，没什么感觉。医生直感叹说我是一个奇迹，说患"三联律"的人一般都不能久站、劳累。父母当然在一旁十分焦急，医生却安慰他们说人体非常强大，确实有人的身体可以逐渐适应心脏的异常，久而久之便也习惯了。所以，我便一直没有放在心上。

我把情况告诉了眼前的医生。他拿着听诊器放到我的左胸口，然后盯着手表，一动不动。不一会儿，他说："频发性早搏。今天你要做彻底的检查，而且要戴上24小时心脏监控设备。你最好叫你家人过来，有很多事情你同学办不了。而且暂时不要有人探视，你必须要安静的休养。"他冷静又专业地说。"心肌炎严重吗？"阿坤小心翼翼地问。"心脏的病没有不严重的，病毒性心肌炎是突发病，救治不得当可能会猝死。"医生回答。

猝死。多么可怕的字眼。可怕到我连哭的勇气都没有，生怕多花一点力气就可能会引发不好的结果。阿坤立刻通知了我妈，等我妈到了以后他便先离开，说回去换洗一下再来陪我。我妈自然说不用，说病房太小，她一人陪我就可以。电话偶尔会振动，一看是不认识的来电，夹着两三个小鱼的电话。

我妈是一个特别乐观的人。她读书少，以打麻将为乐。我每每表示抗议的时候她都会说："谁让你们父子俩太聪明，我就可以享福了哦！"就算在我高考的那段日子里，她每天做完饭就跑出去"修长城"了。此时的她挪来了几张凳子，摆在我床旁边，笑眯眯地说："医生说可能要在这睡儿个月呢。"我以为她会哭，但是她仍是笑容灿烂地说："不过说不准的，医生从来都是吓人的！可能住几天就好了，儿子你别怕！"

24 小时监控仪是一堆球状的设备。它们被医生散乱地吸在了我的前胸，宽松的病号服覆盖在它们头上，起起伏伏，甚是可怖。我妈说医生可以从监控器里实时记录我的心脏情况，随时采取不同的治疗手段。而吊水的单子更是长如哈达，径直从挂吊水的钩子那儿垂到了我面前。我努力地看了一下，上面各种复杂的英文词汇后面接着"*1""*3"等数量；最下方赫然写着："Total : 3302"。

我吓了一跳，心脏的跳动都更加明显："三千多块啊！怎么这么贵！这是多久的量？"我妈仍是一脸笑容："三千多一天。"我长叹一口气，心里充满了对家人的愧疚。我高中治喉咙前后就花了近十万，而这三千多一天的药费无疑又会给家里增添巨大的负担。我妈当然看懂了我的心思："别担心，前期贵一点，稳定后药会减少。你要做的就是心情舒畅，才能好得快哦！"

次日，医生查房的时候向我宣布了昨天的进一步诊断："就是病毒性心肌炎，不过还是早期，不会特别危险。但是心律失常严重，而且晚上心跳过缓。昨晚你睡觉的时候，每分钟心跳最慢的时候只有 29 下。"

29 下。我不知道那意味着什么。但是听上去就是极其不乐观的数字。"主要就是要接受药物治疗，加上卧床静养。""那大概多久能好？""前期药物治疗要半个月，再观察一下情况，如果治疗进行顺利，大概一个半月到两个月可以出院。"

他平静地说道。我平静地听着。我平静，一是知道不会有"猝死"那样的危险，二是我确实疲于应付开学以来的各种纠结，加上情伤的伤疤又被揭开，也许此时，逃避对我来说是最好的方法。

小鱼他们大概已经都知道了我的病情，阿坤回去后肯定告诉了他们。各种人慰问的信息倒是不少，毕竟听上去这么严重的病，面儿上的关心必须是有的，其中还有陈燕、曹导等人的问候。

小鱼并没有一直打电话来，想必是不想打扰我静养，只是会重复发一条信息：

"那天真对不起。什么时候能来看你？"

收到了很多条以后，我还是回了一条：

"暂时不必了。"

7

　　你一定觉得病房里的时间流逝会更慢些，实则不然。平常的生活充满琐碎和变数，一天往往看不到头。而病床上的一切几乎无比精确，每天的时间被大体分割成了一块一块，一块的开始，同时也意味着一块的结束。护士往我满是针孔的手上多扎一下，就意味着八个小时的流逝。而至于八个小时如何熬过？你不知道白天的时候湖南卫视有多爱放《还珠格格》的重播。没有想到小时候看过无数遍，都已厌烦的剧情在病房又焕发了活力，我每天居然还会跟着剧情里的人一起喜一起忧，并在结尾曲响起的时候分外失落。

　　妈妈每天笑呵呵地跟我一起看着格格和阿哥。有时候，她会趁我睡着了去我学校的女生澡堂洗个澡。偶尔，阿坤会来替她一天，她好回去弄来接下来几天的药钱——当然，具体是爸爸在赚钱，然后她做钱的搬运工。天知道，回去的那晚上她有没有去打麻将。

　　若打了，也很正常呀。她就天天睡在我床边拼起来的凳子上，笑呵呵的。

大部分的时候我没有在想那些解不开的纠结。我从小就倔强着，孤独着，被误解着，独自忍受着，最后习惯了。我又很困惑，却从来没有怨恨。我大概没有怨恨的勇气，生怕一怨恨，原本可能发生的好事也会被我突生的暴戾给吓跑。

所以你看啊，我就小心翼翼地平复和消化着对世界的不满。果然，我的人生还是发生过一些让人羡慕的人和事啊。比如程程，比如阿坤、小鱼。

只是，他们又都在哪儿呢？而且"四星大赛"我晕倒在赛场，团支书一职也不知是否会因为我的住院而不保。顾不上了，先把命留住比较要紧。

医生所谓的十五天关键治疗时期就这样过去了。胸口的疼痛有了缓解，心跳过缓的状况也有了好转，每天打针的药物清单亦缩短了不少。接下来，是巩固治疗和静养期。

"医生，可以有人来看我了吗？""可以了，但是不要长时间聊天。"

"医生，我平常只能躺着不动吗？""看看书什么的，只要不感觉到累，都是可以的。"

看看书？对了！之前和小鱼约定好考四级呢！正好可以好好背背单词！只是不知道那两个名额有没有给别人，报名的时间又是否已经过去。

"曹导，我想请问下四级两个报考名额是否已经给出去了？还能报名么？"我发信息给曹导。

她直接打电话过来了："你病好点儿没？我带干部们来看你吧！"我没有拒绝，毕竟我想争取到考四级的名额，而且太久没有和除了医生、我妈、阿坤和隔壁病友以外的人聊天了，我迫切地想知道外面世界的运转情况。

曹导、陈燕、班长和几个年级干部一起来了，陈燕手里还抱着一束鲜花。他们客气地嘘寒问暖，曹导还表示班长代理了我团支书的工作，等我病好了，回到学校就归还给我。我趁机问了四级名额的事情。"除了你，没有别的同学申请考四级，所以如果你身体吃得消，当然可以考。"人在生病的时候一定更容易感动，此时我看着曹导和陈燕，也觉得没有那么面目可憎。陈燕还跑出去给我洗了一个苹果。

"别傻了，没有人会落井下石罢了，她们就是你的敌人。"

"可是她们看上去都很友好，说把团支书留给我，又让我考四级。"

"你能不能有骨气点，对你好点就忘记她们怎么坑你的了。"

"其实也没什么大不了的事，也可能是我自己的问题啊。嗯，我一直都有问题。"

我体内的"双子星"在她们走了之后开始聊天。

"听说今天有人来看你了，我明天来看你好不好？"小鱼的信息。我犹豫了很久。是的，我感觉到了深深的背叛，这么说非常准确。就好比高中生，如果你一直跟一个人特别亲密要好，突然有一天他跟另一个人更好的时候，你自然是需要接受过程的。这就是可怕的自私和占有欲吧。

不，我对小鱼还有更深层次的心理依赖。毕竟，他给了我很多安全感。每个人的生命中可能都会有这样一个人，他不是朋友那么简单，又不像恋人那么复杂，而是独自和你创造了凌驾于爱情和友情之上的另外一个世界。他可靠，他强大，他温暖，他爱恨分明，在你需要的时候，一转身，他就在那儿。你只需要走过去，看到他的微笑，跟他坐下来聊聊天，一切的不顺遂就会抛诸脑后。可是我以为这个世界很稳定，但它分明就那样坍塌了。我不知道，是不是那么高的期待的坍塌，直接导致了我的病发。

"嗯，探视时间早上十点到晚上九点。"我终于回了信息。

"好，我一早就来。"他立刻回复了我。

我放下手机，拿起了手边的单词书看了起来，并圈圈画画地在书上涂着。看不多久，头痛欲裂，那些单词长得也太讨厌了！我忍不住把书丢到一边，干脆睡去了。

小鱼果然一早就来了。他八点多就给我发信息说到了楼下，我问他那还有这么久怎么办，他说到附近转转。我有很多话想跟他说，却又不知道一会儿从哪儿说起。"你去哪儿转了？"过了一会儿我发信息给他。"也没有地方去，就在门口站着呢。"他回复。"真是蠢，跟你说了十点来，搞得我休息也不安心。"我边发完，边慢慢下床——在恢复期，我已经可以下床走动了。"只要感觉不太累就没关系。"医生永远是这句话。我尝试着慢慢走，走到了走廊上，走到了电梯里，按下一楼。

电梯打开，我走出来到了陌生的住院部一楼大厅——我是晕倒后被不知怎么弄来的，自然是没有看过那些景象。我望向入口处，隔着玻璃门，小鱼傻傻地站在那里。我慢慢走过去，他连忙贴到玻璃上来喊："干吗乱跑下来，上去啦！"

"病人要做复健好吗，来遛弯儿。你以为是来找你啊。"我笑着说。是的，我不想怪他，也没有理由怪他。怪他啥？忘了我的比赛？可是他毕竟对我的好更多啊。

谁知道看到我笑了以后，他眼睛突然就红了，仿佛表演"变脸"一般，立刻哭了起来。刚开始只是啜泣，不一会儿就演变成了"呜咽呜咽"的哭声。说实话，我从来不觉得小鱼是一个会哭的人。这一切来得太突然，让我束手无策。只见走廊里很多人好奇地看着这边,看着这幅奇异的场景:门内外面对面站了两个大男生,明显是病人的那一方活蹦乱跳地傻笑,而门外的探望者却在放声大哭。

"别哭了!等会儿别人以为我得了什么病呢!"我为了澄清自己,故意大声地说道。

"对不起,是我把你气得得了心肌炎!"这个愣头青哭着喊着说,所有人用更加奇怪的眼神打量着我俩。

"别傻了,"我赶紧说,"心肌炎怎么可能被气出来!而且你什么也没做……"我说出口后立刻后悔了,周围的人本来还饶有兴致地望着我们,突然感觉到对话的诡异,都不好意思再看。

门卫都看不下去了,走过来望了他一眼,再望了我一眼,露出了狡黠的笑容,然后打开门锁,放他进来了。我一看时间,才九点半。谁说女生哭很有威力?男生哭更可怕吧。我真的很想掉头跑走,无奈身体不允许。他倒好,直冲过来,搀着我的手臂往里走。

大病初愈的身体当然羸弱,再加上他耿直荒唐的表现,回到病房时的我已经是大汗淋漓,然后急切却缓慢地躺回到了病床上。我只觉得全身的力气已经耗尽,便跟小鱼说我没有力气和他说话了。正好护士也把今天的吊水拿过来准备打针,小鱼忙不迭地说:"你赶紧睡一会儿,我就坐在这儿陪你,药没了你不用担心,我会看着叫护士来换的。"也许是真的内疚了一阵子,此时的小鱼跟阿坤一般,没有了平时的沉着和自然。我对他当然十分放心,手上插了针以后便沉沉睡去了。

我是被热醒的。只感觉整只手被上下包裹着,一看,是小鱼那家伙正用双手托着我的手。"你干吗？热死我了。"我不解地问。"我看那么大一瓶水打进去你整个手臂都冰凉了，所以想让你暖和一点。"他实诚地说。

我不说话，只是望着他。那眼神一定给了他压力，他松开手，耷拉着脑袋，像个犯错的孩子一般。也不知道过了多久，他又吐出了那三个字：

"对不起。"

"说实话，我真的很失望、很难过。"我也不想再装。

又是一阵沉默。

"你怎么可以忘记了呢？"我提高了声调——病房的另一床今早已经出院，我妈也去学校洗澡了，不然定会被我们吓到。

"那天下午，小J对我表白了。我觉得她挺不错的，其实也一直对她有好感，然后就在一起了。我们在一起的第一次约会，我也想让她开心。我不知道你会生病的。但是这些天我真的一直很自责。"说着说着，他的眼睛又红了。

"那你为什么不能告诉我啊？"我顿了一下，然后说。

"我怕你觉得我重色轻友。"他又低下了头。

"你怕我对你有意见，就没有想过对我有什么不好吗？"我把憋了近二十天的愤怒吼了出来。

"我本来觉得你是我上大学最可信的朋友。"他不说话，我只好略作缓和。

"你说话啊？"我忍不住又大声。

"小J……跟我说她怕你……喜欢我。"

这一句话无疑像晴天霹雳一般打到我的头上，我才跟小J说了我和程程的事情啊！

"她疯了吗？我刚跟她说了我和前女友的事情！"我挑战了我心脏的极限，嘶吼道。

"她……说你……可能是编的……"我突然很佩服眼前的他，居然可以如此直白地把恋人之间的小心机完全吐露出来。

"我为什么要编这种事情？"我平复下来，冷冷地说。

"她说她刚跟你说完喜欢我，你立刻说了这么多。她觉得如果你有那么多心事，早该跟我们讲了。她可能……觉得你说这些都是避嫌吧。"他明显坦诚地说。

我的头都要炸了。我向来直白、一根筋，他刚刚说的那些曲折与纠结完全超过了我的认知范围。陈燕的讨厌现在想起来根本不值一提，而那些我以为是我命运中赏赐的人，我最珍贵和骄傲遇见的人，居然把我的真心与透彻当成了复杂与阴暗。不，或许他们只是为了保护自己脆弱的爱情，所以把自己的想法凌驾在别人之上，构建起一个他们以为的真实，再去压垮别人的真实的世界。

程程，我想跟你一样做个真诚透彻的人，可是，我遇到的那些人都不值得啊。这是老天对我的惩罚吗？

"可是你居然会相信。"我的语气愈发冰冷。

"我……"他连抵赖的意思都没有。

"所以你们寝室天天晚上讲的那些话，你也都那样觉得吧？"

"我没有。"他的声音低到听不见。

"你就当作我是装作不能讲话吧，你就认为我就是喜欢你的好了。"我看着眼前的画面一点点破裂、剥落，发出"呲啦呲啦"的响声。

"你别这么想。"他仍是不否认。

"可是你这么想了！"我已经没有力气再喊，剩下的只是绝望。

"对不起，所以我觉得很抱歉。"他其实也是一个极其细腻的男生，不然也无法跟我构建出这样戏剧化的对话。

"你走吧。去约会吧。"而我却有把戏剧化推向高潮的本领。说完以后，我便努力闭上了眼睛。

我也不知道他坐在那里多久。这一场争吵用尽了我休养了二十天所有的力气，所以闭着闭着，就真的睡着了。

醒来以后，病房里只剩我一个人。

我多么希望这只是一个梦境，可是手机里小鱼不久前发来的"真的对不起，我先走了，再来看你！"告诉我，这一切都是真的。

8

那一次争吵没有让我的病情恶化，这也是不幸中的万幸。

必须要说的是，我最大的优点之一就是自我愈合能力很强。已经发生的事情，再怎么难过、不解、纠结都是没有意义的。当下的我可能会非常愤怒，甚至愤怒程度远远超过常人，可是最多一两天，我就能欢乐地该干吗干吗去了。

直到现在都是。我从不曾因为什么情况去抽烟、喝酒、做些疯狂的事情，甚至不曾因为分手而少吃过一顿饭——因为减肥倒是可以常常不吃——因为我知道，那并没有什么【消音】用。抽烟的当下爽了，结果嗓子和肺全坏了；喝酒的那时暂时忘记了忧愁，结果喝醉醒来发现一切没有改变，只多了宿醉的头痛和几天都打不起的精神，那又是何必呢。

既然生活对我们如此残酷，我们就得加倍对自己仁慈啊，不是么?

所以我不再去想小J的复杂、小鱼给我的失望、班上的那堆破事儿，我眼前只剩下了一件事情——考四级。还有一个半月的时间，我至少不能让我的大一一无所获。没错，我就是一个这么懂得自我安慰的高手。

唯一一件值得开心的事情是我的新病友。他是旁边学校跟我年纪相仿的大一新生，他的病情没有我严重，只是心跳经常莫名地过快，需要留院观察和休养。这下我算有了个伴儿，因为前一个病友是个老爷爷，倒没什么别的，也很爱聊天，只是他说的是不知哪儿的方言，我经常听得一头雾水，他却依然自说自话无比"嗨皮"。

我的新病友是个学霸。刚进来的第一天被戴上各种检查设备之后，他就拿出了一本厚厚的书开始眉头紧蹙地翻看。我一瞧，也是一本单词书，心想怎能输了气势，便也拿出了自己的单词书看了起来。他原本一脸严肃，"学霸"的样子你一定都是懂的；可是瞄到我也在背单词的时候便打开了话匣子。学霸对你的出身背景大多是不感兴趣的，这不，他的第一句话就是：

"你单词背到哪里了？"

"嗯，开始不久，五分之一吧。"

"我背完一半了。"

"我们学校大一不能考四级，我争取来的名额。"我还是想把距离拉近一点。

"我也是大一，我们学校自由报名。"他边说，眼神边停留在那些单词上。

"你刚住院就看书会不会不好？"我只好把话题引向别处。

"没什么，看书又不累。"他轻描淡写道。

我自己向虚空中做了一个鬼脸。"看书又不累"，你大爷的。我也勉强能算一个"学霸"，但是人生中从未体会过"看书又不累"这般神奇的境界。但是，旁边有个人在干同样的事情的时候，人心里那一点点自尊和骄傲还是会被激发起来的。以至于我也端着单词书不停地看，直到看得我头晕眼花，还要面带微笑；我时不时地瞟他一眼，他一直非常享受的样子，就好像"学渣"捧着游戏机那种模样。

"你看了这么久不累的吗？"我终于忍不住了，把书一丢就问他。

"你累你就睡觉啊。"他眼睛丝毫不离开那些单词，另一只手还不停地在纸上写写画画。

"嘿嘿，我只是关心你啦，你刚住院没必要太拼了。我没事呢，我的病都快好了！"我心虚地说，说完继续回到痛苦不堪的单词堆中。

也不知道过了多久，突然有一刻，痛苦就消失了，剩下的只有平静的感觉。又过了一会儿，喜悦出现了：那些面目可憎的单词居然变得分外亲近、棱角分明。再过了一会儿，我又进入了另外一种境界，感觉自己可以就那么一直看下去，永远不停歇，丝毫不疲倦。

"看书又不累。"我人生中第一次有了如此"高大上"的感觉。

我忍不住把自己最开始想跟他因为攀比而看书，到无比艰难又折磨地坚持和忍耐着，再到突然进入玄妙状态的这个过程告诉了他——不知为何，我从某个时点起突然变成了一个藏不住想法的人。或许是因为三年不说话憋出了内伤所以需要释放，也有可能和程程在一起的回忆告诉我要做一个通透真实的人。

"你是学文科的吧。"他转过头来望了我一眼。

"学文科的怎么了，"我对他的语气多少有些不爽，"而且我还是学艺术的呢。"

"难怪你不懂科学啊。"他的语气其实并没有讥讽，但就是听起来让人不爽。

"做任何事情都是需要状态的，"他看见我不接话，兀自说了下去，"而状态，是需要时间去进入的。就像一个人运动减肥，他就必须要做到有氧运动三十分钟以上才能燃烧脂肪。而科学家指出，记忆细胞要连续集中精力两个小时以上才能发挥它们真正的潜能。"听着他左一个"科学家"右一个"科学家"地说，我觉得甚是滑稽——和我这样说话要么夸张、要么多愁善感的人比起来，理科生确实是完全不同次元的生物啊！

我禁不住回顾自己"伪学霸"的学习经验。能够作为一个跳舞、唱歌、拉琴的人进入省重点中学，并且长期保持年级前五，多多少少在学习上是有些散乱的经验的。依着他的话，我确实发现，刚进高中的那段时间因为要做的题、要看的书、要背的概念过多，导致学习效率和效果都极其差劲，而且那些题永远也做不完，就好像白居易笔下《长恨歌》中的"此恨绵绵无绝期"一般。

所以我后来因为实在应付不来，决定破罐子破摔——每天晚上只干一两件事。以往的我是做完语数外再做理化生，作业做了以后开始背各种历史事件和政治概念，弄完了以后我的脑袋也像变成了一锅东北乱炖——自己都不知道里面有什么。后来我一晚上要么就是只学英语加背古文，要么就是做化学和物理题，最多就干两件事，结果反而每天接受的东西都无比清晰地排列在我的脑子里。而至于作业，我就早上去学校抄抄别人，交上去应付了事了——全班都做的那些一模一样的题目，又怎能让我与众不同呢。

"毛主席说，"他看着我若有所思，便继续说道——看来人真的需要状态，而他明显已经进入了"教育"我的状态，"要集中优势兵力打歼灭战也是这个道理，所以我军才打败四处出击的老蒋。"我很惊讶地望着他：说好的理科"学霸"呢？说好的科学呢？瞬间从记忆细胞的规律讲到了解放战争，这样赤裸裸地打击我们这些"伪学霸"好吗？

　　"所以很多同学背单词的时候背一背就看看手机，聊聊天，本来记忆细胞已经被激发了起来，结果又归零了，当然记不住。他们还老怪单词难背，其实只是自己自控力差罢了。"理科生吐起槽来其实更加牙尖嘴利啊！我不禁感叹。

　　"我发现你背单词的时候从来不读耶，这样能记准吗？"我试图新开辟一个战场挑战他。

　　"Absolutely yes. If you read the words aloud while you are remembering them, you will not focus on remembering them but be distracted by the sounds.（当然记得住。如果你边记边读的话，你的注意力就没有花在记上，而是被读音分散了注意力。）"看着他自如地切换到了流利的英文，虽说口语没有多么地道，但是标准、流畅、自然，着实让我震撼。

　　"Then..." 我不甘示弱，颤抖地说，"how can you...remember the...pronunciation?（那你怎么记住单词发音的呢？）"

　　"写单词的时候，"他大概感觉出了我说英语很吃力，瞬间又切换回了中文，"你脑海里在读啊！而且背的时候不读，重复的时候多读。那个时候，你的脑海里对单词已经有一个记忆的痕迹，再靠读去强化那个记忆就好了。而脑袋里什么都没有的时候就去读，那叫作'无中生有'，make everything out of nothing! That's absurd!（没有东西要做出东西，这太荒谬！）"

　　我望着眼前这个像外星人一般恐怖的人，想了片刻，突然冒出了一句："What's your name?"

　　他也愣了一下，然后笑着回答："Jack, and you?"

"Romeo. And I win this time.（我叫罗密欧，在英文名上我赢了。）"然后我们都笑了。

接下来的几天，除了每天定期地检查和打针以外，我和 Jack 都在各自的病床上背单词。他的病情确实不严重，但是也需要治疗来恢复。而我自是非常开心，突然有个人让我领悟到了"看书又不累"这么神奇的层次，真可谓是最近的因祸得福了。我也会经常把各种突然想到的问题抛给他，他每一次也会一板一眼认认真真地回答我。

"我发现吃完饭背单词会困耶！看来我真的不喜欢英语。"我昏昏沉沉地说。

"你们生物没学么，'胃脑争血，两败俱伤'，吃完饭干吗都困，大脑缺氧啊。"他完全不惧我的白眼。

"我一个小时前背的，刚一翻又不记得了。"我嘟囔道。

"人的记忆要符合'艾宾浩斯记忆曲线'，记了东西以后，半个小时是最容易忘的，所以半个小时就要重复。当然，你在背的时候要把不会的标记出来，这样你才能有针对性地重复，而不是让重复浪费你的时间。"他一边说一边仍不停地写着。

"难怪我第二天看昨天的，很多都忘记了。"我顿悟。

"你算好的，很多人都是背完了一本书再从头重复，然后什么都不记得了，就开始说自己记忆力差。想逆天而为的傻子还是挺多的。"他平静的话语总是不自觉地透露着嘲讽。

"你怎么可以这么在草稿纸上写！"他有时还会主动来指导我，看来为人师的感觉是会上瘾的。

"我怎么写了，"我不解地说，"我的英文字写得非常好看好吗！"

"这跟字迹没有关系！你的草稿纸没有任何安排和头绪！"他摇摇头，边拿起自己的草稿纸。我看了一眼就震惊了：工工整整、一行一行的单词好像书法一般；而再看看我自己的，哪里空白写哪里，没地方写的时候就开始覆盖在已经写过的地方，有些地方黑得已经跟"天下一般黑"的乌鸦似的了。

"我这样写更有激情啊！"我顽强抵抗着。

"根本不是这个问题。如果你一行一行写，而且每一行就只写一个词，这样最边上那一竖行就体现了你今天背过的生词，平常没事的时候就可以用草稿纸来作为复习工具了。"他游刃有余地把我撂倒了。

每每听到他抛出一个我没有听过，或者跟我曾经做法不同的理论时，我的第一感觉常常多少有些抵触，但是我又忍不住去尝试：如果我的方法可行为啥以前效果不够好？而他的方法好不好至少得试一下吧！

于是每一天，我就实践着 Jack 告诉我的集中时间＋时间要长＋多标记多重复＋擅用草稿纸＋记的时候多写＋重复的时候多读这样一套方法，单词的记忆效果突飞猛进，而且常常梦里面都会出现单词。我越来越意识到，和很多人一样，我太过于自我。我觉得自己的什么都对，什么都懂，经常为了个性而坚持，不管坚持的东西本身的对错。我过去总觉得改变自己是对自己的背叛，就好像小时候别人说我"娘"的时候，我反而会走路的时候扭得更凶。还好还好，我至少给自己机会去尝试了 Jack 的方法。结果发现，我已有的认知体系再融合进一个他人的认知体系，其实能极大地拓宽我的见识。

当然，我对他的"崇拜"绝非盲目的。比如他写单词的时候，每个英文旁边都会写上中文意思。我尝试了一天过后发现速度会被拖慢许多，而记忆效果差别不大，因为在不停写的时候，脑袋里也是在不停重复中文意思的。

又例如，每天早上我睡懒觉的时候，他经常会把我叫醒："该背单词了！早上的记忆力是最好的！"我挣扎着尝试起来了两天，结果整天都昏昏沉沉怎么调整都调整不过来。后来我索性睡个痛快，而晚上他早早休息了以后我仍像刚下凡的白素贞一样双眼冒着精光，越背越起劲儿。

"你要早起，一天的时间才能充分利用。"他总是念叨。

"你比我早起两个小时，但是我比你晚睡三个小时，所以我的一天比你长了一个小时啊。"我有力地回击道。

到很多年以后我才知道，根本就没有什么"最"这一说。有人说最好的生活习惯是早睡早起，殊不知就是有"猫头鹰"型的人晚睡晚起一样健康，而让他早起无疑是废了他的一天。有人说最好的健身是在自然环境中跑步，不要去健身房。可是他们不知道有些人膝盖不好，在路上跑步给膝盖很多伤害，于是只能在健身房做椭圆机。你要知道，我们被创造出来的时候就千差万别，我们每个人心理和生理都各有特点，所以我们要做的是多尝试，从而找到更适合自己的那些规则。不管是盲目固守心中已有的规则，还是囫囵吞枣地去接受他人所有的"权威建议"，都是对于自己的那份独一无二的亵渎。

于是我们两人从病友变成了学伴，而有的时候我更像他的门徒，一个原本愁云惨雾的的病房瞬间变成了一个安静、高端的自习室。护士和医生们都在谈论这个病房的奇特风景，每天也会有各种遛弯儿的老头、老太太在我们的病房门口驻足观望，偶尔还会交换几句诸如"我的孙儿要有这么努力就好咯"之类的话语。

其实命运就是这样公平，即使是最暗无天日的时刻，乌云的背后也会有即将冲破一切桎梏的阳光。

9

渐渐地，他从一味"指导"我的导师变成了我的朋友，因为我背单词的速度逐渐赶上了他。

起初他不以为意，觉得我一味地追求速度可能会牺牲掉质量。后来他发现每次问我的词我都能飞快、准确地说出来的时候，他终于第一次向我请教了：

"我觉得你背单词背得比我快。"

"哦？是吗？我没注意到耶。"我心里窃喜，表面却很无辜地说。

"看来你也是有自己的一套方法的，说出来，我们探讨一下。"他不卑不亢地说。

"我……没有什么方法啊。"说实话，文科生，特别是艺术生做事多半是凭感觉，并不太会去升华并总结出一个体系性的东西。

"好吧，那你背每个单词背多久？"他推了推眼镜望着我，好像在研究某种动物一般。

"我想想啊，"我真没有计算过这个问题，只好数一下刚才标记过的单词的个数——按照他的教导，不会的单词要标记出来，不然重复的时候就不知从何重复起了，"大概一小时三十几个。"

"这么多啊，我只能背二十个。"他略显失望，这可瞬间激发了我的自信，于是开始搜肠刮肚地去寻找有没有什么原因可以说服他。

"你为什么一个单词要背那么久呢？"我突然反问他。

"单词本身还好，但是它的同义词、词组、辨析也要花时间啊。"他认真地说。

"这就是你们"学霸"的强迫症了。我刚开始也总想着一个词背下来要把它的周边顺便也搞定，后来我发现，这个词本身还没弄明白呢，就去背同反义词，就会越背越混。其实如果大纲内的词，它一定不会只作为某个词的衍生出现，后面的单元还会单独出现的，到时候它的同义词可能就是你在前面背过的词，那样去重复效率会高很多。我发现很多词都是这样。所以我后来背每个词的时候，就先不背它的扩展，把这个词先背准了，Less is more（少即是多）嘛！"说完我都被自己的学术给吓到了，果然近朱者赤啊！

"你这样学习太功利了，不是大纲里的就不背么？学英语又不仅仅是为了考试。"他不服气地说，我们俩仿佛倒换了一下位置——一周前总是他教育了我以后，我想着法儿去辩驳他。

"这不是功利，"跟"学霸"的辩论是没有那么容易胜利的，"而是我们都知道没人可以一口吃成个胖子。Rome was not built in a day, was it?（罗马一天是建不成的，不是吗？）"我居然也可以引经据典了。看着他若有所思，我便继续道："我觉得这些考试很有意义，如果没有这些考试，我们的目标感会差很多，人都是懒散的。那么既然要学好，就一步一步来，考四级

就背四级大纲的，超纲词不是不背，是以后再背。你不都说了么，我们应该
'集中优势兵力打歼灭战'，先把最该记住的记住，而不要一味求全、拖累效
率。"说完了以后，我都有种爱上了自己的感觉。看着他露出赞同的神情，
我便安心地回到了自己的书上。

我发现背单词是可以疗愈伤痕的。不，其实专注地去做任何一件事都是
对伤心事的绝好分散。因为那件事就在你眼前，你得去把伤春悲秋的精神抽
出来，去完成它；而一个人的精神和力气也就那么大，伤心多了，是因为占
用了正面的能量。而当你把力气花在完成一个任务上的时候，能够伤心的
精力自然也少了。只是平常我们行动自如，身体健康，所以不安分于把精力
花在一件事上。而那时的我，因为天天只能躺在床上，《还珠格格》又已经
放完，身边又有一个那么大的"学霸"做参照，自然天天只能去看书。结
果发现，虽然能够去想伤心事的时间多了，但由于眼前只有这件事——背单
词——可以做，所以反而渐渐地，那些以为要花很长时间才能平复的伤痕，
偶尔回忆时也没有那么痛苦不堪了。

比如偶尔想起程程，想起小鱼和小 J，剩下的反而是那些美好的片段。
也许这就是最好的调养：一点一点地积蓄身体内的正面能量。

我和 Jack 都已经过完了第一遍单词书，开始进入重复期。他被我追赶上了，
多少心有不甘，而我想向他显示我的进步神速，所以我们开始做一件外人看上
去很傻但是却极其有意义的事情——互相提问来考查彼此背单词的效果。

一般来说，此类的比赛是有奖惩机制的。如果在寝室里玩此类的竞争，
脸上画乌龟、夹卡子是受不了了；"重口味"一点儿的话脱衣服、大冒险对
于大学生来说也很平常；功利一点儿的话，输的请吃饭，赢的设置一个奖金

也是有的。毕竟人都是需要被鼓励和惩罚的。只是对于我们两个病号来说，这些东西也甚是奇怪，所以我们的奖惩非常抽象却高端：赢的赢得了自豪感，输的感到了羞耻心。

"'frequent'除了'经常的'还有什么意思？"

"还可以表示动词'经常光顾'。"

"嗯，一个词多词性的时候，词意之间还是多少有联系的。"

"对，比如'brave'做动词时意思是'面对'，面对困难要勇敢嘛。"

"但是也有没什么联系的，比如'appropriate'，形容词是'合适的'，但是动词是'挪用'啊。"

"也有联系，贪官们在挪用公款的时候，自己都觉得很合适。"

"棒棒哒。"

"一个词有好多同词性的意思更难背啊。比如'confidence'，除了'自信'以外还可以表示'秘密'。"

"你的那些秘密都被人知道了，不就没自信了吗。秘密一般都是坏事儿吗！"

"所以多词性每种词性多意思的词，就来一个'工农商大串联'呗！比如'account'。"

"是，我背这个词的时候也觉得头痛啊。名词可以表示'账户''解释''情况'，动词还可以表示'解释''占据'。"

"你看好多人在相亲的时候都会问对方的账户存款，因为'账户'就'解释'了他们的'情况'啊！而且不停'解释'就'占据'了他们的时间。"

"你真的【消音】爆了啊！"

我们在很多时候讨论得过于认真，以至于护士来打针的时候我只是伸出一只手，而另外一只手仍然是拿着书，边和 Jack 讨论问题。有一次护士打完针，过了好一会儿我看到她还站在那里，便问："有什么问题吗？"她不好意思地笑了，说："我在考研，背单词头痛死了！听了你们的讨论我突然有种顿悟的感觉！"

"有些词长得很像啊，背起来也是有点混淆。比如'continual'和'continuous'，都是'连续的'，居然还有'断断续续的连续'和'不间断的连续'的区别！"

"嗯，我觉得长得像的词要多观察它们的区别，你看这两个词一个是'-al'结尾，一个是'-s'结尾，读音像'藕'和'丝'啊！藕断丝连！所以'-al'结尾的是'断断续续的连续'而'-s'是'不断的连续'。"

"如果有本词汇书上面有你们这些记法该多好！我背的词汇书特别枯燥！枯燥得想哭！"护士妹妹经常一没事儿就来听我们讨论，然后感叹道。有的时候她来的时候我俩都沉浸在背自己的单词中，她还会催我们："你们讨论一下啊，不要这么安静。"

"拜托，我们是病人好吗？"

"下次你要交学费了。哦不，减一点住院费吧！"

"哈哈哈。"

"你看，有些单词读音和中文紧密相关诶！这个'spouse'，配偶就是要'死抱死'，死都要抱在一起死。"我开心地说。

"是吗？谈恋爱要到死这种程度？"他单纯地说，"你谈过？"

"当然。"他突然戳到了我的痛处。死都要抱在一起死，我好像说过这句话啊。

"我牵着你的手就不想再放开了。"

是的，偶尔还是会痛。毕竟那么深刻的回忆、纯粹的拥有和我愚昧的不珍惜。下一个，死都要抱在一起死。

"其实英语单词和汉字也有很多共通之处呢。"他时而双眼冒光，一定是有"重大发现"。

"怎么说。"

"汉字不是有很多偏旁部首吗，所以有的时候我们不认识一个词也能猜出来个大概。比如高中语文课文《爱莲说》里一个词，叫作'菡萏'，我们在学之前肯定不认识，但是一般都能猜出是一种植物，因为有草字头。"

"那英文呢？"我觉得有点意思，因为自己在背的时候大都一个字母一个字母强记。

"你看一个词根是'-ject'，意思是'射'，'inject'往里面射所以叫'注射'，'eject'是往外面射所以是'发射'，'project'往前面射所以是'投射'，就很简单啊。"

"那'reject'为啥是'回绝'呢？"我边问，边赞叹他要背得多熟才能把这些词的规律找出来还放到了一起。

"'re-'表示'往回'，比如回家是'return'。你喜欢一个女生，你给她一个飞吻，她一挡，biu~，就射回来了，不就是回绝了你吗？"他边说还边比道。

"你不是没谈过恋爱吗？看来还是有美好的憧憬啊。可是飞吻什么的有点太过时了吧？你要强吻才对。"我逗他。

他居然害羞地不说话了。理科生真的很爱装。

"有的单词长得跟拼音真的很像！"我惊呼。

"你怎么总是从发音、拼音的角度去想。"他的优越感时不时地还是会溢出来。

"只要能记住不就好了！老外记中文发音的时候，也是要先靠和英文相近的东西来帮助啊！比如'我爱你'，很多老外就会标注成'wall eye knee'，他们就会想，在墙角看着你并跪下（'knee'是膝盖），说明在求婚，说明'I love you'！"

"嗯，如果联想中也有逻辑，那还差不多。"

"哎，我刚跟你说了'I love you'，你总得说'I love you, too'吧！"我调侃他。

他整个脸都红了。

"比如说'fraction'，你看'fr-'听着像芙蓉姐姐的'芙蓉'，而'action'是行为，芙蓉姐姐的行为只有'少部分'人能理解啊！所以'fraction'叫作'少部分'，这一下就能记住。"我得意地举例。

"这个确实想得不错，但是不可能每个单词都能这么记。"他顽强地抵抗着。

"没有必要每个词都这么记！各种方法都要用嘛！有词根词缀的就用词根词缀背，能靠发音、拼音来联想的就做一些有逻辑的联想，实在没有就强记咯。"我大义凛然地说。

"如果有本书什么方法都有该多好，"护士姐姐娇嗔地说，此时的她已经完全沦为了我们俩的"学霸粉"，"现在的书都太无聊，就是单词、意思、例子、辨析，看了一下就想撕书啊。"

"你是护士，怎么能这么没耐心呢。其实背单词比你们的工作轻松多了。"Jack一板一眼地"训斥"她。

"那你等我以后写一本什么方法都有，让你看了根本停不下来的书吧！"我在旁边解围。

"我觉得真可以！我今年肯定是考不上了，我等你出了书再考吧！"护士姐姐真心很单纯哪。

"他写的书，可能也只能卖给你了。"Jack 不解风情地说。

"不行，看在我们俩同房这么多天的分上，你也必须买一本。"对付他的方法我已经了如指掌。

他的脸红结束了欢乐的谈话。

没有结束的是，在那个病房里，那段时光中，在我心里种下了一颗更清晰的种子。

其实我们真的没有必要给自己的人生设定太多，因为你根本无法预测你会哪一天因为什么机缘碰到了什么样的人而摩擦出绚烂的火花。正如四个月前，我谈了一场轰轰烈烈的恋爱；三个月前，我因为从小讨厌的才艺在新生中名声大噪；两个月前，我因为疲于应付各种复杂的关系、遭到朋友的"遗弃"而对有些好转的生活再次失望不已；而一个月前到现在，我每天以和"学霸"讨论学习为快乐，并且心中又有了全新的想法。生活本来就是一场完美的戏剧。我们作为主角一定要燃烧"小宇宙"，释放自己的天性，从而好好完成每一个场景。下一个场景里，你才会有更宽阔的舞台。

一个月以后，我和 Jack 都各自坐在了自己的四级考卷面前，把近两个月在病房里积累的功力完全发挥。

最后，他考了 640 分，我考了 660 分。

而明天，将会是一个全新的开始。

Chapter 3

爱给我重新启程的力量

原来我需要敞开自己，
接受那些害怕和未知的东西，
才能去更刺激的世界冒险，
从而发现自己的真正所爱。

1

时间才不会理我们是否皆大欢喜，又或是细脚伶仃，它总是用两个指针面不改色地支配着这个星球上的万事万物。

不，其实对于我们人类来说，时间更像一个不准的怀表，它永远越走越快。还记得小时候每天下午放学吗？打沙包和跳橡皮筋的时光似乎可以持续到永远，如果第二天要春游，太阳公公一定就会赖床；而现在，十几年前看《还珠格格》的暑假似乎就在昨天，每年过年唯一的感叹是"怎么又过年了"……

有一种理论是说，人小的时候自身体积小，所以觉得别的物体相对较大，对时间和空间的理解都是如此；而长大成人以后，其他东西也就同比变小了，包括对时间刻度的体会。这类理论的提出者，当学生的时候一定是Jack 那样的"学霸"。

另一种看法是，人越大，欲望越多。而欲望是一种令人欣喜若狂的精神麻醉，所以在建立欲望和实现欲望的过程中，时间以一种你没有察觉的方式在流逝着。小时候的快乐，是过年能拿一百块压岁钱；而成年人的快乐，是我要努力花三个月追到我心爱的姑娘，或者奋斗一年买得起一辆梦寐以求的"法拉利"。而这三个月、一年，对于他们来说自然是呼啸而过。

没错，这种理论是我提出的。

我很快乐地回到了学校，高分考过了四级。我在曹导十分客气的挽留下仍然辞掉了团支书的职位。我和小鱼仍然经常在一起——当然，也没有那么经常。即使我神经再大条，也接受不了小J说我"编造出爱情故事是为了掩盖我喜欢她男朋友"这个可怕的假设，所以我自然不能和她同时出现。阿坤对我是一如既往的好，而他每晚的大部分时间仍然奉献给了IP卡那端的女朋友。

然后转瞬便是早春了。

四级高分通过的我自然是大踏步地向六级挺进的。所以，那三个月的时间对于我来说只是追求六级这一个欲望的刻度。我的新朋友Jack——当然我也不能确定我们是不是朋友，因为我们从来不曾聊过一些交心的东西——会三不五时地来找我一块儿自习。毕竟我们的学校依着岳麓山，只有一个公交站的距离。

他反而开始更像我的学徒。简单的人其实很容易交往，他们的自信和自卑都是可衡量的——我考得比他好，他便无条件地佩服我："660分耶！没有看过的分数！"而那些玻璃心的人，其实也不明白自己怎么会突然喜欢上一个人，然后有一天莫名地又开始讨厌他。比如我们班的那些人，他们听到我考了660分的消息，会流露出似笑非笑的表情——那种情绪我非常熟悉，当我站到新生指挥台上的那一刻，他们便是那种表情。但是我已不再在乎：我凭什么要求他们理解我？因为我从内心深处压根儿也不能理解他们呀！

"六级我一定会努力超过你的。"安静的自习室中 Jack 突然转过头小声对我说。

"We'll see then.（那走着瞧吧。）"

我很少去上课，正如我高中从来不做作业一样。那些老师不就是把书上的东西换了一种说法复述了一遍罢了吗？那飞快地把书看两遍不就好了。有那个时间，不如自己好好学英语，考前再冲刺一下得了。当然，很多无能的老师仍是要靠"点名"来约束学生的；所以很多课程名称都让我提不起兴趣，如"运筹学"，我从第一节课开始就不出现，老师点名的时候阿坤和小鱼会分别捏细声音帮我答"到"。而不知是不是对我的愧疚一直都在，只要有课堂作业、小论文，小鱼就会自动地帮我写了——我刚开始不知道，是有一次看到晚上阿坤没有在走廊上打电话而是在台灯下埋头苦写的时候，对了，那个时候我正躺在床上欢乐地重复着白天刚刚标记过的单词，我问他："写啥呢那么认真？从打电话改成写情书了？花样挺多啊！"他愤怒地望着我说："你知道专业课作业有多少吗？而且平时成绩占一半！"我从床上"嚯"地就弹了起来："为什么没有人告诉我？是想害死我吗？交友不慎啊！"

"你有小鱼啊！他一直都在帮你写。"阿坤充满嫉妒地说。于是我又慵懒地躺在床上继续研究各种单词的记法了——我可不想让 Jack 在六级中赶上我。

几年以后，毕业论文也是小鱼帮我写的。而且他帮我写的那篇得了全院第一，他自己的那篇只得了第二。

当然，我也没有那么死皮赖脸、理所当然。有一天，我在背单词的百忙之中抽出时间，决定请小鱼吃饭来感谢他帮我写作业，自然，阿坤一定是死皮赖脸地缠着我们要一起。隆重起见，我下了血本请他们吃肯德基……旁边的必胜客。那个时候，长沙只有一家必胜客。据说，它比肯德基的人均消费要贵两倍左右，所以，穷学生们只有在生日、约会或者是刚开学，压岁钱富裕的时候才去得起。而比萨对于我来说非常陌生，唯一的感性认识是小时候看《忍者神龟》的时候，每次主题曲放完之后拍在整个电视画面上的黏黏的大饼。虽然不知道为什么乌龟们吃得津津有味，但也却让人有种奇特的食欲。

　　那一天，我们穿上各自最整洁的衣服早早地来到必胜客排队。和比肯德基贵两倍的价格成正比的是，它的环境也要高端许多，甚至让我们这些第一次走进这样"高档"餐厅的穷学生有些战栗。菜单上种类繁多的食物也让我们大流口水，当然价格也是让我大冒冷汗。但是我心想来都来了，就可怜巴巴地吃一个比萨未免太过小气，于是我提议点一个比萨之外，每个人再多点一个东西。

　　"鸡翅。"阿坤说。

　　"拜托，这不是肯德基好不好。"小鱼笑话他，"我点一个沙拉吧，一次性能放很多，我看那边的客人都堆成山了。"说罢他指着旁边的一个区域。只见很多客人手里拿着盘子，在那里精心勾画如何一次拿更多的水果。而且很多人都在跟彼此较劲儿：你要能堆出一个摩天大楼来，我就要建造一个埃菲尔铁塔。当然，有人不小心建造成了比萨斜塔，然后摔个七零八落。

　　我反复翻着菜单，心里想着这种一生一次、一次一生的回忆我一定要点一个最好吃的东西。"意式肉酱面"，我突然看到了这个名字——它对很多人来说也许不那么特别，不过对于当时在大一英语课本里刚学了一篇关于意大利美食的我却特别有吸引力。而且它的名字叫作"Spaghetti"，复杂的拼写和高级的读音都增加了它的食欲和质感。是的，此刻的我，会把任何东西都和英文联系在一起来思考。

于是我们点了一个大比萨、一个自助沙拉、一个 Spaghetti——相信我，点单的时候我直接跟服务员这样念的，她的心里当时一定翻了三千个白眼——以及一份鸡翅。阿坤死也不改他的选择，因为他想看看肯德基和必胜客的鸡翅哪个更好吃。

吃到 Spaghetti 的时候我整个人都不好了。不是不好吃，而是太好吃了！长沙以米粉好吃著称。每天早上，各种小区中、马路边忙碌拥挤的粉店和面馆都是长沙最靓丽的风景。长沙人管吃粉叫作"嗦粉"，源自吃粉的时候那种爽快的声音。我现在的出国学生经常都会发一些思念家乡的朋友圈，最标志性的一条就是："如果此刻能嗦一碗家乡的粉该多好。"而当时的我跟所有的本地人一样，都是嗦粉的拥趸者。

而 Spaghetti 和粉、面是完全不同的。它几乎没有任何汤汁，但是却有浓稠的肉酱；它不似米粉、面条那般羸弱，吃到口里完全没有存在感；它有一种圆滚、扎实的、游动的韧性。如果说米粉和面条是养在深闺的美人的话，那 Spaghetti 就是天天在阳光下大汗淋漓运动的辣妹了，它完美地传达了意大利热情奔放的特点。我永远都无法忘记我第一口吃到它眼泪就快喷出来的满足感——谁没有这样简单、单纯、容易满足的过往呢？

"太！好！吃！了！"我挂着泪痕对他们说，此时的阿坤在狼狈地和一个鸡翅较劲，而小鱼在头痛地思考如何把他成功堆积起来的水果大厦拆解下来给我们品尝。"你们尝尝！"我激动地跟他们说，"算了，"我看到他们不假思索地伸来的叉子，立刻改变了主意，"也没有那么好吃啦，各吃各的吧。"我没有出息地说。

　　我风卷残云又依依不舍地消灭了这碗 Spaghetti，忍不住赞叹："如果这辈子每天的每一顿都吃意式肉酱面我也甘愿！""那你也得有钱啊？"阿坤边舔着鸡骨头边说。

　　"我帮你算一下，"小鱼说，"二十八块钱一碗，早中晚都吃，近一百块一天，那么一个月就是三千。发达国家的恩格尔系数（吃的花费在整个收入中占的比例，数值越低说明生活质量越高）是 0.25 左右，那么你一个月能赚一万二就可以了。当然，你谈了恋爱以后不可能就天天一个人吃，所以还得翻倍；那么你要月收入两万五才能支撑你的这个梦想。"专业课无比之好的他冷静地分析着。

　　"两万五一个月也太吓人了吧！"我立刻放下了手中的碗——前一秒钟我还端着它缅怀那肉酱的香气。"我们军训的时候有学长来介绍经验，说现在工作很难找，他在他们班算不错的，在株洲南车集团工作，实习期工资一千三。所以我当时就给自己定下了目标：毕业以后第一个月的工资要有一千八，毕竟四年也会有些通货膨胀。""学霸鱼"说。你能想象日常聊天中大谈恩格尔系数和通货膨胀吗？真应该介绍他和"学霸"Jack 认识一下。恐怕两个人会不停地用自己擅长领域内的知识讽刺彼此吧！

　　"那两万五一个月就作为我 30 岁时月工资的目标好了，那时我再天天吃 Spaghetti。"在残酷的现实面前我立刻对生活做了妥协。

　　"可是那时候你可能有孩子了，两万五又不够你们三个人了。"小鱼无情地打击道。

"没事，你们到时候就必胜客、肯德基轮流吃，就够了。"肯德基的狂热粉丝阿坤说。

两万五一个月。我把这个数字像一颗种子一样地埋在了心里。

我那时就已经逐渐发现，可衡量的、物质的追求可能更容易给我来带动力和满足感。我记得小时候有一次我和小伙伴们在百货大楼里玩，我突然被一个柜台里放的一艘模型船给吸引了。相比起大部分幼稚的儿童玩具，它旁边的标签上写着"可放在水上行驶"明显非常吸引我。要知道几元钱的玩具小车子只能靠手去推动，然后口里还要发出"呜呜呜"的音效。而那艘船尾部栩栩如生的螺旋桨，船身上显著的开关键都显示着它在普通玩具里的"高级"地位。当然，它的价格也非常高级，标签上赫然写着"二十四元"，也让年纪很小、还没有可自由支配的零花钱权利的我只可远观。

"我一定要五年之内回来买它。"我默默地对自己说。虽然我也不知道要通过何种方式去弄到那二十四元钱，但是我就是那么固执地想着。

于是我开始了拼命攒钱的日子。有时候爸妈随手丢在桌子上的五毛钱会被我偷偷拿起来，有时候在姥姥、姥爷那撒娇耍赖要个两毛钱，时不时地在路边草丛里还能捡到五分，而且次数频繁，数字也是非常可观。

于是半年之后，我拿着各种零零角角的硬币和纸币来到那个柜台前，对柜台阿姨说："那艘船，我要了。"

是的，有目标、有方法，那些追求都能实现。

只是两万五和二十四，却仍是有天差地别呢。

2

"隔壁老叶在外面兼职,一个月赚了快两千。"一个周日早上,我正收拾好单词书准备去自习室,阿坤神秘地对我说。

"你那啥语气,我还以为老叶'出柜'了呢。"我望着讳莫如深的他。

"我觉得我们也应该想想打工的门路,赚点钱。"阿坤继续道。

"哪有那么多时间啊,单词都背不下来。"我毫无兴趣。

"可以当家教啊!一个小时都有三四十块!永宁都去找家教的信息了!"阿坤搬出寝室的另一个哥们的信息。

"我那天从市新华书店出来的时候看到很多学生在求家教的兼职,"我突然想到,"很多人在胸口举个牌子,上面写'一小时三十,包月一千五,上门',也有点贱卖自己吧。"

"怎么被你说出来那么像不良职业呢!而且,一千五不是钱啊?你一个月生活费有一千五?"他斜着眼望着我。

"是没有了，但是也花不了一千五啊！我不想浪费时间，自己很多东西都没弄明白呢，去教别人那不是误人子弟吗？"我急着要走，心想着再晚的话位子就被占完了。

"你初中生都教不了啊？而且你要给父母减轻负担嘛！"阿坤苦口婆心。

"哎，不跟你说了，我考虑一下啊。"我便头也不回地出门去。

六级考试眼看就要到了，我每天的自习时间几乎从早上九点到晚上十一点。有阿坤帮我答到、小鱼帮我写作业，我确实可以毫无后顾之忧地去做我想做的事情。当然，十四个小时并不是不间断的。比如午饭、晚饭各要半个小时，而吃完之后我一般都会在桌子上趴着小睡半个小时——Jack 说的"胃脑争血，两败俱伤"一直印在我深深的脑海里呢。再加上路上的时间、偶尔放空一下的时间，一天约摸着能完整地学习十个小时。

而"看书又不累"对于当时的我来说已经是一个亲身体会的东西，特别是四级的高分让我自信十足地去冲刺更好的结果。我真真切切地感受到了"付出就会有回报"的道理。另一方面，"一个月挣两万五"的目标时不时地浮现出来，让我偶尔冒出的倦怠也被杀个精光。

另外，我喜欢每天给自己一点小小的奖励作为动力。如果我坚持看书到了十小时以上，回寝室的路上我就会给自己买一支"梦龙"雪糕作为犒赏。小时候吃的冰棍儿都是一两毛钱的；大一点了吃"娃娃头"是五毛钱一块；而"梦龙"号称是进口冰棒，四块一支，吃过一次之后果然惊艳。虽不似必胜客的 Spaghetti 能够让人把它作为人生的奋斗目标，但是一个月每天一只，加起来每月花一百二十块就能获得的美好也足以让我每天卯起精神来拼到十小时了。

我们都应学会奖励自己，只是在不同阶段可以承受的奖励不一样罢了。

晚上十一点多回到寝室，阿坤立刻热情地对我说："永宁今天找到家教兼职了！教初中生英语！"我一看，永宁正在台灯下看书，口中还念念有词："挨－挨，短元音的挨；嗨皮，嗨皮，俺母歪瑞嗨皮。"我小声对阿坤说："这大兄弟英语东北口音儿那么重，不会埋汰人儿啊！"

"初中生有什么关系！而且重点是要教小孩儿做作业！"阿坤没好气地说。

"你们都在啊。"小鱼走到了我们寝室门口。

"你约会回来了啊？"阿坤调侃道。

"你以为天天像你一样只会谈恋爱啊，我们刚开党组织生活会去了。"小鱼此时已经是党员了。

"你和小 J 开党会不就是在谈恋爱吗？"阿坤回击道。

"不跟你扯这些。对了思思，曹导让我问你愿不愿意给院长的女儿当家教，老师们都听说你四级考了那么高分了，教高一肯定没问题，期末考试前加强一下，觉得好的话想让你长期教她。"他转向我。

"多少钱啊？"阿坤抢着问。

"五十一小时，一晚上上两小时。"小鱼答。

"嗯……"我沉思了片刻，"上不了，我马上就考六级了。"

"你疯了！院长！而且上一次一百块比别人高多了！"阿坤嚷嚷了起来。

"现在赚钱有那么重要吗？你掉钱眼儿里了吧？"我不耐烦地说。于我看来，六级是否能够考好比院长的女儿的期末成绩重要太多。

"那我去教啊！"阿坤说。

"那别人应该不愿意吧。"小鱼狠狠地打击他。

　　不知不觉中，我已经体会到了"机会是给有准备的人"的这句话。我四级准备得好，就有相应的机会，只是我想不想要这个机会还不一定。当然，其他想要的人，没做到相应的要求，是绝对得不到这个机会的。

　　于是我每天规律地、近乎冷酷地朝着只属于我一个人的目标前进着。偶尔会接到 Jack 的信息："你不可以掉以轻心，这一次我就超过你了。""We'll see."我仍是打击着他。

　　"你最后十几天准备怎么复习？"他给我信息。

　　"回顾重点标记的单词，做真题。"我答道。

　　"我真题做了一半了，觉得六级确实比四级难很多，哪天拿点题目来跟你讨论一下吧。"他说。

　　"谁有时间管你啊，你是不是想拖延我的时间好超过我？"我开玩笑道。

　　"别啰唆，明天见。""学霸"的回应总是霸道无比。

　　第二天他果然夹着厚厚的书和卷子来找我。一进自习室就把一大沓纸往桌上一甩，那气吞山河的气势让周围很多伪自习"钉子户"不禁坐直了几分——不要以为自习室里只有自习的人，也有找个安静的地儿看小说的，并不喜欢自习但是另一半爱学习的，或者暗恋"学霸"只好逼迫自己搞学习来寻找共同点的大有人在。

　　"你还是高中生吗？还搞题海战术。"我把声音压到最低，几乎只是用嘴型对他说。

　　"没多少题啊，十年真题，加十套模拟，再写了一些预测的作文。"他云淡风轻地说。

　　"我昨天才做第一套真题。"我感觉自己弱爆了。

"那你得加紧了，我做了真题以后再做模拟，分数更低了！十套题还是太少了！"他略显着急地说。

"是吗？我昨天做真题觉得还好啊！你给我看一套模拟题吧！"我说着便去他桌上拿。

"别急，我给你找一套难的啊。"他抽出一套来。

看到那张卷子我真的自惭形秽了：并没有密密麻麻地书写太多东西，毕竟做错的题目不多；但是每个题目旁边都在自己选错的选项旁边写上了非常具体的错误原因分析，而正确的选项旁边又写上了为什么应该选择它。而阅读的文段间也偶尔会有红笔标记，一看都是一些特别难、我也忘了很多遍的词汇，或者很精妙的短语。看到了一篇阅读他居然错了三道，我便饶有兴致地做了起来，心想等会儿分分钟教会他做的道理。

结果我错了四道。

"怎么了？"他看着我在一旁沉默了许久。

"是不是也错了很多？"他见我不说话。

"肯定是错得比我还多吧！"他慢慢推导着。

"这什么烂题目！"我突然转过脸对他说。

"你这人越来越不虚心了！做错了还怪题目出得不好！"他露出了一贯的轻蔑。

"本来就是，而且你看你在旁边写的这题正确选项的原因。什么 A 能推出 B，B 能推出 C，所以 A 也能推出 C，这叫作过度推理，四六级根本不会这么考。"我忿忿地说。

"呃……我做真题的时候确实也没有这种情况，也许真题只有十套，五年的规律不全吧！"

"五年的规律都不全，你要挖人家祖坟啊！"我没好气地说，"出真题的人一直是同一批，他们自然思路会比较统一，这种标准化的考试就这样！而模拟题的出题者再怎么模拟也只是东施效颦！就好好做真题得了，像你这样把错题分析得很透彻就够了！"

"两位同学能不能安静一点，大家都在自习呢。"前头的同学突然转过头来很礼貌地说。

"不好意思，不好意思。"我和 Jack 连忙点头如捣蒜。

"都怪你，做的什么烂题目。"我在草稿纸上写。

"切，你做不对，这次肯定会考得比我低。"他写在了下面。

最后几天我开始了猛烈的冲刺。好几次睡觉的时候被自己的胡子扎醒了才想起已经十天没刮胡子；有两次忘带手机，心里焦急，但回寝室一看其实没有任何人发信息打电话给我。

我也努力地尝试回忆每一个错题当时选错的原因，并写在相应的位置：

"A 选项的前半句在二段最后一句话，后半句在三段的第一句话，结果我把它们记混了。做题的时候还是应该回到原文处而不应该凭印象做题。"

"错选了 'He'll buy it（他会买下来）'因为听到对话里的 'out of his affordability（在他的承受能力之外）'太去关注长词了而没有听到 'out of'；对话要注意不能听到什么选什么，很有可能是用很明显的实词在误导你。"

"文中是动词原形，而填空的时候空前面有介词 'by'，后面的动词要用 '-ing' 形式；句子填空要注意不能照搬文中的东西，经常有形式的变化。"

......

每一天的错题却比昨天要更多。但是我并没有太害怕，记得一个学长在经验分享的时候说，做题的正确率刚开始会稳步提高，但是中间会略有下降，这是因为当你有越来越多的招式的时候，它们会开始互相混淆和干扰，所以中间的下降是非常正常的现象。而通过不断的练习熟练掌握了各种招式以后，它们就能发挥出各自的威力了。

另一边，阿坤也找到了勤工俭学的机会——带领别人发传单。每天晚上我回来的时候，他已经从曾经的煲电话粥转变成了做表格、算工作量；做家教的永宁仍是每天用东北口音儿操练着要讲的句型。我突然感觉到生活无比美好：每个人都那么不一样，却同样沉醉在自己选择的世界框架中。尽管这个框架外人不能理解，甚至会嘲笑，但是，那就是我们每个人独一无二的原因。

六级考完了。成绩并没有那么快出来。我和 Jack 都感觉不错，对了答案后，客观题几乎都没有错，于是就等下学期开学后出成绩的时刻了。

在那之前，还有一个阳光刺眼、大汗淋漓的夏天呢。

3

期末考试结束，所有人都在收拾跟行李一样散乱的心情，准备回家过暑假。

比起寒假来说，暑假似乎要更加无趣一点。寒假的短增添了它的珍贵，节庆的气氛也决定了，不管你愿不愿意，都必须去完成一些约定俗成的期待。加上寒假的天气，虽说冷，却也可以靠多穿衣服来解决。而暑假，你自是再热也不能扒掉一层皮的。

暑假的漫长决定了孩子们慵懒的态度。其实在收拾行囊回家的时候，很多人大抵都是会带一两本书的：我这个暑假要看完它们。不幸的是，直到开学了，你甚至连前言都没有看就原封不动地搬回了学校。人们常常也会有一些美好的、不切实际的幻想：这个暑假我要减肥、这个暑假我要学会弹吉他、这个暑假我要把平常没有看的美剧都补回来。总之，这个暑假，我们要让自己变得不一样。

当然，美好的幻想一般都是以幻灭收场。这些兴冲冲的愿望，大多被回到久违的家里的床上的舒适立刻减缓数成：我先休息几天，等我养好了精神，把这个学期的觉补回来再好好开始吧！于是，此觉漫漫无绝期。加上没有平素学习时具体的压力，很多人便开始渐渐安慰自己：放假嘛！不就是要休息的！休息好了、玩儿好了开学再努力吧。这自我催眠的能力简直可以让很多心理医生和治疗师自愧不如。

小时候的暑假还有最后一件可以约束我们的事——暑假作业。厚厚的练习册、四十篇日记、无数科的卷子，让人再想堕落心里都有一些不安和收敛。可是自由的大学跟这一切幼稚的压力说"拜拜"了以后，被操控、指点惯了的我们竟然有一些不知所措。

天天在家吹着空调，吃着西瓜，看着《还珠格格》的重播，也许就是我这种没什么朋友的人的暑假写照了。对了，程程高考也考完了，我也许应该去找下她。可是一年没有联系，她怎么样了？考上了么？肯定又有无数人追她吧？想到这些难以接上的千头万绪，我连联系她的一点点勇气也被打消了。

"请问，是周思成同学吗？"电话那边，是沙哑的、一句话咳嗽三下的陌生声音。

"我是，请问你哪位？"我边说边把一件衣服从衣柜里拿出来。

"我是肖老师。"他依旧沙哑地说。

"哪个肖老师？"我从未听过这个声音。

"Mr. Xiao."对面转换成英语也是让我始料未及。

"哦，肖老师啊！不好意思啊！我在收拾行李电话声音听不清。"

"It doesn't matter，我得了热感冒喉咙说不出话来。"

Mr. Xiao是我们班的英语老师。我非常喜欢他，因为他也非常喜欢我。

自从我四级考了极高的分数以后，他就非常骄傲——当然，这其实跟他没有一毛钱的关系，因为我上学期因为生病根本没怎么上过课。这个学期的英语课我还是去上过几节的，毕竟那是我秀优越感的绝佳机会。几次之后，因为我和其他人的水平隔了一条银河，所以我便不再出现，以免惹来更多仇恨。因为每次他提问，别人回答不出来的时候，总会信心满满地望着我，而我，也从未让他失望，总是云淡风轻地回答出那些 so easy 的问题，然后他会再满脸笑容地说出 Wonderful、Perfect、Fantastic 等天花乱坠其实都等于 Good 的形容词。而据小鱼告诉我，Mr. Xiao 看到我不再来以后，仍然骄傲地对其他人说："周思成英语这么好，就是可以不来上课。如果你们英语如果这么好的话都是可以不来的。"

而此刻他带着"热感冒"的声音，我自是听不出来的。

"请问肖老师有何吩咐呢？"我礼貌地说。

"我感冒成这个样子了，明天学校的暑期六级班开课我肯定上不了，你能不能来帮我代下课？"他艰难地说道。

"我？"他说的这段话比刚才转化成英文更让我始料未及，为了确认，我反问，"帮您上六级课？"

"是啊，你是我最得意的弟子啊。"他的声音都要断气了。

"可是……"我的脑袋里飞快地旋转：我刚考完六级十来天，成绩还没有出来呢！虽说对完答案应该也没错几个，但是……高考数学考 150 分的考生也不可能转身就教高考数学吧！"您……为啥不叫别的老师帮忙代课呢？"我非常疑惑地问。

"没课的老师学校已经组织去旅游了。"他回答。原来如此。

"可是我……"我当然不敢答应，因为那是一个听上去无比艰难且极其未知的挑战。

"有钱的……"他继续。

"好的。"我回答。

我当然不是见钱眼开，因为他的那句话和我的回答是同时出口的。我之前思索了几秒，发现想不出什么答案，于是开口答应，和他的"有钱的"正好重合，也许瞬时给他留下了我"肤浅"的印象。也许他怕我期望过高，于是立刻接了一句："三十元一小时。"

我真的不是为了钱，不然一个月前给院长女儿当家教的任务我早就接下了。只是"教六级"这几个字显得格外酷炫，再加之暑假的无聊，让我一冲动便答应了下来，虽然我并不知道这将意味什么。

"好的。"我再次回答他。已无余地可退。

"那你好好准备一下，就讲六级单词，后天第一节。"仍能在他的沙哑中听出一丝欣慰。

"谢谢肖老师的信任。"说罢我挂掉了电话。

接着我一屁股坐在了椅子上——我不需要再收拾行李了，这个暑假终于可以和以前不一样！但是更多的是恐惧：我该怎么办？教六级？后天？一连串的问号在我脑海中不停地跳跃。唯一欣慰的是让我教的是词汇，毕竟平常我对背单词的思考和总结是最多的。如果让我讲口语我肯定得歇菜——毕竟高中的黄金三年我都不可以说话，所以口语自然是不灵光的。虽说能达到流畅、准确，但是跟标准、地道肯定是不沾边。而若讲语法的话，只会做题的我很恐怕很难讲出点什么门道。

　　我还在天马行空地想着，阿坤走了进来。我本来是明天走，而他是后天。

　　"我不回去了。"他一进来就说，语气中也带着几丝欢快。

　　"怎么了，暑假也要发传单？"我们之间的对话如大多数好友一般，不抬杠就会死掉。

　　"不是，佳佳要过来学习，她报了一个咱们学校的英语班，我得陪她。"佳佳就是他每晚打电话的女朋友。我心里猛跳了一下：不会是来上六级班吧？那岂不是我教？

　　"她学什么啊？"我问道。

　　"专四，她们英语专业的大二就要考了。"他说，我舒了一口气。

　　我把肖老师让我代课，所以我也不回去的事情告诉了他。我们都非常开心，因为漫长的暑假和空空的校园里有了好兄弟的照应。不过他提出他得去找房子临时租，因为他女朋友来是不可能睡我们宿舍的。"干脆你也跟我们租一块儿吧！不然你一个人在寝室怪可怜的！"他提议道。"我才不要跟你们租一起，"我呛道，"我怕晚上太吵我睡不着。"我继续调侃他。而他似乎没有听出我的意思，耿直地说："那你就住附近啊，你一个人住我也不放心，我可以照顾你。"不知他的女友听到这番话会是何种反应，何况他已经帮我叠了一年的被子和洗了一年的内裤了。

　　说罢我们就开始行动，出发去租房子。那时候自是没有"找工作、找保姆、找房子，上叉叉叉叉"这样的广告，所以我们得一个一个电线杆、一面一面海报墙来看小广告。我们的选择余地不多，因为资金极其有限，都是些每个月零花钱省下的银子。而我们却又无比挑剔：离学校不能太远，因为路不熟悉、上课不方便；不能和别人合租，因为人不熟，交流不方便；不能在太密集的家属区，因为周边不熟悉、万一很嘈杂、有麻将房等，睡觉不方便。这个世界最怕的就是钱少条件多，这样的话只能为难运气苦了自己。我们汗流浃背地找了一下午，终于找到了一个看上去靠谱的："岳麓半山别院，独立房间，幽静清新，三百元／月。"起初我质疑住山上会不会很远，但是阿坤坚持"爬山锻炼身体""山上空气清新"等各种理由，只差没有说"住山上有仙气"了。眼看太阳落山，我备课还没有着落，便答应先去看房。

我们拨通了小广告上的联系电话，并且依据房东的指示很快找到了"半山别院"。岳麓山最高峰其实不过三百米，所以半山并不是太高。到了以后我们甚是欣喜，只见幽静的山径忽地把我们引导了一篇空地；空地上用围墙围着，里面是一片不大不小的两层楼的长条形建筑。远远望去，每层估摸着有十来间房，倒也和"半山别院"这个名称非常一致。在老板的带领下，我们参观了内部的房间。只是一眼我们就确定租了下来：非常周正的房间简单齐全；一张大大的床、书桌和椅子、中间是富余的空间；厕所也是干净且宽敞，比起寝室来简直强过十倍。最打动我的是，坐在书桌前，窗外满溢的是岳麓山的绿。想到暑假的两个月能在这样的一个属于自己的空间里度过甚是惬意。

"两位确定的话就可以交钱了。"老板对自己的房子非常有信心，当然也看到了我们脸上的神色。

"我觉得很好啊，你觉得呢？"阿坤望着我。

"我挺满意的。"我回答。

"两位放心，这里很安静的；而且其他几对像你们这样的人住这儿，到时候你们可以认识认识。"老板神秘地对我们说。

　　我突然明白了他的意思，立刻说："老板你多想了，我口味没有那么重会看上他啦。我们要租两间，我一间，他和他女朋友一间。"

　　老板原本八卦的神情立刻转变成了尴尬："呵呵呵，两间啊，正好还有两间，呵呵呵。"

　　"嗯，"被误解惯了的我自是无所谓，"我们现在就交钱，今晚就搬。"我必须要为了后天的上课争取备课的时间，而阿坤对于我雷厉风行的做事风格也是早已习惯。

　　"不过另一间房有空调，那一间房要贵五十元，而且电费要自己出。"老板说道。

　　有没有空调自然是我们一开始没有考虑的因素，因为那时的大学寝室本来就没有空调。每天晚上大家都是一边不停地默念着"心静自然凉"这样的口诀，一边吹着全是热风的电风扇入睡的。有些哥们儿忍受不了，于是把席子铺到了地上，无奈地面吸收的热量也常常饱和了，只好又搬回床上。实在受不了的时候，很多人便结着伴儿到楼顶睡，月光不似阳光，越晒越凉，倒也可以平静他们狂躁的身体和心灵。如果此刻观音在半空中腾云飞过，一定会被那天台上横七竖八、几乎全裸的肉体在云上吓得趔趄。

　　我和阿坤拧着眉对望思考着谁要那间空调房。没有钱的时候，"选择权"都是一个奢侈品。"大概一个月合下来要到五百元。"老板在旁边继续说，我看阿坤的眉都要拧到一起了，想必我的也是。要知道，一个月七八百的生活费，挤出五百元来租房子可是一件非同小可的事情。

　　"我要空调房了。"我说。"我毕竟上课还是有些工资的。"我心里飞快地计算着三十元一节课，要怎么才能把这些钱赚回来。而且想着阿坤除了自己，还有女朋友需要负担，我知道一向对我好的他一定非常为难。

"可是……"阿坤开口了。

"别可是了，"我表面上非常冰冷地打断了他，"别磨磨叽叽的了，我还得备课呢，赶紧交钱，回去收拾完东西早点搬过来。"

我们迅速办好了手续，准备回寝室搬东西过来——当然，也没有多少东西要搬，只是我心里惦念着后天就要开始"教六级"这个事儿，心理压力巨大。我们走出门的时候，迎面走来两个男生，奇怪的是，如此炎热的夏天他们却勾肩搭背、你侬我侬，亲热地可以让尔康和紫薇羡慕死。走过我们的时候他们望着我们莞尔一笑，礼貌而友好。

"哎呀妈呀！"走出了十几步以后阿坤突然全身哆嗦，"这应该就是刚才老板要介绍给我们'认识认识'的朋友吧！跟他们比，你简直就是爷们儿啊！"阿坤激动地说。

"得了吧你，人家说不定根本不想认识你呢。"我毫无脑容量思考这些无聊的问题，已经开始勾画后天的开场白场景了。

"你好，我叫周思成，我是来给你们代课的老师。""哎，不行，这么说谁听你的！"

"大家好，我是你们的老师，My name is Romeo。""好平凡哦！Boring！"

"Hello, everyone! I am your teacher! Guess what? I am only 19 years old!（大家好，我是你们的老师，我今年十九岁，厉害吧！）""如果你不怕他们打死你，你就这么说。"

我说出绞尽脑汁想出的几个版本，每一个都被阿坤打击得体无完肤。

回到寝室以后，我兀自坐在椅子上边翻着单词书边继续想开场白——万事开头难，我连开场白都不能吸引别人，后面该怎么办？而阿坤在忙着收他的和我的行李……，我想出一个新的说法就说给他听，然后一个个地被他否定和羞辱。

"唉！当老师真难！"我忍不住咆哮了起来。"你以前上课还总觉得老师讲得一个比一个烂呢！"阿坤丝毫不同情我，专注地叠着衣服。"我以后一定要好好尊师重教了！"我把书一撇。

搬家自然不用我费心。我需要带什么？什么东西在哪儿？什么东西搬完以后习惯放在哪儿？阿坤都比我要更加熟悉。实际上，我的习惯都是他平常怎么照顾我怎么养成的。"终于好了。"我望着井井有条的新家，惬意地说。阿坤翻了十个白眼，说："我回去收拾自己的房子去了，佳佳过两天就来了。你赶紧备课，备好了我来听你讲。"

他走了以后我对着被我涂写得稀烂的单词书发呆。在病床上和 Jack 的对话一一浮现：

"我发现你背单词从来不读耶，这样能记准吗？"

"我吃完饭背单词就很困，我一定是不爱学英语。"

"过了一个小时我去翻前面背的词，就有一大片不记得了！"

"一个词怎么有这么多意思啊！烦都烦死了。"

我还是菜鸟时的那些疑惑和 Jack 一板一眼、标准"学霸"式的回答还十分清晰地在那儿呢。"是的，这一定也是他们的困惑。"我突然领悟到了什么，欣喜地翻开本子，准备写讲义。第一节课，我要把大家普遍的问题解决掉，再举一些例子来说明问题。对，就这么办。

接下来的两夜一天，我几乎只睡了三四个小时，为的就是把那极其未知的想法逐渐变清晰、捏成形状、推倒重塑再推倒。时间紧迫，我连担忧的时间都没有，有的只是紧张的准备和时而冒出的期待。幸运的是，我和 Jack 平常讨论出了许多典型、有趣的例子，稍加包装应该就可以应用，特别是那些在医院里把护士姐姐都逗得"吱吱"笑的例子，应该也能搞定那些学生。

"你以后要出了书啊，我第一个买！"护士姐姐的话时不时地回荡在我耳边，让我在窗外黑黢黢的山景中居然看到了很多的光亮。

上课的结果出乎意料地好。我没有花时间在介绍自己上，因为阿坤警告我说："你要说你十九岁就死定了！他们肯定会把你轰下来！"所以我干脆直接切入主题。上课的地点是一个大大的梯形教室，肖老师跟我说一共有一百三十个人报名。我的声音一直在和"嗡嗡"的吊扇做斗争，因为人多，我没有用话筒，除了写板书的时候，我都在讲台前面来回踱步。直到有学生默默地给我递纸我才意识到，我整个人已经被汗湿透了。

"这节课我们就讲到这里，我们明天见。"当我说出这句话的时候，底下居然响起了掌声。那掌声并不热烈，但是却让我无比惊喜。

走在回去的路上，我整个人都是一步两步地蹦跶着的。夏日正午的阳光此刻也像加了柔光镜一般分外好看，而平时觉得恼人的知了叫声我居然听出了美妙的旋律。赶紧回家备课，明天一定要讲得更好。我心里想着。对了，我要跟阿坤分享这个好消息。他的女朋友大概已经到了，我还得很抱歉地告诉他，我要忙着备课可能暂时没法儿陪他们吃饭。

口袋里嗡嗡的。我拿出手机一看，是肖老师的来电，一定是问我上课怎么样。我应该主动告诉他的呀，得意忘形了吧！我赶紧接起电话来：

"肖老师，不好意思，我刚想给你打电话报告呢，今天的课上得很顺利。"我欢快地说。

"我知道你肯定可以的！"他听上去也很愉悦，"我今天感觉好多了，去医院检查医生说没什么事儿了，明天我自己上课就可以了，辛苦你咯！"

我整个人猛地定住了，半天说不出话来。

"喂，Romeo, are you still there?"对面传来他的声音，听上去确实已经清楚洪亮。

"好的，谢谢 Mr. Xiao 给我的机会和信任。"我艰难地挤出了这句简短的话。

前面的路，看起来那么长。

4

我勉强地撑起笑脸来跟阿坤的女友打过招呼，就以要备课为借口推辞了他们吃饭的邀请。

我坐在椅子前，回想过去的两天，我就埋着头在这里，为了有生以来最意外、最有压力的挑战，我不眠不休、不吃不喝、不上厕所地调动所有的细胞努力着、编织着、勾画着。而这种意外与压力，让我莫名地兴奋和向往。那不似我当上团支书的意外，因为那事儿我真心就不想做、不喜欢；那也不像我军训时"出名"的意外，因为那是我从小就在做的事情的一次展示罢了。而我其实从未想过要当老师，我的专业特长和英语也相差甚远。可是从我接下这个意外，到准备的整个过程，再到站到讲台上讲课，好像把我唤醒到了人生的另外一个次元，让我明白，原来我需要敞开自己，接受那些害怕和未知的东西，才能去到更刺激的世界冒险，从而发现自己真正所爱。

所以，我此刻才如此失落吧。我本来就应该明白"代课"的意义啊。老师能把如此重要的任务交给我已经很值得自豪不是么？他病好了自然要回到岗位上啊。他又不是得了什么重病，我一开始就应该想到的啊。

可是我就是不爽，而且越来越不爽。窗外的绿此刻都因为散射着阳光而变得额外刺眼；知了知了啊！你们怎么这么讨厌！知道我心烦所以嘲笑我吗？能不能闭嘴啊！我把窗户狠狠关上，拉上窗帘，打开空调。可是看着那台空调我又想到，我现在回家都没办法，因为两个月的房费已经交了。另外，空调的电费我还没赚到呢！我昨天才兴冲冲地打电话给爸妈说不回来呢！他们问我要不要钱的时候，我还很装【消音】地说我自己能赚到钱呢！可现在，但是现在……想到这儿，我只得又按下空调遥控器的"关"，打开窗户，然后汗涔涔地躺到了粗糙扎人的凉席上。

我该怎么办？我盯着天花板。我怎么这么命苦？我怎么……在一波接一波的自怨自艾中，我也迷糊地睡着了。

我是被一阵敲门声弄醒的。我大概梦里也在生不知谁的气，一肚子火地去开门。阿坤显然被打开门满脸戾气的我吓到了："咋了你，又被谁欺负了？"我根本不想回答他，转头进屋又倒到床上。

"怎么啦你？回来就见你不对劲儿！上课上砸了？没事儿，毕……"

"怎么可能！别在那里乱说。"我不耐烦地打断他。

"你不是要备课么？"他缓了缓。

"备累了休息会儿，你怎么那么烦啊！"我恨不得把所有怨气都发到他头上。

"别装了吧你！包回来还没打开呢！"他一眼就识破了我。

"到底咋了？你说呗，多大的事儿。"他继续道。

"肖老师病好了，不用我代课了！"我吼道。

"哦！人家病肯定是会好的啊，这有啥好生气的！"他劝慰道。

"那我这两个月在这里干什么？"我想飞踢这个毫无脑筋的人。

"对哦……你一开始咋想的呢？本来代课就不可能很久啊！"他居然笑了。

是啊，我是咋想的呢。我心里都在骂自己。

"怪我咯？你和他是一伙的一起来气我的吧！你出去吧别烦人了。"我只能无理取闹了。

"别，不是啊，唉……我说，你吃中饭了没有？"他边说我边起身把他推了出去。

我心情无比糟糕，比关灯夜谈会听他们嘲讽我、比陈燕没有报我入党，甚至比小鱼没有来看我比赛都要糟糕。能够和此刻比糟糕的大概只有和程程分手的时候了。不，分手的那刻我并不痛苦，是后来意识到自己犯了一个大错的时候才瞬间感觉糟糕的。是的，我对这个事儿居然有了爱情般的感觉。表白前的忐忑，进行中的喜悦以及结束时的难过，一模一样。

而我难过的程度一定比别人难过时更高，因为我完全没有发泄的途径！我从来没有想过喝酒，因为我一杯就倒；我非常厌恶抽烟，因为我喉咙生病不可以闻烟味；我觉得暴饮暴食很愚蠢，因为我胖过所以知道每一斤肉长在你身上就不会轻易离开了。我更不能理解自残的人是怎么想的：再难过的事儿最多只持续一阵，而有些人自己"作"得得终身带着一个烟头烫出来的印子、一个前男友或者前女友名字的刀疤，这到底是脑子烧成啥样才能干出如此的蠢事呢。

所以，我难过的时候就只有用更蠢的方法来排遣——硬扛。因为我知道，当下再难过、再火大、再坐立难安、再心如刀绞，也不过是当下的情绪，并不会再产生更多的恶果。没错，我就是难过得这么理智。要知道，我前面那十几年，百分之六十都是在难过中度过的，剩余部分百分之三十不好不坏，还有一成的好，也转瞬即逝。如果我每次一难过就开始抽烟喝酒、暴饮暴食、自残自虐的话，我能不能活动现在还两说。

是啊，再难过也要好好的，人生中还有百分之十的好事儿呢。

于是我打开电视，想看看里面更"狗血"的人生来寻找些安慰。一开机居然是我小时最爱看的《新白娘子传奇》。里面正在放着法海囚禁许仙在雷峰塔，白素贞为了救许仙不惜跪着一步一步地挪到雷峰塔去。小白边跪边喊着："官人，我来救你了，官人！"另一边厢，许仙在塔上心急如焚地喊着："不要啊，娘子，不要！"镜头再一切，法海一脸得志地冷笑着。

门外又是一顿敲门声。打断了我和白素贞同步的苦楚。一开门，又是阿坤，手里还拿着一袋吃的和一叠报纸。

"你吃点儿东西吧。"他进门就把那袋子搁在了桌子上，仔细一看，是碗凉面。

"跟你说了我不想吃。"我语气平静了很多，说完肚子"咕"的一声。

"哈哈，你装啥呢，赶紧吃吧。"

我没回答他，就向凉面冲了过去。我是真的饿了。

"你瞧你那没出息的样子，不就是代个课结果又不让你代了吗？"听得我放下了手中的筷子。

"好好好，你赶紧吃，"他连忙说，"上学期叫你一起打工你不干，所以脑子一点都不活范。你不就是想教课嘛！这里不能教，去别的地方教呗！"

"我不想当家教！对着一个人讲话很无趣！我今天上课，同时有一百多人，那种感觉特别爽！"我嘴里鼓鼓的，口齿不清地说道。

"谁说只能当家教了？有那么多培训学校啊！你上的课不也是我们学校开的培训部吗？"

"对哦！"我突然来了精神，背都挺直了，"可是去哪找啊？这得有机会才可以啊！"我又气馁了。

"看广告啊！面试啊！"阿坤把手里的报纸往我面前一抛。"你生活经验太少了！以后怎么出社会？"

我边嚼着面条边拿起他给我的报纸翻看，硕大的"生活分类广告"字体映入眼帘。仔细一看，有各种各样的标语：

"雀神培训！包教包会！起手胡牌！"

"信用借贷，无需抵押，秒到账！"

"女大学生深夜陪聊，热线 ********。"

"高血压福星！一天降压，无效退款！买三送一！"

"这都是什么乱七八糟的！"我翻着白眼看他。

"还没找到吗？啥眼神儿啊！"说罢他就把报纸抢了过去，然后指着最下方的角落。

我又扯了过来，找到了那个位置。"广厦英语学校，诚聘少儿、中学、成人英语老师。无需简历，每周二下午两点面试。地址：******。"

"这能靠谱吗？"我把报纸丢到一边，"打广告都放在最不起眼的位置，肯定没什么钱。"

"你不是说你不在乎钱么？"他这几天打击我的能力愈来愈强——可能

也因为我的战斗力急剧下降，"去试试，怕什么，总比你在这没事儿做闹心要强。"

"可是连简历都不用，太不正规了吧。"我还是犹豫。

"你不看一下你咋知道，说不定人家求贤若渴呢！"他不无道理地说。

"我陪你一块儿去就是啦！"他见我有些动摇，"而且人家的办公地点是在一个五星级酒店里，怎么可能不正规。"我又捡起报纸扫了一眼，确实，那面试地址是本地一个最有名的五星级酒店。

"好了，先休息一天。而且你刚讲过一节课，面试让你讲课你直接讲就好了。"他耐心地劝着我。

我点点头。是啊。我突然发现自己爱上讲课了，那到哪儿讲不是讲呢。想到这儿，我便动着筷子愉快地吃了起来——就是这样，没有人知道难过过后会遇到什么好事。如果我真的借酒消愁，喝得醉醺醺，也许就没法儿抓住别的机会了。

此时，电视里传来白素贞的声音："法海，我不能再忍了，我现在就要救我官人出来。"

面试的那天我和阿坤一点钟便到了面试地点。当然，如何走进五星级酒店的大门对于我来说都是一个挑战。尽管来之前我思索了很久，在我的衣服里面挑出了最称头的那一件，但似乎还比不上眼前高大笔挺的门童穿的制服——当然我心里清楚，更大的是颜值的差距。阿坤倒是煞有介事地冲了进去，我也只好绷紧面部的表情，径直走了进去。

到了指定的楼层，原来是酒店大楼里面中间的几层商业门面。想到此前还脑补过被单独叫进酒店的小房间面试的害羞场景，我不禁哑然。学校比我想象中的正规许多，虽然一个一个的隔间并不大，但每个门上都贴着"办公室""教室一"之类的金属名牌。我们看到了的"面试候场区"纸贴，在门口签完到，便走了进去。只见里面已经坐了不少人了，我们赶紧找了后排的空位子坐下。

我人生的第一份工作面试就这么开始了。周围的人大多在谈笑风生，仔细一听，发现很多人都是朋友陪着来的。他们多半都在提醒面试者一些注意的事项，中间还夹杂着一两对互相在用英语聊天。再仔细一看，还有落单的人拿着课本在旁若无人地用学生惯用的朗读腔练习着。

"你都不提醒我一些东西。"我用手肘撞了阿坤一下。"我英语那么'水'，我敢说你也要敢听啊。"他努着嘴说。"那你来是干什么？"我转过脸瞪他。"不知道谁怕有人对他图谋不轨。"他一脸得意的样子。

不一会儿，一个管事儿模样的人走了进来，宣布道："感谢大家来到我们广厦外语培训学校。今天的面试分为初试和复试。初试为读一篇随机抽选的'新概念'二册的文章，通过初试的老师就可以进入复试的课程片段试讲环节。我们就按照签到的顺序开始。"

"啊，读课文啊。""随机抽耶。""'新概念'二册很简单啊。"大家小声议论开来。阿坤望着我，我自是没有什么底：口语从来就不是我的强项。"我也就比那个朗读课文的强点。"我小声说。说完我忍不住瞄了她一眼，她胸有成竹地合上了书，炯炯有神地望着管事儿的老师。

只见教室里的人一个个被叫出去，有些过一会儿欢天喜地地进来，而有一些则是满脸忧愁地拉着陪同而来的人走掉。也有满脸忧愁收拾东西一个人走掉的，就是那个大声读课文的女孩子。"我觉得她有些可怜。"我对阿坤说。"为啥？""我看到前两天我眼神中的光被熄灭的样子。"我默默地说。"哎呀别多愁善感了，这个社会就是这么残酷现实，而且如果无法胜任的话当事人也是遭罪。"阿坤老神在在地说。

"残酷""现实""遭罪"，真的没有想到这些词语会如此早地压在我的身上。说好的象牙塔呢？

"请下一位周思成老师做好准备。"我的思绪被点到的名词拉了回来。周思成老师，怪好听的，我心里想。顾不得紧张，我就被叫到了另外一个教室里。只见一个瘦瘦的、美美的女老师坐在里面，手里拿着一些签叫我抽。"'新概念'二册很简单的。"我想起前面的人说的话，心里默默祈祷抽到真的简单的文章。"第九十三课。"美女老师接过我的条子后说，然后把书翻了一翻递给了我。

前面读得还算正常。读着读着我突然瞥到下句话中有个人名叫作"Auguste Bartholdi"，我突然阵脚大乱，开始断句都断得乱七八糟。我努力编造了一个读完自己都觉得可笑的读音，然后继续读下去，心想着寻找机会、扳回一城。结果我立刻又瞥到了一个地名叫作"Eiffel"——我的直觉告诉我应该不会就读成"埃菲尔"吧？毕竟中文的翻译名和英文原本的读音一般相去甚远，比如"百事"和"Pepsi"，"耐克"和"Nike"的发音都是完全不一样的。所以我当下立刻编造出了一个和"埃菲尔"完全不一样的读音。结果我一读出口，那个美女老师都忍不住"噗嗤"一声笑了出来——后来查证才发现，"Eiffel"和"埃菲尔"的发音相差无几！这坑爹的法语啊！当下我的心凉了半截，所以后半部分也自然读得无心恋战、磕磕绊绊。

好不容易读完了，我绝望地放下书。那个美女老师仍是笑盈盈地望着我，看我不知所措的样子，她便开口道："不认识的人名第一次确实容易读错，这很正常的。但是你那个'埃菲尔'实在读得有点吓人。"我尴尬地点点头。"其他的读得都不错，你准备准备复试的试讲吧！"我立刻由阴转晴，鞠了个躬便赶紧出去，化身"欢天喜地"派的一员冲回了教室，一进去便向阿坤比了一个"Yeah"字。

"那一会儿试讲你应该没问题了吧！"阿坤也很开心。

"我刚问了一下，是自选主题，应该是没问题的。"我信心大增。

"那你准备讲什么？"

"六级单词啊。"我愉快地回答。

不一会儿，我被叫到另一个教室。只见里面已经坐了一位风姿绰约的女老师，用一种似笑非笑的表情打量着我。我能感觉到自己"扑通扑通"的心跳，毕竟我才讲过一次课，经验各方面尚浅。

"这位老师，请自我介绍一下。"她用一种甜美却成熟的混搭声音说道。

"我叫周思成，来自湖大，今年十九岁。"我控制住自己的紧张，大声地说。

"十九岁就来应聘了，勇气可嘉啊。"她的回答让我十分意外，毕竟阿坤提醒我不要提年纪，老师吗，老了才能成师，可是眼前这位女老师似乎不太在意，甚至有些欣赏我稚嫩的年纪，于是继续问：

"那你来应聘什么科目呢？"

"六级。"我说。

她惊讶了："我以为你来面试教小朋友或者中学生，你十九岁就来应聘六级？"她的语气中却是没有丝毫不屑。

"是的，我对四六级研究很多。"我鼓起勇气说。

"你有过相关教学经验吗？"她追问。

"我在湖大的培训中心教过课。"说出这句话我自己都被惊讶了：我仅仅代过一节课而已啊！不过硬要算的话，确实也算在那儿教过了。如果她实在要个证明，我想 Mr. Xiao 应该还是可以帮我说一下的。

"那你真不错，"结果她并没有怀疑的神情，只是继续说，"你讲下课给我展示一下吧。"她对我的兴趣和满意又貌似增加了几分。我心里瞬间有了开心的感觉：原来那一节课有这么大的作用！我心潮澎湃地去拿粉笔，转身准备在黑板上开始我的展示。

突然"砰"的一声，我吓了一跳。定睛一看，原来是我不小心扯到了桌子上录音机的电源，把录音机狠狠地甩到了地上。那一甩太狠，仿佛令狐冲的"屁股向后平沙落雁式"一般简单粗暴，录音机的磁带门都被摔掉了。

我瞪大眼睛十分紧张地看着眼前的面试官，心里寻思该怎么办：人生的第一次面试果然非常糟，前面初试是课文读得已经非常磕磕碰碰，现在居然把人家的录音机摔坏了。果然，没有足够的社会经验就是会洋相百出！这下可好，面试砸了不说，也许还要赔别人的录音机！但愿这个录音机不会太贵！我惴惴不安地想着，整个人都僵在了那里。

"没事儿，别紧张！"那个女老师保持微笑、甜美地说道，"捡起来，继续讲吧！"

"哦哦，不好意思！"我才想到我连基本的道歉都没有，连忙边捡边说。

我努力平复心情，开始讲课。

"单词背到六级的阶段，我们会遇到越来越多长得像的词，就好比中文，'竞'和'竟'这样让人混淆的字，随着我们的知识越多，就会给我们带来更多的困扰。英文单词也是一样，比如'vocation'和'vacation'，当你只认识'假期'的时候你是很清楚的；而两个词都背过以后你就会混淆了：暑假到底是'summer vocation'还是'summer vacation'呢？很多人都会记成'vocation'。其实'vocation'的意思是'职业、天职'。长得像的词我们要多看区别，它们俩的区别只有'o'和'a'，谁更职业？当然是'o'，不管是'job'还是'work'，第二个字母都是'o'哦！"

我滔滔不绝地讲着。讲到知识的时候我心情平复了很多，甚至有些小小的激动。毕竟，这是我一个学期前住院两个月在病床上天天和 Jack 讨论的日子、接下来这一整个学期对英语的思考、一周前因为突如其来被要求上课而抓破脑门的纠结和三天前第一次站在讲台上的试炼的合力所爆发出来的"小宇宙"。也许这个"小宇宙"不是那么强大，但却有源源不绝的力量释放出来。那一刻我甚至在想，还好我没有去打工、做家教，不然我也许没有足够的时间去锤炼让我一周前站在一百多人面前讲课和今天站在这里正式面试的勇气与实力。

"讲得很棒，不愧是十九岁就能在湖大教六级的人。"我刚讲完，面试的美女就忍不住赞叹。

"谢谢。"我惶恐却骄傲地说。

"不过你在湖大教培训，怎么又到我们学校来面试呢？"她问道。

"我想多尝试。"我尽量想含糊过这个问题。

"你讲得很好，"她果然不纠缠，"只是还有一个问题，我们学校没有六级班。"

"那我也可以准备其他的课。"我早就想过这个问题。

"嗯。你六级都能准备，其他课肯定也没有问题。而且我们学校比较灵活，我们可以打广告时把六级班加上，看看能不能招到人。对了，四六级差不多，我们也可以开四级班。"她愉快地说。

"谢谢老师。"我受宠若惊。为了我能教的课他们居然愿意单独宣传，我真幸运。

"以后叫我 Barbara 就好。"她微笑道，"关于工资，我们学校的标准是二十五元一小时，如果偶尔有一对一的学生，那就是二十元。培训学校都是这个标准。"

我连忙点头。毕竟给 Mr. Xiao 代课也就是三十元一个小时啊，而且是一百多人的班级。这里每间教室都不大，给二十五元也正常吧。我单纯地想。Barbara 说会通知我上课的时间和地点，然后让我回去静候开班授课的消息。我再次感谢，然后欣喜若狂地离开了那个教室。

"才二十五元一个小时啊？还不如家教呢！"回去的路上阿坤嫌弃地说道。

"你就只想着赚钱，我们才大一的学生呢！而且人家愿意为了我开四六级班。"我不屑地抨击他。

拥挤的公交车窗外是刚刚亮起的路灯，一点一点摇曳着。

我闻到了更多未知却令人兴奋的味道。我越来越爱这座城市了。

5

在如坐针毡、辗转反侧、望眼欲穿的第三天，我终于等来了 Barbara 的电话。

是的，那三天中我无数次设想：这一回不会又黄了吧？他们那天面试的反应只是一种礼貌吧？

还好，我终于接到了电话："Romeo，我们在晨报上打了广告，这两天六级班已经招了五个人，下周一就可以开班了，下午两点，在总部。然后需要你再上一个新概念二册的班，有十几个孩子，也是周一，上午八点到十二点，在分校区，地址是 ******。另外，还有两个一对一的孩子，一个是要学口语，一个是新加坡留学面试。周末好好备课哦。"

我飞快地用笔记录着时间和地点，脑袋里也在思考：我一下居然可以上这么多课！虽然人数很少，但也是我锻炼的好机会啊！挂完电话以后我绕着不大的房子兴奋地跳了几圈，然后到走廊上大声地喊阿坤一起去吃饭。

阿坤的女朋友佳佳也开始了在湖大非常规律的学习生活，而阿坤并没有找什么事情干，白天总是在收拾他们俩爱的小窝，完了再过来帮我洗洗衣服内裤、拖拖地……。他也十分替我开心，只是也担心我怎么同时上好这么多课。

"我就白天上课，然后晚上备第二天的课。"我边胃口大好地吃着东西边说。

"可是你上次上一节课就备了几天，你现在一天要上几种不同的课呃。"他仍是关心。

"那就晚点睡，少看点电视吧。正好《新白娘子传奇》白素贞已经被压到雷锋塔底了，后半部分我不愿意看。"我对白素贞的爱真的天地可鉴哪。

事实证明：我真的完全低估同时上四门课的任务量。由于六级的开头我已经讲了几遍，第一节课确实还好，可是第二节课的内容刚备完时已经到了后半夜，而"新概念"二册该如何讲我完全没有想法。那天面试时的文章突然浮现在我脑中，本来悄然出现的睡意也被吓得精光。我得抓紧这些天把课多备一点，这样后面才能应付得来，我想。

那几天我基本每天只睡三四个小时，其他时间都在不停查资料、备课、写教案。开课前一天，我突然发现了一个严重的问题：我没有上课穿的衣服！

"你就这么穿呗！"阿坤说道。

"我本来长得就如此年轻，还穿得很幼稚的话，学生会不信服吧！"我忧虑地说。

"那你就去买两套吧。"他看我一直纠结。

"可是我没钱。"我苦着脸。

"我也没钱。"他回答。

"你帮我去搞点钱呗。"我乞求他。

"你怎么不管你爸妈要？"他反问。

"我要了，我爸给了我一千，但是一整个暑假啊！我总不能两套衣服来回穿吧？"我可怜巴巴地说。

"好吧，我去帮你想办法。"他受不了我求他。

他飞快地借到了一千元钱放到了我手上，并且没有问我还他的时间。我让他陪我去买衣服，于是两人搭车来到了市里。

走在步行街上我突然伤感了起来：一年前的此时我刚认识程程啊。走在这条街上的时候，我心里对她已经满是不切实际的渴望了。一年后呢？居然发生了那么多的事情。她在哪儿呢？过得好不好？为什么一年了，我想起来仍是如此心痛呢？

"我们去'班尼路'看一下吧。"阿坤突然打断了我的伤感。"会不会太贵？"我望着海报上的刘德华，喃喃地说。要知道，我平常都去地下商场买衣服，而在那里，砍价是非常大的乐趣，本来开价就非常亲民，几个回合下来，学生也可以不太费劲儿地淘到一些看上去很美的货品。而此时"班尼路"的广告牌巨大且壮观，招牌的灯光更是无比绚丽。"可是你不就想买点看上去质感好的衣服吗，走吧！"阿坤劝我。"那我们去'美特斯邦威'吧！"我扯他。"价格差不多吧，都是高级品牌。"阿坤答。"你不知道郭富城是我偶像吗？（在周杰伦之前，郭富城担任了多年'美邦'的代言人。）"

"T恤一百九十九元还是蛮贵的呢。"我小心地找到一件看上的衣服的价格签，表面上十分淡定地对阿坤说。

"我看了一下，短袖都要两三百。"他也十分镇定。

"衣服两三百，裤子肯定更贵。那一套五百的话，岂不是只能买四套？"我算着账。

"四套很多了，本来老师也没必要天天换衣服啊。你看我们教管理学的老师，几乎都是同一件衬衫。"

"你明明知道我没有去上过管理学，"我没好气地说，"而且管理学的老师不应该很讲究吗？"

"讲课好就可以了，你是一个老师，又不是模特。"他无情地打击我。

"我也想当模特啊，可是老天爷不赏饭吃啊。不过，我比你还是高点。"我回击。

"得了，你就买四套就够了；赶紧的，你不要备课啦？"他提醒我。

"好吧。你平常老说赚钱，看来是对的！没钱就买不了这些漂亮衣服。"我讪讪地说。

"你那点出息啊！别人赚钱都是买房买车，你就想买点衣服。"他教育我道。

我不觉得尴尬。我还真就这点出息。小时候我的衣服我妈常常都是在夜晚路边的地摊儿上买的，当我第一次看到"美特斯邦威""班尼路"和"真维斯"并排开在城中最热闹繁华的地带时，我就认定：这是世界顶级三大品牌。当我眼巴巴地看着一件折后九十九元的上衣，央求我妈给我买的时候，我妈非常肯定地说："太贵了，长大赚钱自己买吧。"从那个时候开始，我就认为买衣服就等于有钱和幸福，而买"世界三大顶级品牌"的衣服更是幸福中的"战斗机"。

于是，我左右开弓、左试右试、左比右较、左思右想、左挑右拣了一番之后，终于选定了四套衣服。当我提着沉甸甸的购物袋走到大街上的时候，我突然有种穷人乍富、小人得志的感觉：我终于买起了"世界顶级品牌"的衣服，此刻，世界就握在我的手上了。

我提着我的"世界"回到了我蜗居的家中，小心翼翼地把它们拿了出来，再充满爱意地把他们挂到了简易衣柜里。我把那些平常在地下商场里买的衣服往两边挤了挤，中间留出足够的空间，让这些"顶级品牌"的衣服能够充分伸展。望着它们，我突然有了一种要赚钱的斗志。因为我希望我的衣柜里消除等级，只有它们。

我再次把第二天要讲的课的讲义看了一遍，然后研究起 Barbara 发给我的两个不同校区的地址。总部就是面试时去的五星级大酒店，而另外一个校区在与之相隔甚远的另一个地方。上午的课是从八点上到十二点二十，下午的课是两点到六点；一对一的课则是晚上七点到九点。早八晚九！想起来多少有些恐怖，而且中午最热的时候我得从一个校区赶到另外一个校区，中间还要加上吃饭的时间。

工作真辛苦！我突然开始怀念每天在自习室里背单词的单纯日子。但是转头看到挂在衣柜中间的、散发着光芒的"锦衣华服"，我突然又充满了向未知的远方冲刺的动力。

第二天我早早地就起床了。八点就要上课，而我住在山上，还得下山，加之校区离我们住的山区距离较远，所以我六点就出了门。夏天的六点已经天光大亮，而太阳也是不客气地一早上就释放它所有的热力。公交车站那已经站满了等候的乘客，而且多半是学生，看来有相当一部分人暑假留在这里，和我一样，为了他们心中的"世界"，打工赚钱。

我和各奔目的地的人们一起挤在公交车的狭促空间里，摇摇晃晃了好一会儿终于到了。我不费劲儿地找到了学校的分校区，一进门便有老师热情地招呼我："你是 Mr. Zhou 吧！欢迎你第一次来到我们南洋校区。"Mr. Zhou? 有些奇怪却熟悉的感觉。

上课的过程仍然非常顺利。不知为何，只要站定在黑板前，我便有了一种独特的感觉。我会开始忘记平时的琐碎、烦恼、胆怯、不安，完全进入另外一个我。从学生们的眼神中，我似乎看不到对十九岁的我的怀疑与审视。不，他们的眼睛都是微笑的，那微笑给了我纯净的力量去坚持每一个两小时。

当时针指向晚上九点的时候，一天的课程终于结束。我精神上十分满足，体力却像被掏空了一般，在椅子上坐了半个小时才缓过神来。当我坐着简陋的铁皮、无空调大巴回到山脚下的时候已经接近十一点了。一路上阿坤都在问我什么时候回，好下山来接我。果然，一下车就看到了他。

"佳佳呢，你不陪她乱跑干吗？"我其实很感动。

"她也要学习，嫌我在家吵。"他在关键时刻总是能找到最恰当的借口，"累吗？"

"上课的时候不累，结果一下课整个人感觉都要垮了。而且回来的大巴上只有最后一排有座位，发动机就在下面，我整个人都像蒸了桑拿一样。"我边说边扯了扯湿透的衣服。

"你这样从早上到晚还是不行！你从来没工作过一上来就这么高强度身体怎么会受得了？"

"幸好学生们都非常好，上课的时候特别自在。"我们并肩往山路上走。

"周老师！"突然有人叫我。我循着陌生的声音的方向看，却是一头雾水。

"周老师，我是你前几天在'湖大'上了一节课的学生。"我终于看清了几步之外一个手捧着英语书的女生，一脸笑意地在对我说。

"哦哦，你好！不好意思只上了一节课所以记不清你们每个人，我后来……"我无比意外地说。

"没事！ Mr. Xiao 跟我们说了他生病了你帮他代课。"

"嗯，也帮我转告同学们我挺想他们的。"我发誓如此"绿茶"的一句话是我当时的肺腑之言。

"好的，而且很多同学都觉得你上课上得更好哦！"她凑近了一点，古灵精怪地说。

"啊！谢谢了，谢谢了！"我被这突然的赞美吓到了。

"周老师你要好好加油哦！你一定会是个好老师的！拜拜！"

"拜拜！"我仍没回过神来。

"走，请你吃夜宵去。"我拉着阿坤转背就走。"怎么了，你不累吗？"他问。"不累啊！怎么会累！"我愉快地答道。

"两位要点些什么？"打着赤膊的老板十分殷勤地招呼着，熟练地递上了菜单。

"两荤两素的十元学生套餐。"我扫了一眼，飞快地决定。

对，只要十元。那时的夜宵远不似现在的花样百出，只是简简单单地分成了荤菜和素菜两类；单点荤菜四元一碟，素菜三元，而各种组合还有优惠。我们汗流浃背却津津有味地吃着，那仍是我记忆中最炽热却美好的画面。

于是我就这样开始了一个普通上班族的生活，规律、忙碌、压力大，偶尔寻找一些生活中的小快乐。每天最紧张的时刻是赶公交车的时候，最自在是上课的样子，最期待是终于忙完一天回到家，去吃那永远好吃的十元套餐，然后再走着黑漆漆的山路回家。其实回家以后才最辛苦，因为要开始备第二天的课。往往那时，一天的疲劳已经到达了极限。但是想到如果不好好准备，第二天上课时就会无话可说，就只能强打精神备课到两三点。那个七月，我几乎每天都只睡三个小时。

第一次发工资，一千五百元。因为开始上课已经是七月中旬，所以不到半个月拿到这么多钱，其实心里无比骄傲。我给自己买了一瓶"Chanel"的香水，给爸妈买了两个护颈枕，兜里还剩了七八百块我准备用来改善生活：下个月吃好一点，才能赚更多的钱。我对自己说。

结果没两天，我就带着这样美好的愿望，病了。整天上课的时候我都晕沉沉的，在太阳下赶车的时候有种要往生的痛苦。而且尽管极度地疲劳，我一天都没有吃一口东西。关键是，我丝毫没有想吃的欲望。

我撑着把课上完了，赶紧去医院的急诊科报到。在一堆检查过后，医生说我得了轻微的厌食症，必须要多休息，而且要暂时靠输液来弥补吃不进东西造成的营养损失。

"我明天还得上课怎么办？"我难受地问医生——我头十几年打交道最多的专业人员。

"跟学校请假啊，你这身体没法儿学习。"医生答道。

"我不是学习，我是老师。"我解释。

"啊？这么年轻的老师啊？"医生也不禁感叹。

"我能不能白天上课，晚上打针？"我征询道。

"营养针倒不一定来医院打，社区诊所也有，可是你要好好休息，不然会加重。"他说。

我也顾不了这么多了。一想到每天几十个孩子也是冒着大太阳，放弃了本来可以玩耍的时间聚集在一起听我讲课，一种悲壮的崇高感不禁油然而生。原来电视里那些为了天职宁愿牺牲自己的人是真实存在的，我想。

接下来的几天里，我每天都强打着精神上课，依然在烈日下赶课，晚上回家后边在诊所吊水边备课。我不知道这样下去会发生什么，我只知道我别无选择。一开始接到肖老师的代课请求那是个意外，而这份意外突然点燃了我心中没有想过的火焰。而此时那火焰已经明亮而坚定地燃烧着了，我没有回头路可以走。

一个礼拜后，我奇迹般地痊愈了。

6

"Mr. Zhou, 这个周末暑假班就要结束了，开学你还准备在我们这儿上课么？"校区负责人热情地跟我打招呼。我才发现，一个暑假就这么飞速地到了尾声。

"我本来是打算暑假兼职，也不知道学校对我的表现是否满意。"我谦虚地回应。

"非常非常好。你每次赶课走得快，你不知道那些孩子有多喜欢你。'新概念'二册的孩子全班都续报了开学的周末班，还叫了他们的同学来报。"她一脸欢喜。

"如果只是周末的话，我当然可以啊。"面对这样的赞美我自然是喜不自胜的。

"对了，周日晚上我们有暑假总结联欢会，你可以来做主持吗？"她乘胜出击。

"当然可以。"我愉快地答应。

当天放学之后，我去老板那里续租了三个月的房子，用的是第二个月的工资，两千八百元。

"欠你的钱我先不还你啊，我还得去买几套衣服。"我对阿坤说。

"你先用吧，我也没什么支出。"他回答。东北人的爽快和仗义在他身上表现得淋漓尽致。

"你搬走了我以后就一个人住这了。"我略有伤感。

"那有啥，十分钟就从寝室过来了。"他拍拍我。

那晚的夜宵我们吃得格外隆重，因为他女朋友也要回学校报到了。我们找了橘子洲头上一艘吃鱼的渔船，一边是夏夜静谧的湘江水，一边是月光下庞大的岳麓山。我们破例地点了啤酒，我自是不大能喝的，但对于东北哥们儿那根本不是事儿。

"思思，我第一眼看到你就觉得你了不起。"两瓶之后，阿坤说话大声了起来。

"为啥这么说？"对于这样的褒奖我也毫不客气。毕竟，收到了许多学生的肯定后，我已经自信了许多。

"气质，你知道么？你就不是一个普通的战士。"他又是一口。

"你就是说我比较'娘'呗。"我自嘲道。

"那是一回事，关键是你不在乎。"他对我说。

我反而沉默了。不在乎？大抵是习惯了。可是在乎又怎样？我能改变他们么？不可能，正如他们不可能改变我。

"你就说我不要脸呗，我就这点优点哪。"我问。

"那不是，你还特别执着。"佳佳也加入了夸我的行列。

"这话我爱听，怎么说。"我别有兴致地望着她。

"你这个暑假天天这么上课，也没看你抱怨什么，你看你现在瘦了多少。"他说。

这话是没错。前两天还称了一下，我已经从刚进大一的 160 多斤降到了 120 斤出头了。

"你跟我们都不一样了。"阿坤接道。月光下都能看到他喝得满脸通红。

"有啥不一样的，我可不想改变。"我自顾自道。

"不，改变不是坏事儿！况且我的意思是，你现在想的、做的、要的，已经完全跟我们不是一个层次了。"他说话的条理显示，他并没有醉。

"得了吧！我不就打了个工吗！何况，还是你最开始启发我的。"我都有些不好意思了。

"可是你看你，这么快就教四六级了，我们四六级还没过呢！"他笑了，开心又伤感。

结束了最后两天的暑假课程，我开始为暑假总结联欢会做准备。流程并不复杂，表彰一下优秀的学员和老师、介绍一下秋季的课程、玩玩儿游戏、吃吃点心。"这位获奖的陈天航老师应该很厉害吧？"我指着流程上"暑期优秀教师"那一栏下唯一的名字问校区负责人。"对啊，他是我们这儿的金牌老师，教的是口语、托福、雅思等高端课程，他是'湖大'的研究生。""哦？那是我学长啦！"我听着"金牌老师"这四个字，心中也荡漾起一些期待和目标。

"学长好！"在联欢会一系列的流程过后，我主动向天航学长打招呼道。

"你好啊，刚才主持得真棒，口语不错的。"他热情地回应。刚才的主持用的是全英文。

"谢谢，我要什么时候能评上'优秀教师'会开心死！"我羡慕地望着他。

"我听他们说你刚来一个多月，这么大型的活动就交给你主持了，说明你很有潜质啊！去年是我主持的，我到这来都三年多了。"他拍拍我，满是鼓励。

而我充满崇拜地望着学长。他高高大大的身材，而且十分结实。刚才领奖发言时的口语更是甩我一条湘江那么远。不过我还有很多年可以追赶，我自我安慰道。

结果在半年过后的秋季总结大会上，我就得到了"优秀教师"的称号，所有人都说这是一个奇迹。更重要的是，我带的班级人数都在急剧地增长着。四六级班从最开始的五六个人已经倍增到了三四十人，把整个教室塞得满满当当。学校也趁势把我的工资从二十元调整到了三十五元每小时。

"你一定不能和别人说你工资涨得这么快，"校长跟我谈话的时候要求，"陈天航老师来了三年才涨到三十二元，而且他还是研究生。"

"谢谢校长的肯定，我一定会更努力。"万万没有想到我的工资会超过学长，他可是我的标杆。

"思成，你真的太棒了！"天航学长在总结大会后祝贺我。

"呵呵，暑假后我就把你当成了我奋斗的目标哪！"我愉快地回答。

而学校里的事情我几乎没有再参与。反正我一个人离群索居地住在山上，课业上的事情小鱼自然会帮我分担；而阿坤每隔一天就会来一次，帮我洗衣、拖地、打扫卫生……平常白天我仍是努力地学习着英语。Jack 第一次到山上的小屋来看我的时候，非常骄傲地告诉我他的六级成绩出来了，考了670分；而我默默地给他看我收到的成绩查询短信，上面的690分让他尖叫了很久才平复下来。知道了我已经在培训学校教四六级以后，他更是悲伤地表示想要学德语或者法语，因为在英语界他已经翻身无望了。

"这个学期我们都参加全国大学生英语竞赛吧，我们来最终大决战。"我提议。

"好呀！如果得了一等奖还可以有保研的资格！"他燃起了新的斗志。

生活简单、目标明确时，日历也是"唰唰"地翻过。

春天开学，Jack给我打电话，一接起来便是骄傲与炫耀：

"嘿嘿！我拿了全国一等奖！"他早已没有初见时的高冷与矜持。

"哦，我是全国特等奖。"我悠悠地对他说。

"……你赢了。"他挫败地说。

"没关系，老师本来也不该跟学生比啊。"我揶揄他道。

"那你准备保研吗？"他问。

"没想好，我更想出国读研。"

说实话，我没想好。因为这一年我过得惊喜连连。一年前的此刻，我大病初愈，准备为六级而奋斗，而现在我已经教书半年。一切其实都是那么不可预知，而曾经迷茫的、烦心的、觉得过不去的篇章在记忆中翻找时已经模糊不清了。

"你想来我们学校的培训中心上课吗？"没几天，Jack又打电话给我。

"啥意思？"我疑惑。

"我老师跟我说想不想去我们学校的培训中心上课，我没什么经验，就推荐了你。"他愉快地说。

"你心胸真宽广！那面试什么时候？"我由衷道。

"我跟老师说了你的情况和成绩，他觉得你可以直接上，不用面试了。"听罢我有些感动。

"嗯，如果我广厦那边的课不冲突的话没什么问题。"此刻的我，活像一个专业"接客"人士了。

"那你把你的课表发过来，我给我们老师看下，让他协调。"

"好嘞。"

Jack 的学校比我的学校排名还要高，能去里面兼职应该是十分荣耀的事情。对教学小有心得的我此时当然需要更多的学习与机会。照例地，我没有问薪水有多高。平均月入两千多，每个月可以买起两套"美特斯邦威"，我已非常知足。

于是我开始了两头跑的生活。学生生活离我早已渐行渐远，而老师的身份让我无比享受。偶尔回到寝室去看看，他们仍是在光着膀子打着牌、玩儿着游戏，或者看着片儿。

仅仅一年啊。同样都是一年。

"Mr. Zhou，我们马上要开年度总结大会了。"有一天晚上下课后，校长对我说。

"哦？为什么现在开年度总结大会？"我好奇，突然想起前两次都是季度性的总结大会。

"春天是新的开始嘛。"她笑道。

"嗯，有什么我可以做的吗？"我想是不是又需要我主持。

"这个会比较重大，所以是董事长来开。我们评了你做年度的优秀教师！"她喜悦地说。

"啊！"我诚惶诚恐地惊呼道，"多谢校长的器重！"

短短一年的教龄，我居然如此顺风顺水，我自己都是十分惊讶。都说社会复杂，我完全都不觉得啊！倒是学生的时候会为了班干部、入党的事儿"尔虞我诈"，而现在都是看工作的成绩，单纯太多了。

"陪我买衣服去，我在步行街等你。"我打电话给阿坤。

"你现在买衣服上瘾了啊，这么有钱就还我钱吧。"电话那头他说。

"快点来吧，"我装作没听见，"我被评为年度的优秀教师了！领奖要穿好点呀！"

"你小子真的很顺利啊！"他笑道，"我就来。"

于是领奖那天，我穿着全新的"美特斯邦威"的衣服坐在众多老师中听董事长发言。我其实没有在听他说话的内容，而是在脑海里勾画着一会儿的获奖感言。

"现在，我们要颁发一年一度教师的最高荣誉了。"董事长说道，"今年的优秀教师是……"

那个"是……"自然会有无限的延长所制造出的神秘感。所有人都在左顾右盼，又带着一种会不会是自己的期待感。我内心激动又平静，作为早已知道答案的人，我要做的就是演一场完美的戏：惊喜、不敢置信、扭捏上场、表示感谢、接受祝福或嫉妒。

"陈天航。"三个字打破了所有人的内心戏，并把眼神投向了同一个方向。我的脸立刻僵住了：这是怎么回事？校长都跟我说了评了我啊！天航学长惊喜地站了起来，不敢置信地僵在原地一会儿。然后扭捏地走到了台上，开始用全英文自信地说出感言，接受着下面的人的祝福和嫉妒以及我的愤怒。

我当然有理由愤怒。我从没有觉得应该评给我，但是事先跟我说评了我算是什么意思？只是一句玩笑么？怎么会发生这样的事情呢？愤怒之余，我更想弄明白这是发生了什么。

"校长，我想请问一下，你之前说优秀教师是评给我的。"散会后，我趁人都走得差不多了，去找校长理论。我并没有觉得这有什么不妥，我只想弄清楚原因是什么。

"你自己觉得原因是什么呢？"校长冷冷地对我说，语气和平时对我的欣赏大相径庭。

"校长请直说吧，我不是一个脑筋那么聪明的人。"我想我应该气坏了，才说出这么不客气的话。

"那你还是聪明呢，"校长的话语中充满了讽刺，"不聪明怎么可能课上这么好。"

"我如果上课上得好，你又承诺过我，为什么最后却没有把奖颁给我呢？"我寸步不让。

"有老师告诉我了，你也在别的地方上课。优秀教师首先应该是一个忠诚的教师。"她有力地说道。

我惊呆了。我从没有想过这个问题。这只是份兼职，在两个地方兼又有什么不妥。当然，这不是我惊呆的原因，毕竟每个地方有不同的规矩，如果我早点知道这个规矩，我也不会去触犯它。

我惊讶的是——"有老师告诉我了。"

7

到头来，单纯的只有我自己啊。

我百味杂陈地走在街上。我不想坐车，我不想回家，我不想和任何人说这件事，我也不知道该怎么跟任何人说这件事。我的人生仿佛进入了一出荒诞剧：每当命运酝酿了许久，让我好不容易接近了幸福的样子时，接着就要把我摔得更惨，让更多人看到我的笑话。我突然怀疑，我的存在意义是不是仅仅对别人起到了一个警示作用？警示我们必须要谨小慎微、亦步亦趋、循规蹈矩地活着？警示我们稍微地不守常规就会遭到严重的惩罚？

我气馁极了：小时候我想跳舞，结果爸妈不同意，后来考试时腿短不达标；我不想拉小提琴，却被迫拉了十年；我想唱歌，声带却罢工三年；我想大学好好努力奋斗，结果心脏出了问题住院了三个月；现在可好，我努力了一年，自以为找到了方向与力量，却又遇到了小人告状。

谁会告我的状呢？没有人知道我在另外一个地方上课啊！而且那里的课

也是非常少啊！现在可好，这边有人在后面告我状，势必是因为不喜欢我，而刚才和校长说话态度如此恶劣肯定进一步得罪了她。

我该何去何从呢。

"你太高调了。"我还是忍不住告诉了阿坤，他自然更忍不住地教育起我来。

"我没有啊！我又没有到处说我在几个地方兼职。"我非常不喜欢听到这句评价。

"有时候你不是有意的，但是会不自觉地流露出那种骄傲的情绪。当然也不能全怪你，嫉妒别人的人到处都是。你原来在班上不也是这样么？"他一边分析，一边安慰我。

"那我要怎么办？为了让别人心里好受，我就要故意做差一点吗？"我烦躁地说。

"唉，社会就是这么难混的啊。要不你就换个地方吧，当初不也是因为换了一个地方，然后挺有起色么？"他安抚道。

我点点头。也只有这个办法了。广厦我是待不下去了，而教师这份职业我也完全不想割舍。

"我去买份报纸，看有没有新的招聘信息。"说完阿坤便转身出去买报纸了。这两年唯一不变和值得安慰的，也就只有他了。而小鱼，虽仍是帮我写着作业，但我们的心始终没法儿那么近。

不一会儿阿坤便回来了。他急促地敲着门，我赶紧去开门。刚一打开就只见他挥着手里的报纸大声说："新东方来了！新东方来了！！"

"新东方来了有什么值得大呼小叫的？"我没好气地转身走进了屋。

说实话，我那时对"新东方"一点也不了解，而且完全没有好印象。

原因是时不时会有班上的学生跟我说："老师，我有同学去北京上了新东方回来就变了一个人似的。""老师你觉得我是继续跟着你学还是去上新东方""老师新东方一个班有 500 人耶""老师你要做一名杰出的老师的话应该去新东方啊"。

每次听到这样的话，我都会心生一股叛逆的气息：这是一个邪教组织么？而且一个班 500 人怎么可能保证听课效果？所以我也会常常回应他们："自己努力更重要""大班教学效果不好""我从来没有想过去新东方"等等。

是的，如果广厦把"优秀教师"奖评给我的话，我说不定会死心塌地在那里干一辈子。毕竟它成就了我对于这份职业的期待，给了我无比的信任和难得的机会，也满足了对于这份职业的自信与成就感。

不过，那都过去了。现在，我必须要往前看。

"新东方很不错吗？"我问阿坤。

"当然，你上网查查就知道了。"他骄傲地说，仿佛新东方是他开的一样。

他走了以后，我立刻打开电脑在网上搜索新东方的消息。让我惊吓的是，在百度里面搜索"新东方"，一下可以搜到几百万条相关信息：

"新东方，出国学生的'黄埔军校'。每年数十万留学生在那里学习。"

"大班的传奇，800 人坐在一个教室里只为听一节考研课。"

"新东方，民办企业的传奇。"

"新东方董事长俞敏洪高考三次终于考上北大，后成就辉煌事业。"

"新东方厨校，冷盘、热菜都精彩。"

我愣了一下，才反应过来也有叫"新东方"的厨师学校。当然一看 logo，新东方英语叫作"New Oriental"，而新东方厨校叫作"New East"，意境却也差蛮多。我不禁哑然，继续往下看：

"新东方，有可能成为赴美上市的第一个教育机构。"

"新东方加快布局二线城市，今年新开长沙等五所新分校。"

没错，就是它了！我连忙捡起阿坤买回来的报纸，又看见头版上半幅版面的广告气势恢宏地写道："新东方进驻'星城'长沙，诚邀教学精英加盟。"这是命中注定吗？我心跳得怦怦响，太阳穴上血液的涌动我似乎都感觉得到。今天刚发生了被广厦"耍"、被人告状的事情，就立刻看到新东方招聘，这也太巧了。

我立刻打开一个新的文档。"辞职信"，我在最上方的正中间打着。我以为我会把这几年的青春都奉献给广厦，但似乎人家并不想要。

我很快写好了辞职信，并点击了"发送"；立刻又打开了一个文档，准备写应聘的简历。可是我发现我的脑海里一片空白：我并不知道简历要怎么写。我又拿起那份报纸，果然，在它最下方有一行字写道：研究生以上学历、英语专业、有相关从业经历者优先。

完了，我并不怎么符合他们的要求。我只是一个非英语专业的大二学生。要说经验，还算是有的，但是跟网上传说的新东方动辄就是500人以上的大班相比，我那点儿经验可说是微不足道。

我有点泄气，关掉了刚打开的文档。想着刚刚发出的辞职信和已经渐行渐远的学生生活，前所未有的迷茫向我袭来。我漫无目的地继续点着各种关于新东方的新闻，越看越觉得自己无比渺小。

"新东方老师课堂实录，幽默励志颠覆你对传统课堂的印象。"突然一个标题拉扯了我的神经。我下意识地去点开视频播放的按键听了起来。视频的画质非常地模糊不清，画面中都是一排一排学生的后脑勺，远处是讲台和看不清面容的教课老师。只听见他非常激昂且快速地讲着什么，然后学生密集地发出哄堂的笑声。不仔细听的话，会以为这是一个单口相声，甚至是传销动员大会。

"You have nothing to be afraid of, because you have nothing to lose.（你不必恐惧任何事情，因为你根本没有什么可以失去。）"他突然放慢语速，清晰地说出了这句英文，我的全身像被电流击中一般——这不就是在说我现在的状态吗？于是我倒回到开头，戴上耳机，想听清楚他前面讲的东西是如何推论出这一句话的。

"我在大学的时候是个十足的'学渣'，天天逃课、打电脑——抠着脚打电脑（笑）。大四的时候我的课挂了一半。我觉得没所谓啊！我国假证事业那么发达（笑）！所以我借了同学的毕业证，在电线杆上找了一家广告做得最精美的假证公司做了一张（笑），然后就去面试了。结果公司老板说，你这个证的防伪条儿怎么像印的？不应该是 3D 的吗？然后老板点了点口水一抹，我去，墨都给抹掉了！（大笑）我想这假证机构也太不靠谱了吧！产品质量做成这样怎么混下去啊！（大笑）"

他在讲什么，我心里想。这不是浪费学生时间吗？我上课的时候可是一句学习以外的话都不讲的。

"所以我对我国的产业前景感到深深地担忧，心想，要么出国得了。但是出国要考托福、雅思啊！我当时就管家里借了点儿钱去北京新东方上课。给我们上课的老师叫老俞，我们都管他叫 old fish（老鱼）（笑）；结果他比我还屌！高考考了三次才考上，大学也是最后一名。关键是，长得比哥差远了！（笑）可是他发奋学英文，开创了新东方，成为了中国最有钱的老师。你们知道吗？他在北大留校任教，可是后来却辞职了。对未来无畏，未来才会真正到来。后来我在住宿班，每天早起四点背单词；六点开始跑圈，边跑边听听力。白天上一整天课，晚上练口语。我吵得很多人睡不着，他们拿洗脚水泼我（笑）！我爸妈打电话来忧虑地问：儿子啊，你毕业了也不去找工作，你不怕以后找不到媳妇儿啊？我回答：怕啥啊？我啥也没有，根本没有什么可以失去的。我努力在新东方学了一年，高分考过了'托福'。那一刻，我突然觉得：还出国干吗？我直接来新东方应聘得了！所以我又丢掉了'托福'成绩，立志来这里当一名老师。其实，我现在连本科生都不是，我只有一张假毕业证，上面的假防伪码的墨还被蹭花了。（大家沉默）"

　　我突然有种全身毛孔张开的感觉。这个人跟我那么相似：我们都抵触传统，我们都一无所有。不，他有勇敢，他有如此自嘲的豁达，而我有的全都是莫名其妙的恐惧、小气与包袱。我到底在怕什么？我到底在敏感什么？我既然两手空空，为何不放手一搏？最坏，不也就是这样了么？

　　我把搜索的关键词变成了"新东方老师讲课现场"，跳出了更多的视频。我一个一个点开，越听越乐，越听越兴奋：怎么会有这样的课堂！有人边唱歌边教发音，那些歌都是我刚在网上听到的最近才流行的英文歌曲；有人一口的东北话，切换成英文瞬间变得无比地道，声音浑厚动听。视频中女老师们大多彪悍无比，而男老师们反而婉约动人。直到我看到了一个讲单词的女老师，把我彻底征服了：她用奇快无比的速度在讲我平常也讲的六级单词；但是她的讲法天马行空，时而学术，时而搞笑；讲一会儿就用一首顺口溜把刚讲过的词串到了一起，而且记忆方法简单直白，让人拍案叫绝。

原来这就是新东方老师。难怪学生说："你要做一名优秀老师一定要去新东方。"

"You have nothing to be afraid of, because you have nothing to lose." 这句话又回荡在我耳边。

我内心火热地打开了一个新建文档，在正中间写道："个人简历"。

我没注意到，已经凌晨三点了。因为我的视野中，正天光大亮。

8

"Mr. Zhou, we hope that you will stay.（周老师，我们希望你不要走。）"
电话那头，广厦的董事长对我说。

"I really appreciate it, but I want to give myself a shot to experience more.（谢谢您那么说，但是我想给自己一个多尝试的机会。）"我也不知道他为何要说英文，只好配合。

"If it is about the prize, we will grant it to you next year.（如果是关于评奖的事情，我们明年会把它评给你的。）"他的语气十分诚恳。

" Thank you, but I've made up my mind.（谢谢，但是我去意已决。）"我连续两句里的"but"让我自己都觉得很绝情。

挂掉电话以后，我按下了"发送"键，把写了三天的新东方应聘简历发了出去。没错，我从那天半夜开始的接下来三天一直在写简历，到今天中午终于写完了。看着文档字数统计显示的"59000字"，我长吁一口气。我甚至没有检查，生怕被自己写的东西感动得不舍得交上去了。

　　虽然三天只睡了几个小时，但是我不打算休息。我现在需要和人接触，我需要有人来帮我分散等待回音时的焦虑。"新东方那么大，"我心里想，"肯定应聘的人特别多，应该要一两周才能收到回复吧。"此刻的我对新东方已经充满敬意，更多的是向往。于是我决定出门去上课。我已经忘记有多久没有去上过课了，那就去看看他们都怎么样了吧。

　　见到我的时候他们都一口一个"周老师"地叫。我笑着答应着，然后寻找阿坤坐的地方。果不其然，他和小鱼坐在一起，只是旁边没有小J。

　　"你咋来上课了？早跟我说一声，好帮你占位子啊！"阿坤问。

　　"我刚发了给新东方的简历，没事儿干，来看看你们。"我坐下来。

　　"新东方啊，不错啊！"小鱼说。

　　"你怎么没有跟小J坐一起？"我东张西望，看到小J坐在了另外一个地方。

　　"他们分手了，你太不关心人家了。"阿坤快言快语道。

　　"什么？"我有些吃惊，"那你怎么不跟我说？"

　　"我还以为小鱼会告诉你啊！小鱼，你怎么不跟他说？"阿坤转向小鱼。

　　"我怕你忙。"小鱼淡淡地说，从他脸上读不出太多情绪。

　　"那你现在说说呗。"我看他不太伤心，便大胆地问。

　　"也没什么，对未来的追求太不一样。我想回去照顾父母，她想去北上广深这种大城市打拼。与其以后爱得更深更痛苦，还不如好聚好散。"他说，理智的好像在念桌子上的《统计学》概念一般。

　　"谈恋爱可以这样的哦？还爱着就分开？这应该只是个借口吧。"我不屑。

　　于我来看，这真就是个借口。如果我爱她，我才不会管什么现实与矛盾、父母不同意或者有没有房子。我要的就是爱，通透彻底的爱。这是我和程程在一起学到的最宝贵的东西。

　　"你知道么？"小鱼并不生气，"我真的很佩服你，你对什么都不在乎。"

　　"我？"他把我夸懵了，"我其实心里也在乎，经常纠结得要死。"

　　"心里纠结谁都会有，和尚都不可能心如止水。可是你纠结过后，还是会依着自己的冲动去做；而大部分人纠结过后，就退缩去选择最安全的路。先上课吧，老师来了。"

　　他说的是我么？我怎么都不觉得自己有他说的那么酷炫。

　　"小鱼一直心里还是带着疙瘩，"放学以后，阿坤准备上山去帮我收拾房子。

　　"什么疙瘩？"我不解。

　　"他一直觉得当时为了小J，伤害了你。"他严肃地说。

　　"什么叫伤害了我，所以你也觉得我喜欢他？"我没好气地说。

　　"不是喜欢，你生病和这不无关系吧，他觉得。而且后来你都不回学校了。"他望着我。

　　我才发现，我的心境已经在这一年多里驶过了不同的沧海与风景，而对于他们，每天可能只是重复着大同小异的事情的他们，时光的移动是非常缓慢的。

　　"那你跟他解释啊，你更了解我的情况，你为什么不去开导下他呢？"我略有不满地对阿坤说。

　　"我说的没有用！有一次喝酒喝醉了，他还跟我说他对不起你，然后就哭了。"他回答。

我心头一热。已经太久，我没有去关心过他。甚至阿坤也是默默地为我做着一切。我们很久没有一起吃过饭，像当时在必胜客萌生梦想的那次那样，我们更是很久没有在天台望着星空聊天，久到我都忘记上天台的路径是什么样儿的了。

"我们晚上叫小鱼一起吃饭吧。"我转身对阿坤说。

"好啊，你叫他还是我叫他？"他显然很开心。

"等等，我接下电话。"我裤兜里在振动。

"喂，你好，请问是周思成老师么？"电话那边传来陌生的声音。

"是，请问哪位？"我问道，心想是不是广厦派来的说客。

"我们这边是新东方，"对面的男士中气十足地说，"我们收到了你的简历，对你很感兴趣。"

我捂着话筒对阿坤比画着："新东方，新东方！！"我完全没有想到，中午才发出的简历，傍晚就收到了电话。阿坤示意我赶紧说话。

"噢，谢谢老师你对我感兴趣。"说完以后我都觉得自己很蠢：什么叫作谢谢你对我感兴趣！

"所以你来参加面试吧。"对方对我的语无伦次毫不介意。

"好啊好啊，请问什么时间什么地点呢？"我非常努力地压制心中的喜悦。

"你现在来吧，在*****这儿。"对面回答。

"啊？现在啊？"我犹豫地望着阿坤，他给我看小鱼刚给他回的信息，说就来找我们吃饭。

"对啊，有什么不方便么？"对面的人反而诧异了，他应该习惯了所有人对他发出的邀请都求之不得的反应。

"我……"我飞快地思索着，"我现在来不了。"我回答。

"为什么？"他的声音有些不快，阿坤也略为吃惊地望着我。

"你还是去面试吧，吃饭可以推后啊。"阿坤举起电话屏幕，上面是他输入的一句话。

"因为我刚刚不小心把油漆弄身上了，得回去洗澡换衣服。"我急中生智，编出了一个超扯的借口。

"好吧，"对方稍微缓和了些，接着说，"你回去换吧，换了以后，晚上来。"

我感觉到了一股十足的"霸道总裁"的气息扑面而来：晚上来？晚上面试？不会是坏人窃取了我的信息吧？正规的机构怎么可能晚上面试？而且他的声音中确实充满了对我的"兴趣"。更关键的是，我想要今天晚上和我的两个好朋友吃饭，我不能一直这么自私。

"我衣服全洗了，还没干，没有衣服换。老师，我能不能明天上午来？"我咬咬牙，继续拒绝他。

"嗯……"对方沉默了片刻，我差点儿就要妥协，想答应他那就晚上来的时候，他说，"好吧，那就明天上午九点来试讲吧。别迟到。"他的声音中满是失望。

"你干吗为了和我们吃饭推掉了新东方的面试？多么难得的机会！"阿坤喊道。

"我哪有推掉，只不过是推迟到明天上午面试而已。"就是为了你们啊，我心里想。

"可是你这样会给他们留下你不积极的印象，人家那么快就给你回复了。"他仍是不理解地说。

"如果我注定适合的话，肯定不会因为这点事儿受到影响。"我反过来安慰他，"而且，晚上面试状态也不好啊！吃完饭你们陪我去买套新衣服吧，我想要显得重视点。"我坚定地说。

"我真的非常替你开心。"在等上菜时，小鱼对我说。

"你是怎么了？这么多愁善感的。"我问，"阿坤说你对那次的事还在自责，真的没必要。"

"是啊，你看思思现在挺好的。"阿坤也在一边说。

"我们本来是最好的朋友。"小鱼低下头。

"我们现在也是最好的朋友。"我说。幸好餐馆里人多又嘈杂，不然这样的对话肯定非常尴尬。

"而且如果不是那样，我后来也不会想到好好学英语、去工作。"我见他不说话，继续说道。

"所以你现在很辛苦啊，本来应该是简单地过学生生活的。"我感觉他随时要哭出来了。

"我现在也很简单啊，作业你都帮我写了。"我努力地调和气氛。"真的，那事早就过去了，你如果还自责就轮到我内疚了。碰到你俩，我真的非常非常幸运。"

幸好菜上了，氤氲的雾气让眼角的泪花显得不那么突兀。

"我们都会更好的。"我们举着可乐，"好朋友之间都会有一些疙瘩，但是那都过去了！"

吃完饭，他们陪我到市内买了一套新的"美特斯邦威"。

"这是我最后一次买'美特斯邦威'了。"我拎着购物袋对他们说。

"怎么了周老师，眼界果然不同了，以后不会看上我们吧？"阿坤说道。

"听说新东方工资特别高。"小鱼说。

"应该是的吧，我也不知道。但愿明天面试一切顺利。"但是我心里想着，现在上一小时三十五元，一节课七十元；新东方那么多人，多三四倍的工资应该很正常吧？嗯，三百元一节课，我猜。

一节课一件"美特斯邦威"，这样的生活简直美妙极了。哦不对，我刚说过我不要再买"美特斯邦威"了。上了一年课，买过了几次时尚杂志，我总算接触到了一些新的品牌。比如一个叫作 Levi's 的牌子经常出现在杂志的头几页；广告上的外国模特冷峻有型，几乎脖子以下都是腿。而且旁边经常会写着："全球顶级牛仔裤"。嗯，这才是世界顶级品牌。我当下立刻砸碎了自己的过去。当然，杂志内页经常会有单品的价格；一条牛仔裤动辄七百九十九元，确实也刷新了我对服装价格的认知水平。

第二天我提前了一小时来到了面试的地点。这一年来，只要是早上有课，我从来都早早到达校区。其实做学生的时候，我常常踩点才到，或者随意迟到。上大学以来，我更是几乎逃掉了所有的课程。可是当我被叫成"周老师"以后，我总是好像头上悬着一把刀：我是一个老师，我不能再为所欲为了。那些俗烂的比如"以身作则"这样的成语，突然变成了我行为中的金科玉律。

我手里提着一个文件夹，里面放满了各式的证书和奖状。一年前去广厦应聘时，连简历都不需要。所以实际上，这才算我的第一次面试。而无数次地听学长传说，面试的时候证书和奖状最重要，所以我甚至把小时候拉小提琴、跳舞得的奖状都翻了出来。我穿着昨晚新买的衣服在楼下踱着步，心里勾画着一会儿面试要讲的东西——我一定会被要求试讲的，这一点我已驾轻就熟，而过去一年在广厦的锻炼，让我一想到讲课就觉得舒心、自在。

我提前十分钟上了楼。开门的是一个跟我身材差不多的男生，戴着眼镜，十足的老师模样。从他的寒暄能判断出，他便是昨天给我打电话、对我感"兴趣"的人。

"周老师你好，我是李科，是长沙新东方的教学主管。"他自我介绍道，"校长杨老师在里面等你了。"说罢他便指引我到旁边一个小房间里。推开门，里面坐着一位笑眯眯的男老师。看到我以后他示意我坐下。我边坐边解开文件夹，心想如果他要看我的证书，我就可以立刻拿出来然后甩在他面前。

他似乎看穿了我的意图，说："周老师别忙，我们先简单聊一下。"他脸上一直挂着的笑容让我的紧张情绪得以缓解。

"好的，杨校长。"我毕恭毕敬地回答。

"我们对你的简历印象特别深刻。"他边指着面前的一沓纸，他们竟然把我的简历打了出来。"你是怎么想到写一个中英双语的简历的呢？"他问道。

没错，我五万多字的简历里，有两万多字是中文，而写完中文之后我把它翻译成了英文版。

"因为我看你们这边要求最好是英语专业，而且研究生优先。我想设立这些条件无非就是希望找到功底好的老师。我觉得功底好有不同的形式，所以我虽然没有达到你们的那些要求，但是我希望通过别的方面来展现我的条件。"我沉着地说——这个问题我当然已经预料到他们会问，所以答案已经准备得烂熟于心。

　　我看得出他对我的答案十分满意，因为他立刻跳到了下一个问题："简历里面你提到了你在别的机构做了一年的老师，那你觉得你自己有什么特点？"

　　"我觉得，"又是一个我预料到的必问题目，"我是一个学术、激情、幽默、励志的老师。"

　　他似乎是很惊讶，这其实是我看了无数个新东方老师的讲课片段后总结出来的新东方老师的共同特点。我在面试时要塑造出一个他们想要的完美形象，这样我就胜券在握了。我是如此勾画的。

　　"你怎么知道这是新东方对于老师的要求，你上过新东方的课么？"他饶有兴致地问我。

　　"没有，但是我觉得一个好的培训学校的老师就应该这样。毕竟学生拿出了零花钱，用课余的时间来上课，一定是因为这里的老师和传统的、死板的老师不一样。"做足了功课的我回答得无比自信。

　　"行，那你就来给我们展示下你的教学吧。"他进入了正题。

　　"好的，我今天想讲的是六级词汇。"我非常老道地拿出我的杀手锏。

　　"等一下，小周。我们看你的简历上写的是应聘词汇和写作的老师。你的简历对于你的词汇教学心得已经展示得非常清楚了，那么你现在来讲一堂写作课吧。"他突然说。

　　我瞬间头皮发麻：为了能够加大我的面试成功概率，我在申报项目上写上了词汇和写作两项。但实际上，我最大的心得和特长肯定是讲词汇。在广厦教四六级的时候，写作也是会被提到，但毕竟写作在四六级里分值占得比较低，所以每次也都是粗略地带过。和我词汇的教学比起来，写作应该是弱了数倍的。

可是他都这样说了，我也只好照做。我非常不自然地拿起了笔，在黑板上准备写出一个作文题。这个时候，李科老师也夹着笔和本子走了进来，这更加剧了我的紧张。本来对于作文真题就不是特别熟悉的我此时更是想不起任何的题目，只好任性地编出了一个话题：

"好的，同学们，我们今天的作文题目是《大学生该不该同居》。"说出这个题目的时候我觉得自己简直蠢爆了：保守的四六级出题委员会怎么可能会出关于同居的话题！还大学生同居！你是怎么想的？当然，自己挖的坑，哭着也要把它填上。我开始硬着头皮讲下去。

大概半小时后我讲完了。我内心十分惶恐地望着他们，希望他们能够仁慈一些。

杨校长开口了，脸上仍是笑眯眯的："你讲得啊，离新东方差距太远。"

我的心咯噔一下：这比我预想的评语还要坏啊。

9

我双脸发烫，低头收拾东西准备逃离那里。

我好不容易花了一年多的时间构建起的信心，在刚刚过去的四十五分钟里轰然崩塌。

在我花了半个小时完成我的试讲以后，他们俩用了比我讲课多一倍半的时间来批判我。我很难说那是不是批判，因为杨校长一直笑盈盈的。不，那就是批判，因为我总算看出，他的笑并不是和煦而友好的感觉，而是混合了嘲笑、蔑笑、讥笑、耻笑的一种武器；他不高声说话，甚至听上去不像是批评，但却是一种深深的讽刺：

"周老师，你前面说得没错。新东方老师的四大风格是学术、幽默、激情、励志，你可是一点儿也没有啊。

"周老师，新东方老师的讲课都是由学生来打分的；满分是五分，像我刚来的时候是上 GRE，新东方最难的课，我一般是打 4.98 分；李科教的是高考，一般也是 4.9 分；4.2 是及格分，你现在最多打 3 分。

"周老师，你讲话非常快，你知道为什么么？因为你紧张啊，所以你需要掩饰。

"周老师，长沙不是号称'星城'吗？这里不是有很多娱乐明星吗？怎么一点儿也看不出你有娱乐的气质啊？

"周老师，你的简历写得可好了！你讲得怎么好像不是同一个人干出来的事儿呢？

"周老师，你在搞笑的时候能自己不要先笑么？我们听着替你感到很尴尬呢！因为一点儿也不好笑啊！"

"周老师……"

Stop!! 我在大脑里大声疾呼！可是没有用，因为他就一直那样笑着，然后吐纳着最毒辣的暗器把我扎得千疮百孔。而另一边，教学主管李科老师跟他是完全不一样的风格。他一脸严肃，以更加直白的方式鞭笞着我：

"周老师，我认为你的体系非常弱，你不能只给学生一种写法，学生是有很多种的。

"周老师，我看你的口语应该很一般吧，读一个句子的断句都是完全错误的。

"周老师，你号称擅长教单词，可是你居然有两个单词写出来以后是错的，虽然你立刻看出来然后擦掉重写，可是怎么会发生这样的情况呢？

"周老师，你真的是一个典型的文科生，逻辑非常差，有的时候前言不搭后语，能够把因果关系说成转折的东西，你这样怎么可能教写作呢？

"周老师，我们看到你的简历里面你说你是学跳舞的，但是不代表你站在讲台上也是在跳舞啊！你看你扭来扭去的样子，不觉得很吓人么？"

这是一个什么样可怕的地方啊。我尽全力保持面部肌肉不要像我的内心一样垮掉，甚至调动全身仅剩的一丝尊严来挤出一丝洗耳恭听时应有的谦逊和微笑。但是心里的我此时拿着一个狼牙棒，幻想着把眼前的他们打得血肉横飞、满地找牙。

最可气的是，他们居然吵了起来，为的是争论我到底有多么差：

"我觉得他吧，就跟我们在上海时面试的没有任何讲课经验的老师差不多。"

"不，有些老师没有讲过课也比刚才他讲得强，讲课是要靠天分的。"

"杨老师你觉得你自己是靠天分么？"

"像我教的课是 GRE，那就不仅考天分，更要靠努力和实力。你教的高考比较简单，靠天分就够了。"

……

"我觉得他自己写的那些句子还过得去。"

"李科，你也不用安慰他，故意挑些东西来夸，那些句子也就好一点的学生水平。"

"这么写在四六级里还是可以拿满分的。"

"可是在我们 GRE 考试里……"

"杨老师你也没有必要动不动就拿 GRE 来说事儿。"

"好吧，我偏激吧。"

"啊，你的是偏的啊？我的是直的……"

……

眼看着他们俩从火药味十足的互相讽刺，一秒钟之内变成了大开黄腔，我突然觉得有趣了起来：这里的上下级观念好像没有那么森严；他们的幽默是自然流露的。更重要的是，我觉得他们说的我的缺点是那么对：我不是英语专业，没有学过教育相关的课程，只是在一个班平均十几二十人的小培训学校里称王称霸，我凭什么没有缺点？我应该满身都是缺点啊！我其实还能算一块璞玉啊！只是，我这种等级的璞玉，似乎还不够到他们两位雕刻大师来雕琢的段位。我突然产生了一些些难过的情绪：如果我在来之前已经讲得足够好的话，也许能够有幸进到这样一个神奇的机构里来。

机会，是留给有准备的人的。我突然想到这句恶俗的真理。只是，"有准备"是一个如此抽象的概念。去广厦面试的时候，我课文读得磕磕巴巴，讲课时打翻收音机，仍然被当成"有准备"的人；而来了这里，我简直就是一个一文不值的人。霎时间我突然不那么难过了，因为我发现，以前对于很多事情难过和失望甚至愤怒，是因为觉得不公平，觉得怀才不遇，觉得时运不济。而此刻，他们说的每一点都如此有道理，我就是那么差，我就是实力不行。既然知道了真正的问题所在，还有什么好难过的呢？去改就可以啦！而以前的很多事情，比如跟陈燕的斗争，在广厦被告黑状，根本想改也无从改起啊。

"谢谢两位老师的指点，我真的受益良多。"我突然开朗了起来，发自内心地对他们说。

"嗯，你知道自己的问题在哪儿了么？"杨校长永远都是面带笑容。

"我功底需要加强，然后要搞笑一点。"我努力回想着他们说的话。

"这就是你的不对了，刚才我们说了你那么久，你都不拿东西记一下，又怎么能改正呢？"李科老师在旁边严肃地训斥道。他们俩真是天造地设的骂人"天团"啊，我心里想。

"不好意思，我现在就拿笔来记一下。"我又慌乱地开始翻找纸和笔。

"你刚才讲的问题可以归结为五大点。"杨校长迅速拿出领导总结发言的气势，"第一，教态不行，没有哪个老师讲课会像一个'蛇精病'一样扭来扭去的；第二，体系不够丰富，你得多读一些书去搭建不同的理论，这样才能给学生选择，学生水平也是有三六九等的；第三，你太死板，新东方老师上课是要让学生三分钟一小笑、五分钟一大笑的，幽默不仅仅靠讲笑话，讲话的节奏感也很重要。讲课就像说相声，要有起承转合，该流畅的时候要让人心率加快，停顿的时候能叫人心漏跳半拍，靠语言本身就能抓住学生；第四，你逻辑性差，你自己把自己讲的话录下来听就会发现很多前言不搭后语的地方；第五，你要旁征博引，你不能只说你自己的东西，那不够有公信力，说说你读的书、你听过的名言，大师的理论也能帮你镇住学生。说白了，你读的书太少了。"

我心里感到无比震撼！这是什么样的洞察力和概括能力才能如此迅速地给出这么多条理清晰的建议啊！这一年我偶尔也会在广厦的面试中帮忙，而所有的评价几乎都是抽象的"还不错""不太行""谢谢你""等通知"之类毫无信息量的话。这一趟，值了。我边记边想。

"杨校长不愧是又有天分又有实力。"旁边的李科老师听完都忍不住赞叹，虽然赞同中仍能听出一丝丝的揶揄。

"谢谢两位老师不吝指导。"我盖上笔盖，心满意足、满怀收获地准备往外走。

"等一会儿，"杨校长突然说，"小周啊，其实你也不要难过，好好努力地去提升自己，以后还是可以来的。我们的大门永远都是向你敞开的。"

我不难过啊。难过已经过去了，现在剩下的只有动力。只是，你这个笑面虎也是挺会做表面功夫的吧。于是，我也得装一下啊："谢谢杨校长的指导，我一定好好改正，好好努力，争取有一天能再来面试。"说完，便拿起已经收拾好的包。

"等一下，"李科老师又说，"你自己预计你多久以后能再来呢？"

咦，这是什么意思？我心里犯嘀咕。他们应该是很不满意我才对啊！我离他们的要求应该还有十万八千里啊！为什么现在他俩的语气中突然对我有一丝丝的挽留和欣赏呢？嗯，可能是大企业，要大气、礼貌一些，一定是的。所以我思索了一下，说："半年吧，我这半年会好好努力改正我的缺点的。"说实话，我心里是完全没有底的。我努力讲课了一年，而且可谓是好评如潮。但是到了这里却完全行不通。所以我可能得花两年的时间闭关修炼，才有可能达到他们的及格线。

两年之后，希望这里还有空缺给我。那时我也才大学毕业，一切都来得及。想到这里，我突然爆发了更大的"小宇宙"。我现在就要回去看书，我要像考四六级时那般与世隔绝、自己奋斗。不，我要更努力才可以。我拉开教室门的把手，迫不及待地要去踏上全新的征途。

"等一下！"他们俩急切地一起说，我突然意识到，我已经等了三下了。

我转过身，看着眼前的两位大师，等待他们未完的话。

杨校长露出了更大的微笑，简短地对我说："不要半年后，你下周就来讲给我们听。"

后来的某一天，我和李科已经成为了非常要好的朋友，而且我已经担当起了教学主管的工作。我向他请教面试别人的经验："我第一次面试的时候你们要的什么花招啊？先是把我贬得一无是处，结果又对我表示出了如饥似渴的感觉。你们真假。"

"你懂个啥？大谈优点是没有意义的，优点就已经在那儿了，根本不用再说。指出缺点就是希望你能改正，说明是看中了你。如果觉得没救的人，根本没有必要跟他说那么多，直接微笑着告诉他回去等通知就可以了。"他老神在在地说。

"那当时你们俩数落我花的时间比我自己讲得还要久，岂不是说明你们爱死我了？"我自恋地说。

"你可以这么不要脸地认为。"好朋友之间说话就是这么"酸爽"。

"那你们爱我哪点呢？我现在想听听。"我好奇。

"就是觉得你不要脸啊。前面也来了几个面试的人，被我们说了两句以后有些就哭，有些就很失落。我们当时也准备说你两句，点到为止，结果你一直就是微笑地望着我们，我们的斗志就被激发了起来，其实你讲得也没有那么差，我们就想看下你的承受能力，后来实在是讲累了。你那种什么都不在乎的劲儿就是我们要的，你不在乎和在乎的东西是对的，你不在乎我们骂你、不在乎面子。但是你在乎需要改正的东西。"第一次听到他这么大段地夸奖我，我也是怪不好意思的。

"怎么可能不在乎？"我笑道，"心里在滴血，但是还是要保持微笑。"

我，一直就是这样的啊。

Chapter 4

碾过那些残酷，你终将强大

生活的步伐有时会完全超出我们的想象，

在你不经意的时候，

它会画出诡谲的步伐和瑰丽的轮廓，

让你只有惊叹的余地。

1

凌晨四点钟，我满眼血丝地坐在电脑面前，一个字也打不出来。

"你下周就来讲。"杨校长的声音和他诡异的笑容混合在一起，在空气中旋转着。

"那，给我一些建议吧。"我怯生生地向他们请教。

"你要写逐字稿。你讲的每一句话、每一个例子、每一个笑话都要打出来，反复讲，讲熟讲透就好了。但是，你只能讲作文，不能讲词汇。你可以走了，下周见。"

我狼狈又欣喜地从他们的办公室逃出来以后，直奔图书城——既然说我读的书太少了，我就多读些吗。"他们还是想要我的，不然不可能想让我下周就去讲。""也许吧，可是你那么差，离他们的要求那么远，下周去还是会被羞辱的。"双子兄弟又开始在我耳边打起了嘴仗。

买了一大堆的书放在电脑旁，天亮坐到天黑又快天亮，可是我完全不知道该写什么。逐字稿，每一个字都要有，可是，这不会很呆板么？我叛逆地想着。

这样不行，一坐就是一天了。六天后就要去讲了，我该怎么办？我疲倦地思考着。我不可以睡去，一睡也许半天就过去了，我该怎么办？对了，他们说我的不足有五点：1. 教态；2. 幽默；3. 体系；4. 逻辑；5. 旁征博引。我仔细分析着。我要以什么为突破口呢？这一周我能改变什么呢？

教态好难彻底改，毕竟我从小就扭来扭去！不过这倒是最简单的，多注意，多提醒自己就好。幽默，好像是天生的。我这种被命运打击长大的人怎么幽默吗！这一点我放弃得了！而体系、逻辑、旁征博引似乎都是可以通过准备快速突破的。对了！旁征博引不就是要看书吗！体系丰富不也是要借鉴他山之石吗？我望着手边的一堆书：《四六级三段作文法》《如何写出高分英文作文》《好句子是这样炼成的》……我应该先花两天把这些书看完，提炼出精华和对我有用的东西，再花两天来写逐字稿，六万字的简历我三天都能写完，半小时的课最多需要一万五千字，最后两天我就可以不停地背、修饰、改正逐字稿。对了，我还可以到网上搜点相关的段子啊！把它加进去不就提升了幽默感了吗？

我严格地按照这个计划度过了接下来的六天。

看书其实花不到两天的时间，因为核心的理论和例证只有那么多。我之前理论的东西懂得实在太少了！我骂自己。我以前的讲课就是凭直觉啊！讲完这句话才去想下一句要讲什么，这怎么可能会有逻辑呢？我把那几本书上最精华的部分用荧光笔画了出来，并且折好留好印子，以备打逐字稿的时候翻看。

逐字稿我用了一整天完成了。从自我介绍到语气助词，从例句到理论，我尽可能地把每一个字都打了下来。我把理论的部分用下划线标注出来，提醒自己要反复讲熟练；我把例句用波浪线划出来，待全部打完以后再一一背熟；我把那些生硬的笑话用红字突出出来，心想等内容搞定后再反复揣摩杨校长所说的"说话节奏""起承转合"这样玄妙的东西。

还有三天可用来背逐字稿！一切进展比我预料的要得更加顺利。原来，有了准确的指导，再自己仔细地去思考，加上切实的行动，其实也没有那么难吗！之前我想要花两年去达到的东西，因为他们的一句"下周就来讲"，我必须提速百倍。原来，我真的是可以的。我拿着打出来的逐字稿，对着白墙、对着大山、对着我衣柜里的"美特斯邦威"们一遍一遍地讲着、背着。

还有一天多时间，我已经背得滚瓜烂熟了。

我还得做点什么，让他们这次不要把我骂那么惨，我想。不骂是不可能的，但求骂的时间能减半就好。那么我就叫我的同学来听听给我意见吧！毕竟我还是在我一个人的思维里面照他们的要求去努力，也许别人会有不同的想法和意见呢。

于是我把阿坤、小鱼、几个我在广厦关系比较近的学生和他们能叫来的人集合在一起，准备来个群众批判大会。"我需要你们分成五组，"我们冲进了一个没有多少人的自习室，对里面的人说抱歉我们需要开会，等他们走了以后，我对我的"听众们"说，"每一组的人从不同的角度来对我一会儿讲的课提意见。"然后，我把我的五个"不足"，也就是他们各自的评判角度告诉了他们。

讲完之后，阿坤带头鼓起了掌："我第一次听你讲课，讲得也太好了吧！"他由衷地赞叹。毕竟，我在广厦一年的锤炼，加上这一周全新的要求，应该会有凤凰涅槃的效果。"好了，我想听听你们的建议。第一组看教态的这几位朋友，你们来说说，一定要直白、狠心些。"我笑着说。

"臀部摆动过多。"第一个人就不客气地说。

"好的。"我拿着笔和纸开始记录起来。

"有时会翘兰花指。"第二个人不甘示弱。

"翻白眼挺吓人的。"我真的完全不知道自己有这些问题！

……

在阿坤对我"也讲得太好了的"评价之后，我一共收集到了 27 条建议，我满心欢喜。幸好是他们挑出来的，不然又会被笑面虎校长和冷酷的李科老师轮流蹂躏了！我谢过他们之后，立刻回到我的房间里进行修改、思考、背诵、再修改。我对着白墙，眼前浮现的全是那两个人不屑的表情。我要征服你们，我越讲越起劲儿。

"两位老师，你们可以开始批评我了。"又站在一周前那间恐怖的房间里，讲完了我已经背诵了不下百遍的那半小时课后，我非常谦虚地等待他们俩暴风雨般的肆虐。说实话，讲完之后我的感觉很一般——其实不能说是感觉不好，因为我没有什么感觉就讲完了。讲过了太多遍，所以每一句话都很自然而然地流淌出来。

眼前的两人若有所思地盯着我，又好像是在盯着我身后的黑板。他们一定是在酝酿如何碾压我的自信，我从他们微微眯着的眼睛和左右挪动的嘴唇中就能看出来，他们在爆发的边缘。

长久的安静横亘在不大的房间里，他们安静地坐着，我安静地等待着。

也许绝对数值上没有那么久，但是空间的促狭和相对的尴尬把这种安静的恐惧感放大了许多倍。他们为什么不说话了？我是不是讲得太差了？我尽量不露痕迹地来回读取他们的表情，想收到些许信号。可是，徒劳，什么都没有。

"老师们，我……"我忍不住小声说。说实话，我这周已经竭尽全力地准备了，但是他们却一言不发。看来我真的差得挺远的，看来一周想要达到他们的要求是他们和我都太高看我了。

"讲得非常好。"杨校长突然咧嘴笑了，而我的心脏在那一霎差点儿要逃脱身体了。"李科你觉得呢？我刚才想了很久想挑点什么刺，但是我觉得无可挑剔。"看着他一贯蔑视的笑居然散发出不一样的温暖，我有种置之死地而后生的虚脱与快乐。

"倒没有那么夸张啦，杨校长你就是爱走极端路线。不过和上周比起来确实进步非常迅速。"李科似乎深谙中文的精髓，一定要拍一巴掌再给块糖吃。不过，我不觉得痛，只感觉甜。

"都是因为两位老师上次提点得非常到位，"不知为何，每次我认真说话的时候都有一种极其虚伪的既视感，"我这个礼拜全都是按照你们指出的问题去改正的。"

"嗯，像你这样教过一段时间课，还能够彻底地去改变的老师不多见。"他们此时好像变成了另外一种人，温柔又可爱。

"而且一周前你讲得就是一盘散沙，毫无理论支持；而这周你提出了一个'灯笼法作文'，你是从哪里看来的呢？"杨校长问。

"我看了几本讲写作理论的书籍，然后自己包装了一下。很多书上都写得比较单调，叫作三段式、五段式什么的，所以我想取一个酷炫一点的名字。"我坦诚地说。

"你通过了！"杨校长从座位上站了起来，伸出右手来。我反应了一下，诚惶诚恐地握了上去。

"我们接下来会有一系列的教研和培训，到时我们会通知你。"一直不苟言笑的李科说。

我压抑着心中的狂喜，礼貌地道谢，走出门以后飞速跑下楼来舒缓我即将满溢出来的幸福感——我居然通过了！两周前我还在为是否能被评为广厦的"年度优秀教师"而纠结紧张，现在居然已经进到了传说中的新东方！

命运终于又在我经历了几次的狼狈不堪后向我头顶洒下了幸运的金粉。但愿这一次，我能在走高的跷跷板这端待久一点。

我准备去一趟广厦，把放在那里的一些备课的书和笔记收拾收拾拿回来。幸好我没被评为"优秀教师"，我突然冒出这样愉快的想法，不然我怎么可能会有如此神奇的际遇呢？我好想立刻冲过去跟那里的董事长和校长们说："谢谢你们没评我。"

我走进去的时候天航学长刚好下课。看到我以后他立刻过来跟我说：

"我听说你辞职了，没有必要这样啦！不要跟自己过不去！"

"我不想在一个有人到处嚼舌根的地方待下去了！"我故意说得很大声。

"哪里都会有这种事啊！你多经历一下就好了。"他安慰我道。

"为什么要多经历？我去一个没有这种事的地方不就好了。"我想起杨校长和李科直白的说话方式，幸运的感觉又冒了出来。

"怎么，你找了下家了？"

"对啊，新东方。"我不假思索地说。

"Unbelievable（太强了吧）!"他用纯正的口语夸张地说道。

"所以我现在一点儿也不介意了。"我耸耸肩。突然，一个邪恶的想法油然而生。

"天航学长，我觉得你也可以去新东方耶！你那么优秀，新东方刚来，需要很多人才！"既然这个学校这么欺负人，那我得欺负回去。我的黑暗状态慢慢滋生。当然，我只是说给坐在不远处的校长听的。陈天航在这里干得这么好，又刚得到了"优秀教师"的名头，决计是不会去的。不出所料，他果然爽朗地说："那不用了，我在这里蛮好的！你加油啊！"

我的捣乱工作没有成功，心中不免有些不爽。关键是，我以为大家都会对新东方充满兴趣，但结果好像并不是这样。"思思。"有人叫住了我。我一看，是少儿部的主管 Elle，平常在学校里面，我可能就跟天航学长、校区主管和她比较熟悉了。我走进她的办公室，告诉她我要走的消息；她问我准备去哪儿，我告诉了她我的选择。

"不然，你跟我一块儿去吧。"我半开玩笑式地对她说。毕竟她已经在这所学校做到了少儿部主管，并没有任何走的理由。

"好啊！我要怎么弄？"她的回答完全出乎我的预料。

"你……怎么会愿意走？"我惊讶地问。

"在一个地方工作久了会有惰性啊，而且教英语的人谁不愿意去新东方啊！"她笑着说。

我突然有些心虚：我把一个学校最大的教学部门主管就这么挖走了，好像不大好吧？但是校长那天对我冷漠的、讽刺的话语又在我耳边响起。嗯，我并没有什么对不起他们的。

　　我跟 Elle 说让她准备好简历，并许诺会好好替她美言一番。她非常开心地谢过了我，把我送到门口。走在路上，忐忑又踏实。毕竟算我工作了一年多的地方，多少有些不舍。我还在慢慢品味着些许的不舍，突然收到了一条短信。我一看，是天航学长发来的：

　　"思思，我想了一下，觉得去新东方的确是个好的选择，请帮我引荐一下。"

2

谁知道我像一个挖土机一样，挖人的节奏根本停不下来。

在 Elle 和天航学长之后，我又把原来广厦的几个台柱老师"挖"到了新东方。天地良心，这绝对不是出于恨。真实情况是，他们跑来问我去了哪里，我如实回答；他们又问我在新东方好不好，我如实回答；他们再问我能不能推荐一下，我自然没有理由拒绝。虽然平日里面不熟，但说起来都是"同事""朋友"嘛。而另外一方面，杨校长和李科对我的"义举"更是褒奖有加："好的教学人才就应该全部拉过来嘛！那些小机构马上就要垮了，你这是为他们好。"果不其然，不久之后广厦英语的成人部就垮了，沦为一个社区少儿学校，也是令人感慨。

而新东方对于我介绍过来的人也甚是满意，十之八九都收至麾下——没错，我前前后后一共推荐了近十人。而他们对天航和 Elle 更是喜欢。我"大义灭亲"有功，加上他们对我的讲课和"改进"能力赞不绝口，所以有一天，他们神秘地找到了我，说："思思，我觉得你的能力不应该只做一个兼职老师。你要不要来做教学主管？"

"啊？那李科老师呢？"我非常惊讶，这一切似乎来得太快。一进新东方就能做教学主管？这完全超出了我的想象。

"李科老师要做校长助理，以后是校长啊。我是来建校的，待不了太久。"杨校长永远带笑，像个十足的大户人家。

"这……我可以么？"我这一两年的生活虽说光怪陆离，但我远没做好放弃学业，直接工作的心理准备。当然，他们居然如此器重我，我的内心还是狂喜的。

"你当然可以！你看你教学经验也足，而且改正又那么快，非常适合。"他真是做人工作的能手。

"可是……我才大二年级耶。"我说出了我的顾虑。

"那有什么关系，比尔·盖茨也没有上完大学啊！何况我们只需要你大部分时候在，该考试的时候你回去就是了。大学那些东西平常有啥好听的。"他说，这倒是大实话。

"嗯……"一下信息量太大，我只有吞吞吐吐的份儿。

"收入这方面你是不用担心的，"他开始使出了杀手锏，"上课的话一节课是三百元，还有全职工资，还有奖金、股票，刚开始一个月怎么着也都有两三万。"

两……三……万……我整个人都不好了。虽说上课的钱跟我预想得差不多，但是加起来两三万却是我一个大二学生的世界观无法承受的数字。我突然想起我在第一次吃必胜客时做出的人生规划：三十岁时每天吃得起必胜客。难道我现在就要达到了么？

"三百元只是上课的底薪，"他明显知道"利诱"这一招是非常管用的，所以继续道，"新东方老师上课的钱都来自学生打分，上得越好，钱越多。所以加上打分一节课六七百元不是问题。"

六……七……百……此刻我的眼睛里应该出现了两个硕大的美元符号，并在不停地旋转和闪烁着。我好想打电话给广厦的校长，央求她把告密者告诉我，这样的话我可以立刻给那个人包一个大大的红包，因为他简直就是我的财神爷啊！

我残留的最后一丝理智告诉我：再想想，这真的是一个人生的重大抉择了。你真的确定要跟你的学生生涯彻底告别了么？你的大学专业就完全放弃了么？你可有保研的资格呢？你想出国读书的梦想呢？万一你在新东方仍然混不好，又像在广厦一样被人"穿小鞋"怎么办？

无数个问号和美元符号把我来回拉扯，让我只能欣喜若狂却无比纠结地对他说："谢谢杨校长的器重，我回去考虑一下。"

"我该怎么办？"一回学校我就把阿坤和小鱼呼唤出来，告诉了他们我甜蜜的烦恼。

"你当然要去！学习是为了什么？找工作啊！"我以为他们会拉我一把，结果他们比我还激动。

"学校这边的事儿我会帮你弄好的，其实你平常也没管专业上的事儿。"小鱼慷慨地表示。

"我怕。"我故作矜持。

"你怕个屁。你就没怕过什么，不然怎么可能发展得如此顺利！"阿坤拆穿了我。

"我哪有顺利？我是在广厦遭到了迫害好不好？"我扭捏道。

"可是因为有人迫害你，你才想到要离开啊！"小鱼说出了我心中早已得出的结论，"当初陈燕、曹导不待见你，所以你就滚去学英语了。这就是你最厉害的地方！你看我们班有些人，因为学习不行，也没什么特长，就开始自我放逐，天天就是逃课、玩游戏。你虽然逃课不比他们少，但是你逃课全都是在干正事啊！你逃课做的事比上课还要多得多了，所以你才应得今天的机会，你就放心去吧！"小鱼娓娓道来，让我突然想起了他当时帮我争取团支书时做的精彩演讲。

我逃的课不比那些堕落的人逃得少，但是我逃课去做了比上课更厉害的事。嗯，我从来没有这样想过，但是被小鱼说出来以后，我发现确实如此。有这样两个看到我好他们也发自内心替我开心，还甘愿做我后盾的朋友，真的是我十年修来的福气。

"可是我，"我把最后的犹豫说了出来，"在与人相处上总是有很多问题。万一我在新东方又遭人排挤了呢？"其实这是我心里最痛的伤：小时候生日宴空无一人、大一比赛时无人到场的疤痕，也许永远都无法痊愈。何况我其实一直知道，那是我的问题。别人怎么总是有那么多朋友呢？即使是我讨厌的陈燕，事实上也是很受欢迎的啊。

"我以为你很想得开呢。"小鱼说。

"怎么可能，很多时候是逃避，到后来就变成了不去想。"我无奈地说。他们总说我不在乎，更多时候我只是不知该如何在乎，而且我也不知道我的在乎是否能改变什么。

　　"可是你有我们不是吗？"阿坤冷不丁地说，其实他是一个极其细腻的人，不然也不可能每天和他女朋友打电话几个小时了，"不知有多少人羡慕你。"

　　"你们为什么会对我这么好？最开始可能是觉得我可怜，后来呢？现在呢？"我有时候真的也会很好奇，因为他们对我的好确实超过一般人对于朋友的期待。更难得的是，他们真的不求回报，只是默默地在那里。每周，阿坤仍是默默地来帮我打扫卫生；而从来没有老师会来质问我作业的问题，我自然是非常清楚，有小鱼默默地帮我解决了这一切。

　　"因为觉得你很傻，"小鱼无限温柔地说，"你把你的密码、钥匙、所有的故事都告诉我们，你对我们几乎毫无保留。这么傻的人在社会上按理来说是活不下去的，但是你不仅活下去了，还活得很好。我们当然知道你心里很多时候会有委屈，而且那些委屈是我们没办法帮你去承担的，所以我们就把能帮你承担的事情做了，你就有余力去应对那些只有你自己能解决的问题了。"

　　"你都不知道，你第一次跟我说你的银行密码，让我去帮你取点钱的时候我都惊呆了。哪有人随便跟一个非亲非故的人说银行密码的！然后你又告诉了我你的 QQ 密码、邮箱密码，我哪天把你卖了你都不知道。"阿坤插嘴道。

　　"我晕！我能有多少钱啊！你现在的一千元钱我都没还你的。"我几乎被他说的原因给笑死。

　　"其他人虽然天天嘻嘻哈哈，但是其实都有一堵墙把自己隔起来。而你就是一个平原，一眼望去，看到啥就是啥。虽然有些地方不那么美，但是不需要花心思去揣度那里到底是什么。"小鱼说话的格调不同，而且如此书面的表达被他说出来丝毫没有起鸡皮疙瘩的感觉。如果 Jack 在我面前说出同样的话，我就要报警了。

"你就放心去吧。"小鱼劝我说，"而且你也在改变啊。你说你小时候没有一个朋友，高中却有了一个（和他的"基情"故事在《高考单词一笑而过》里有），大学有了两个，这不就是一个好的趋势么？"他的话总是有种不动声色却无比有力的能量。

"活了这么久也就三个朋友，听上去还是有点心酸吧。"我自嘲道。

"怎么会？难道你觉得我朋友很多吗？"阿坤笑道，"大学以前也就两个，现在你们俩，加起来四个，也就比你多一个吧。"

是这样吗？我心里想。我以为以他们如此随和的性格和好相处的感觉，和每个人都是朋友呢！

"你不会以为我对谁都像对你一样吧？"阿坤看穿了我的心思，"那我早就累死了！我也是很挑人的好吗！"他耍贱道。

我霎时明白了许多。原来在人际交往方面，我不仅不懂，还有很多的误解。因为那些受过的伤害，让看似穿了机械铠甲的我，内心其实自卑、脆弱又敏感。我一度以为自己是个被所有人遗弃的孩子，永远得不到任何疼爱。所以，我只能孤单地、努力地往前走。现在看来，我至少很幸运地在往前走，而且无论何时也没有想要遗弃自己。

那天晚上我还接到了一个电话，是李科老师打给我的。他问我这么犹豫是不是嫌钱少，我说我已经觉得很多了，只是因为一些学业和人情世故的牵绊。

"你知道么，我是'二军大'的博士。"他对我说。

"这么厉害！"虽然我不太了解"二军大"是什么，但是博士总给人一种不明觉厉的气息。后来我才发现，原来"二军大"是八大医学院之一；由于是军校，读书都是免费的，而且还带军衔。

"我也是前年才去的上海新东方，其实来这里也才两年。"他继续说道，"我今年本来应该博士毕业了，但是杨老师看中我，想把我带过来，我把我的博士学历放弃掉了。"他平淡地说。

"啊？"我深深地震撼了，读到博士，还是医学博士，随便一想也知道付出了多少。"博士不是可以缓几年毕业么？"我问。

"可是毕业了又怎么样？如果我注定要在新东方发展我的职业，我是不是医学博士其实不要紧的。"他循循善诱的能力甚至超过小鱼。

"你至少是个硕士啊，如果我现在就放弃，我连本科生都不是了。"我依旧为难地说。

"不是要你放弃，都跟你说了该考试的时候就去考，"他似乎有些怒其不争，"而且，我当时是硕博连读，所以博士没毕业的话，硕士学位也没有，我现在就是本科学历。"

我必须要说我的内心被极大地震撼着。所谓梦想与现实、坚守与放弃，这些原本在电影、励志小说上的常见话题此刻如此真实地呈现在我的眼前。电话另一头的他，我刚刚接触的上司，才是一个"无所谓"的人。"博士"这个令所有世俗眼光都会艳羡的帽子，他可以如此潇洒地把它抛到一边，更不要说他曾经为了这顶帽子，付出过怎样的努力和汗水。是因为钱途吗？我想不尽然，因为读完了医学博士，赚钱根本不是问题。

"好的。"我不得不说我被他说的话完全打动。在之前阿坤和小鱼的全力支持和他言传身教的感召下，我终于颤颤悠悠地跨出了这一步。

第二天我便开始了全职上班的生活。我的工作是招聘、培训老师，组织教研。而杨校长和李科便有了更多时间去监督校区的装修，应付各种社会关系和寻找可以拓展的校址。新东方的名头果然很大，每天的面试者络绎不绝，听别人面试其实是一个自我提升的绝佳机会，在我不擅长的口语方面，面试了好几位口语老师之后，我总算明白了，连元音和元音之间也是有连读的。比如三个苹果，"three apples"，前面的"ee"拖长再往"a"滑动的时候，就会发出一个"耶"的音来。

而我也会像他们点评我一样，从一个老师的教态，到说话的节奏感，再到新东方老师的四大特点——学术、幽默、激情、励志，去逐项进行点评和筛选。当然，我不会忘记他们对我最初的兴趣是来自于我不简的简历——其实一个人的简历就能看出他对这份工作的重视程度，他对这份工作做了多少了解、有多少期待、能多快地进入角色，其实就在那几页纸里面了。有些人自恃名校出身，简历就是薄薄一张纸，这种人大抵是纸老虎，并不一定适合；有些人背景院校一般，但是简历中完全展示出了核心的闪光点，也会让人对他的背景降低一些要求。当然，还有一些不知所以的人，简历上赫然打着某些找工作网站的 logo，面试时完全一副"老子也是被逼来"的表情，礼貌地回复一句"再联络"也就足够了。

"思思，"有一天天航学长找到我说，"李科老师只安排了我一门课，你看能不能帮我跟他说下其实我能上的课还挺多的。毕竟一门课有点少，我快研究生毕业了，压力也有点大。"

"好的！"听他这么说我居然有些内疚。毕竟是我把他拉到新东方来的，如果没有课上，赚不到钱的话岂不是我的错？"我会帮你跟他俩说，你这么厉害，能上的课种类又很多，你放心吧。"我向他保证。

"其实陈天航比我讲课要更好。"我对刚看完校区的杨校长和李科说。

"我听过，还行吧。"李科回答。

"我从广厦离开的原因就是优秀教师评给了他，没有评我。但是这说明他很优秀啊。"为了帮他争取，我也是拼了。

"嗯，我们会考虑。"领导永远不会把话说满。

第二天我来上班的时候，看到天航学长坐在一个办公位子上。看到我来了，他很开心地站起来对我说："思思谢谢你，李科老师给我安排了三门课。"

"不用谢我，你本来就应得的。"我由衷地说。

"而且，"他顿了顿，"他们让我来做市场部主管，我今天开始上班了。"

我感到无比欣慰。一是他被我说动过来结果没课上，我真的会非常自责；二是我居然体验到了帮助别人的快乐。要知道，以前在班上只有和别人做各种斗争的畸形快感。更重要的是，领导们如此重视我的建议和想法，不仅给他排了课，而且还一下子给了他一个部门的主管职位。

想到这儿，我对在这个地方的前路觉得无比的宽阔且光亮。

3

有的时候，逼自己一把，人生就真的再也不一样了。

在不久前，我还是一个老老实实的学生。虽说有些小个性、小叛逆，但总的来说仍是沿着社会教我们的"约定俗成"的轨迹往前走：学习、努力、考研或者出国。可是其中阴差阳错的摩擦，逼我去逃避、去寻找到了另外一种状态。不过其实我仍是像很多学生一样，打了一份零工，过着学生和工作的双重生活。那种生活虽说和许多人不一样，但也算不上很特别。而在这个状况中，我的人际交往再次出了状况，逼我只好再次改变我的状况。

可是现在我的际遇则是完全不同。每天早上九点钟，我就要赶到办公室开始一天的工作。等待我的是各种各样的面试者：他们中有毫无经验的毕业生，也有已经在培训学校混迹多年的老手。我必须在前者中鉴别出暂时讲得一般却很有潜质的人，然后在后者中筛选掉徒有其表并无内容的形式主义者；剩下的"菜鸟"和高手们我还要分好组别，然后开展各种教研、试讲。

同时我必须要掩盖住我的稚嫩，因为当他们发现我不过也就是大二的学生之后，他们也许不仅会对我心生鄙夷，还会对新东方的水准和要求产生怀疑。

我就这样被一步一步逼着，毫无准备却顺理成章地完全脱离了学生生活。而且，以后就再也没有回去过。

每天遥远的上班路途和动辄就要加班的状态使得我必须要寻找一个市中心的住处。导火索是有一天加班太晚，我一个人回到岳麓山上不免有些恐惧，于是李科老师邀请我住他家。到了他家我才吓一跳。我以为他租的房子应该宽敞豪华，毕竟他们承诺我的工资已经非常丰厚，那他们自己的收入自然可想而知。结果他家一室一厅，比我岳麓山上租的房子大不了多少。关键是，只有一张床，床还不大。

已经夜里两点，所以李科自是非常疲倦，随便洗漱了一下就兀自上床了。他挨着墙边睡下，在旁边留出了一半的地方想必是给我的。我看房间里一个空沙发也没有，地面的空间也不足以铺下东西，加之领导都好不介意地睡下了，我便颤颤悠悠地躺在了他留给我的那块空间上。

虽是无比疲劳，但却丝毫没有睡意。这段时间每天过得都很不真实，各种英语"菜鸟"或者高手每天在我面前轮番上阵，对我毕恭毕敬。而我每次听完后，需要调动全部的智慧来给出评价，然后再决定他们的去与留。我表面气定神闲，内心如履薄冰。我知道，对于一个学校来说，老师是最最重要的资源；而两位领导，却毫无保留地把这件最重要的事情委托给了我。所以我的大脑飞速地运转，一下都不可以松懈。

我脑海里过着各种交锋的画面，然后意识也逐渐模糊了起来。突然李科一个转身，把我又惊醒了，他对我说："你这个题讲得不好，你应该……"

原来他在说梦话！而且梦里面都应该是在面试和批课吧！我突然觉得有些好笑又有些感动，然后想听听他"你应该"后会说出什么连珠妙语，毕竟他对我的评价还犹在耳畔。结果他嘟囔了几下，又睡死过去。

日有所思，夜有所梦，一定就是如此。想到我一年前开始狂背单词的时候，无数个晚上都梦见那些单词化身黑武士追杀我，再被我干掉的情景。我居然如此幸运，一年后就可以在陌生的职场上有人对我如此言传身教，让我迅速地进入了角色。

第二天是一个全体教师的培训会议。我和其他已经确定入职的老师在底下排排坐好，也已经有了二三十人的规模，其中有一半是我招进来的老师。而讲台上，杨校长、李科老师和他们从别的新东方请来的元老级的人物轮番上场发言。

因为校区还在装修当中，所以此时的场景活像一个传销组织在做洗脑会议。几十号人挤在促狭的临时办公室里，坐在塑料板凳上。而移动白板旁，几个男人在手舞足蹈、声音激扬地对着下面的人"吼叫"着。

"老师们，"杨校长仍是笑眯眯的表情，声音却比平时大了不少，"我九十年代初工作，在一家中外合资的企业里，月薪三千五百元。"见我们没有什么反应，他顿了一下，继续道："那时候的三千五百元，相当于现在的一万元了，是我刚毕业时的工资。"大家开始露出了钦佩的神色。"所以我很满足，就这么安安稳稳地干了五六年，觉得心满意足。直到有一天，我生了一对双胞胎，我开始觉得有压力了：像我这样优秀的男子，怎么会让我的女人工作呢？我得养她啊！我得养这三个女人啊！可是，女人不好养啊！"大家开始发出笑声。

"所以我想我得改变了。人要改变，总得变好啊！我已经在一个中外合资的企业里，而且做到了部门经理。那变好的话只有两条路，一是'干掉'我的上级，我变成总经理。可是，他还活蹦乱跳的呢，我估摸着他一时半会儿不会出什么事儿，保不齐比我活得还长，"大家开始大笑起来，"所以还有第二条路，我去更好的公司，去外企。"

"可是外企的要求高啊！我只是一个本科生，而且工作了几年，英语都退化得我高中老师看到得打死我了。你别觉得中外合资的企业里能说几句外语啊，其实翻来覆去就用的那几句话、几个术语，所以我估摸着我得把英语学好，然后有个更高的学历，才能进外企。"

我突然觉得，他是那样的一种人：他既有我这样年轻人的感性、冲动与灵活度，又有非常理智严谨的一面。他不会因为已经貌似安稳的生活而停止思考与进步，而且在进步的时候又会设立目标，并分析出打到这个目标所需的步骤。而且他的目标不似我们专业课老师大一就说的"职业锚"——那是一种长期的、不切实际的预期；他的目标，是基于对生活状况的审视，随时做出的判断和调整，很自我，却不固执。一股全新的、强大的人生观和处事逻辑激烈地碾压着我幼稚的世界。

"所以，"我暗自的佩服被他继续的演说给打断，"我辞职了。因为我要出国，就要考GRE才能申请。GRE那么难，边上班边复习是绝不可能考好的；学GRE，就要去北京新东方。所以，我只能选择辞职。我们都想要'得'，但是我们都忘记了'得'的前面有个'舍'字。各位老师到新东方来，都想得到很多：傲人的薪资、学生的爱戴、较高的社会声誉。可是，你为了得到这一些，又舍弃了什么？"全场都陷入了极致的安静，安静得连呼吸声都没有，也可能是我们陷入了深深的思考和自省忘记了呼吸。

"我们为什么不敢'舍'？一方面是我们的不自信，不自信'舍'真的能换来'得'。当然还有一方面是来自周遭的压力。我当时放弃了这份工作，我老婆还是很支持我的，因为她了解我，相信我的能耐，但是她爸妈就完全不能理解了。老人家会觉得，好好一份工作，怎么说放就放弃了啊？放弃也就罢了，还跑去北京学什么英语，丢下老婆孩子，是想干吗啊？两个老人为了批评我，愣是学会了用手机！天天打电话、发信息轰炸我。我不怪他们不理解，但是我更要坚持我的想法。"我突然更加领悟了励志和幽默的结合到底是一个什么样子：那是一种内心挣扎过、肉体奋斗过、思维升华后的爽快与通透。

"我在北京新东方上 GRE 班还是蛮辛苦的。当时的新东方教室都是礼堂，或者租的废旧工厂，底下一坐就是七八百号人。虽然是夏天，我们都不怎么喝水，因为怕上厕所，那比去西天取趟经还难；每天三节课，每节课两个半小时，早上八点半到下午五点半。学生一半都是小年轻，考 GRE 的人一般又比较心高气傲，所以看到我这个大龄青年坐在里面总有些奇怪的眼神。我就想，哎哟嘿，那我可得好好给你们上一课。"他云淡风轻又眉飞色舞地说。

"考 GRE 的人人手里都有一本叫作《红宝书》的单词书，砖头在它面前都得叫声哥。我刚开始看的时候里面有 99% 的词都不认识，而旁边的清华北大的学生都已经背完一半了。我就想啊，既然我想'得'得更快，那我就得'舍'得更多呀！所以我就每天早上四点钟起床，背单词背到八点，然后去上八点半的课；下午五点半下课以后，随便扒拉两口饭就开始继续背，背到晚上十二点，结果……"

"你十七天就背完了 GRE 单词。"突然一个老师打断了他，手里还挥舞着一本书。

"没错，"他接回话，"这位老师不错啊，做'托'做得很专业，还举着我的著作。"大家一阵哄笑。"我十七天就背完了所有的 GRE 单词，并且让我旁边的学生任意抽查，然后完虐他们。而他们，来的时候已经背了 50%，我背完的时候他们大多背到了 70%，并且忘记了前面的 50%。"大家笑得更肆意了。"后来，我把这些背单词的秘方写成了那本书，《17 天搞定 GRE 单词》，然后每年都可以卖到十万本以上。这里我就不详细讲里面的独家秘籍了，你们应该人手一本买回来看看。"大家连忙点头。我拿过那位老师手里的书，随便翻到一页，只见上面写着："背单词不在乎每个单词记多久，更重要的是要防止它被忘记。所以，我每个词都写七遍，大概只需要花 20 秒，等背完这一面，就立刻把刚背过的那些词重看一遍。记住的，就轻轻划掉；又不记得的，就立刻重点标记，然后再写七遍，再花 20 秒。很多人都知道要重复，可是应该怎么重复？以什么频率重复？"我看得热血沸腾：我领悟出来的方法不也大概是如此？英雄所见果然略同！

"最后我的 GRE 考了 2380 分，满分是 2400 分。"大家发出了轻微的惊叹声。"我当时就想：那我何必还要出国？我直接教 GRE 得了！那些教 GRE 的老师上课时也总是在'显摆'能当上新东方老师就能赚钱。后来，我就应聘上了新东方的 GRE 阅读老师，再后来，我第一年工资的钱是过去六年总和的五倍。第三年，我被派去上海新东方做中学部主任，就在静安区买了一套近 200 平米的房子。"

所有人静静地听着。按照现在网络的说法，这一段话可以被解读为"炫富""显摆"，可是当下我眼前呈现的好像是我自己在辞职时的忐忑、家人对我的压力、与清华北大学子竞争的热血、每天凌晨四点便开始背单词的寂寥。我们都花太多精力在羡慕别人的结果上，扪心自问，这个过程又是否能够做到呢？我觉得，我差得太远。听到这样有血有肉的例子，再想到李科为了职业选择放弃了博士学历，我只觉得自己付出得还实在太少了。当然，我再次觉得自己无比幸运，我的那点点付出与努力，竟让我此刻能坐在这里和一群如此优秀、勇敢的人相聚。

结束后，老师们渐渐散去。奇怪的是，一个我面试过的、叫 Chris 的老师在码放和整理塑料凳。我走过去问他："哟，这么高尚。"——经过了很多次的教研，其实大家都已经很熟，说话也非常随意了。加上他也来自我旁边那所大学。没错，Jack 也来自那里，所以在新老师中我跟他可算十分亲近。

"反正没地方去啊，收拾下呗。"他憨厚地说。他是非典型西北男生，虽然高高的个子，不胖不瘦的身材，却有着白白的皮肤，戴着一副斯文的眼镜，说话也总是慢条斯理。

"你还住学校吗？"我问。

"是啊，不过最近准备出来住了。寝室里面那些人天天都在……你懂的。"他苦笑。

"我不懂欸，我都住出来一年多了。"我回应。我突然想起自己也需要换房子，再看看眼前憨厚的他，突然坏笑道："而且我最近也想在这边找个房子，不然，我们一起吧，亲爱的。"其实我抱的希望并不是特别大，因为 Chris 是那种看上去老实巴交、特别本分的人。而我，怎么瞅也是"火树银花"的既视感，所以他应该会礼貌地拒绝我，然后心里翻上几千个白眼吧！

"好的，小心肝。"他咧开嘴笑道。

"呃……"我还没缓过神来，毕竟这话风变得太快让我有些眩晕。

"你俩在聊啥呢？"一个叫蓓蓓的女老师走了过来。

"我们俩在聊同居的事情呢。"说出口后我都觉得自己已经直白得吓人。

"是吗？我和另外一个教少儿的女老师也在找房子，不然我们一起吧。"她兴致盎然地说。

我更加眩晕了。从平常一起教研中了解到，她可谓是新东方的"脑残粉"。山东大学即将毕业，已经拿到了美国某大学全额奖学金的她，也因为当时上 GRE 课时爱上了新东方，所以听说长沙在建新东方新分校，便从山大跑了过来。按理说，这样的人应该有着如火的热情和爽快的特质，但无奈她的专业过于神奇——宗教学。所以，她给我的印象是一个一本正经，甚至有些刻板的人。从试讲上就能分明地感受到，让她学术，丝毫没有问题；让她幽默，真的会要了我们的命。而且有一次大家一起吃饭时大家聊到自己的恋爱经验次数时，所有人都非常大方地说出了自己的数字，而她无比冷静地推了推自己的眼镜，说："没有恋爱过，暗恋都没有。"

而此刻，她却站在我们面前说，要和另外一个女生，跟我们两个男生一块儿，群居在一起。是我太单纯，还是他们平常掩盖太深呢？无所谓啦，四个人一起的话还可以租一个大一点的房子，而且说不定能上演一出《老友记》（美国经典情景剧，讲四个好朋友住在一起的趣事）呢！

次日，我们便一起努力地找起了房子。我其实不太知道从哪儿下手，毕竟现在租的岳麓山上的小房子还是阿坤在电线杆上看到的广告。而他们则提出去租赁中介找房源，老道的样子让我怀疑他们是不是做过特工，要经常打一枪换一个地方而练出的经验和本领。关键是一天之内就有了数个回音，然后我们便一家一家迅速地看了起来——这一点又让我觉得十分合拍：执行力超高。在校园里的时候身边的同学大多数都是拖延症患者以及十足的幻想家，一天可以有十个计划和二十个愿望，但是却永远都只是在计划和愿望着。而我，一直就是实践想法的先锋，反而被套上了"另类"的帽子。现在，看到这么多跟我同属性的人，自然是有一种找到了大部队的快感。嗯，那些昔日孤独的努力就是为了今日的归属感啊。

我们很快找到了一个合适的房子。那是一个约 200 平米的复式楼，非常适合这么多人住在一起。虽然里面除了基本的床、桌子、沙发、电视以外，几乎没有装潢，但是一人四百元一个月的价格让人也是没有挑剔的理由。关键是，它离即将落成的校区步行只需要三分钟。

我们四个人拖着行李一齐闯进了这个大房子，充满未知的精彩生活就这么开启了。

4

　　生活的前进有时比我们期待得要缓慢，你许下无数个美好的愿望，但是在表面的日升日落、变化无常后，你的期待"然并卵"。

　　生活的步伐有时会完全超出我们的想象，在你不经意的时候，它会画出诡谲的步伐和瑰丽的轮廓，让你只有惊叹的余地。

　　但是不管是缓慢的蛰伏期，还是狂躁的变化期，你所要做的就是好好配合。前者需要你的耐心和沉着，后者需要你的灵活和反应。可是绝大部分人，在前者里只有焦虑、静不下心，当后者到来时又故作矜持、无比迟疑。结果，这种纠结和不配合，让生活的庞大齿轮把他们碾压，碾压成了这大千世界里绝大多数的平凡人。

　　此时的我，正屁颠屁颠地跟在生活的脚步后，拉着我的三个新朋友，开始了三天之前想都没有想过的群居生活。

　　我们花了几天时间来装点我们家徒四壁的"豪宅"。我们在超市疯狂地

"血拼"，买来各自独树一帜的床单，再一起讨论公共区域的装饰。我们买来各种装饰画，让这个大宅子看上去尽可能有人气；我们买来各种厨具，让这里成为一个真正家的样子。最疯狂的是，我们买来了油漆和刷子，把整个家刷成了紫色——我们完全不懂，进度也很慢。但是每天教研完回家以后，我们便边聊天边各自刷一片区域。不消几天，整个房子就变成了一个无比时髦、充满个性又不失温馨的家。

看，我们何必对将来幻想，生活总会给我们很多惊喜，我们要做的，就是往前走，找到它们。而多想一秒，多抱怨一秒，多犹豫一秒，你就会晚遇见它们。

我们的主要工作就是备课。晚上各自备课之后，白天就去到学校集体教研、试讲。当然，我是教研和试讲的组织者。所以，在家的时候，我也会时不时地串到他们的房间去"巡视"一番，并故作严肃地"指导"一下他们。Chris 是个闷骚的理工男，所以我经常进他屋的时候他还在打游戏，被我骂过以后居然开始反锁门了；蓓蓓则像一个虔诚的修女，总是一丝不苟地准备着；另外一个女生单名一个"琴"字，可是却没有琴那样的内敛和俊秀的感觉，是一个十足的"傻白甜"。所以当我们三个都在备考研、六级、托福课的时候，她在为第二天少儿部的教具比赛做着各种面具——当然，少儿部并不由我负责，而是我介绍来的、广厦的少儿部主管 Elle 负责。想到我介绍来的她做了少儿部主管，天航学长做了市场部的主管，我不免觉得非常骄傲。而我在成人部也是无名有分的主管——现在李科老师是名义上的主管，但是杨校长说了，李科是接他位子的；而这个位子，所有人，包括我，都觉得以后就会是我的。

　　而磨课和试讲的环节是非常单调却严苛的。每一个人每一天都要轮流试讲，讲完以后，先接受两位领导的疯狂打击，然后其他老师再分别提意见。刚开始的时候大家还都客客气气。但是每次被那两位骂过以后，大概都心有怨气，于是就开始撒开丫子挑刺儿，仿佛要发泄出所有的委屈，然后第二天就要立刻备出全新的内容，再接受全新的打击和嘲笑。除此之外，老师们还会根据所教的科目被分成各自的教研小组，比如词汇小组、听力小组等，两位领导还会确定每天小组讨论的方向和话题，于是每个人都要在自己的试讲、展示之外去准备专项讨论的内容。

　　"我们对你们要求再严格，都比不上真正站在讲台上的时候学生冷冷地望着你们的表情恐怖。培训学校的学生都是用本来应该休息的时间、自己的钱来学习，都是一身怨气，加上对新东方老师的期待值是极其之高的；每个老师最后的工资都是由学生打分所决定，而且一个班一般都由四个老师教，彼此之间也会有比较。第一节课都是免费试听的，学生不满意就可以投诉。有些一般的老师上完课以后，第二节课回来班上就能少一半人。而且新东方的投诉机制非常透明直接，黑板旁边就直接挂着投诉箱。所以，你只有非常充分的准备，才能承受这么多的重压，成为一个配得上'新东方'这三个字的老师，甚至名师。"每天试讲之后，杨校长和李科老师就会轮流换着法儿来讲这一段话，在精神上给我们"白色恐怖"般的压力。

　　当然，"我们"其实不包括我，因为我根本不被要求试讲。只是，每当老师被骂到抽搐却仍双眼失焦、不得要领的时候，他俩就会说："周老师，如果是你，这道题你会怎么讲。"然后我就会气定神闲地把它再讲一遍，而他俩则会在一旁频频点头，表示赞许。

"下周俞敏洪老师和一些集团的高管要来新建的分校走一圈，重点就是要听每个学校新招的老师上课，因为新东方的名声都是老一辈的名师，比如我，"杨校长停了一下，"打下的江山。而如今这个江山要由你们扛起来了。从我们天天的试讲来看，你们都差得太远太远了。"我们听到这样"侮辱"的话语，已经非常平静了。如果从他的嘴里突然吐出一句"你们还不错"，我们反而会觉得无比惊诧、受之有愧，虽然他的表情，永远是一副"你们还不错"的样子。

"大领导们已经说了，老师是新东方最重要的命脉。所以如果在领导面前试讲不好的，将一律开除出去，所以这几天的教研暂停，各位准备各自最精彩的片段，然后下周在老俞面前见真章。"

我们四个人走在回去的路上，琴一直跳来跳去，不停地念叨："怎么办？怎么办？啊！！我的课完全没有备好！"Chris逗她说："如果他真的要开掉你，你就哭，抱着他哭。"琴转过脸看着他，眼睛里居然充满泪花。"有什么好紧张的？"我云淡风轻地说，而内心却紧张极了。说实话我倒不是紧张会被开掉，我已经被认为是新老师的门面，如果我讲得不够精彩，应该很丢长沙新东方的脸啊。

"你当然不紧张了。"蓓蓓一如既往地冷静沉着。

"那你呢？"Chris问她。

"我还好啊，紧张有啥用，好好准备呗。"她像一个得道高僧，哦不，高尼一般地说。

"能见到老俞，真的还是挺激动的。"Chris用一种理工闷骚男特有的语气说。

那天晚上我出来了几次，每个房间里的灯一直都无比明亮。

人在有明确任务要完成的时候，时间总是过得无比之快。那"恐怖"的一天，眼看就要来了。他们没有每一天领导们的批评意见，反而变得手足无措起来；于是我们决定在前一天四个人各讲一遍，互相提意见。

琴先上场了。她咬着嘴唇，无比青涩，像一个比教的小朋友更小的朋友，尴尬地望着我们。我们鼓励她要放开自己，于是她十分勉强地在我们面前蹦蹦跳跳，唱着童稚的英文歌。讲完之后，我们三个面面相觑，好不尴尬。对于少儿教学我们实在也不太在行，于是只能说一些"要更自信"之类务虚的话，然后她垂头丧气地走回来，换上了 Chris。

Chris 讲课语速无比之快，音调却鲜有变化，乍听上去有些抓人，但是听久了不免让人有些疲惫。这一点在平时的例行试讲里已经无数次地向他提过。他是一个谦虚好学的人，每次只要一讲完，就会恭恭敬敬地拿出本子和笔，把两位领导说的意见工工整整地记下来。当然，具体授课内容的问题很好改，而整个人的讲课风格却很难改变。这不，眼前的他仍是飞速地动着嘴皮，仿佛在自说自话一般。

"杨校长其实说过很多次，"他讲完后，我开始"严肃"地指出他的问题，"一味的快其实是一种紧张的体现，是因为你想用速度来掩饰那份紧张。而无比自信的课程，应该是张弛有度、节奏多变的；你应该知道什么时候停、什么时候急、什么时候提问交流、什么时候眼神交流，可是很明显，你不知道。"没错，在天天耳濡目染之下，我已经深谙如何笑着暗箭伤人了。虽然只是我们几个好朋友互相点评，他也是平常那一副非常谦逊的样子。

"我不需要你这个样子。"确实，他的样子反而让我更为火大，"纯粹的态度好是没有意义的，你有真正听到心里吗？你有改吗？"我停了两秒，"你没有。"我替他回答，"真正的谦虚不是表面的毕恭毕敬，而是发自内心的接受和改变。面儿上好像很接受，但是屡教不改，那是一种更深层次的自恋。因为你根本不在乎别人说的是什么，你说你的话，我走我的路，仅此而已。"他脸已经微微泛红，但是我并没有打算停下来。

"可是你为什么不改呢？你是一个新人啊！你都没有教过书！我们说谈恋爱的时候找单纯的，目的就是可以好好调教。新老师的优势之一，也是可以从头塑造，可是你这个样子要怎么塑造呢？每次对某个知识点进行一些微调，但是怎么听都是一个腔调，没有明显变化，你真的应该好好反省自己。还是你其实没有好好备课，只是在房间里玩游戏？"

整个房子里充满了冰冷的气息。虽然外面已是燥热的初夏，但是我成功地把这里由一个温馨的家变成了一个北风肆虐的雪国。说实话，我一点也不觉得尴尬，因为我爱他们，我不希望他们被俞敏洪说出这么狠的话。不，俞敏洪是绝对不会拉下脸来说这番话的，他应该比杨校长更像一个笑面虎，默默地记住他不中意的人，然后通知杨校长幻化成杀手杨，"手刃"这些不争气的娃儿。而我，不能让那样的事情发生。

Chris 仍是微微红着脸，但是并没有特别不快的表情。我不清楚他此刻心里的想法，我也并不那么在乎。接下来我们对他讲的具体内容再给出了一些修改的建议，他仍是默默地记了下来，然后说："我今天晚上会努力再好好改下的。"便坐回了我的旁边，我们一下又回到了平凡的、对等的世界。

然后该蓓蓓上场了。她讲的课是六级听力，说实话，我觉得听力非常难教。拿中文来说，作文有套路，说话也有技巧，可唯独听，我们是没有任何方法的。你生下来的时候，非得听你爸妈等一干人在你耳边不停说一些很简单的词句，然后在一两年之后，你终于对世界有了基本的认知，并能牙牙学语起来。所以，其实听是没有任何技巧的，唯一的方法就是，听，多听，再听，反复听。所以听最难练，但是，一旦练成，就永远不会失去，除非器官损毁。

所以看着蓓蓓讲听力，不免有一丝扭曲的感觉。不，其实任何人讲听力都是在撒谎、圆谎罢了。"同学们，'but'表示转折，我们说话，转折后面肯定最重要。所以，六级听力题 90% 的'but'后面都会出现答案。"可是，'but'后面的话我听不懂怎么办？或者，我压根儿没听到'but'怎么办？你要知道那些念题目的人总能鬼使神功似的把'but'念出各种不像'but'的风采。"

所以当蓓蓓讲完了以后，我们都在安静中眉头紧蹙，总觉得不是那么回事，但是又不知道怎么给出意见。加上她语调比 Chris 更加平淡，人也因为专业的原因看上去有种威严的感觉——其实在生活中还好，没有什么感觉。但凡她一开口讲课，就仿佛如念了一道特殊的经符，让人眼睛发涩、喉咙发干。

总得说点什么，我想。这样讲肯定问题很大。从平时的磨课来看，两位领导对她的点评总是非常小心翼翼，仿佛也被她身上神秘的气场所震慑。所以每次她讲完以后，他俩对她的点评几乎等于是没有点评。No news is not always a good news, 没有消息不一定永远是好消息，因为可能是你让别人无语了。

所以其实我也没有想好要怎么讲，但是张开了口："蓓蓓我觉得你这样讲……"

"行了，思思。"我没有想到她开口打断了我。

"每个人都有自己的想法和勾画，讲课并非只有一种讲法。"她冷冷地说，那语气和内容让我感觉一股热气蒸腾而上：

"每个人当然都有不同的讲法，可是你的讲法很烂，若要坚持的话，就是把无知当个性了。"我没有李科老师骂人时的气势和音量，但是在"狠"的程度上完全不输给他。所谓耳濡目染，大概就是这个意思。

"烂不烂，并不是你可以衡量的吧。"她面无表情地说。

我一时语塞，竟然找不到反击的办法。整个房间从天寒地冻急转直下，变成了万物凋敝的死寂。

"你没什么说的话，我回房间休息了。"她冷静地整理好自己的东西，兀自上楼去了。而琴和 Chris 也显然被这突如其来的紧张吓得不轻，旋即离开。剩我一个人留在原地，被气成了内伤。想到明天我也要讲，也只好带着伤回到自己的房间去准备。

我毫无心思地翻着自己的逐字稿，满脑子都是尴尬的片段。是因为我说得很过？平常每天两个领导讲完都是我来说，而且我也都是直白地有一说一啊！我是为她好啊，她为什么会这样？我还在左思右想呢，Chris 推门进来了。

"你没事不？"他关切的语气也非常温和。没错，他和蓓蓓讲话都比较冷静、平淡，但他的说话总是有种温暖的平和，而蓓蓓的话语则总是充满了刺骨的寒冷。

"所以我说你的时候其实你心里也很不服对么？"我气鼓鼓地说。

"没有啊，我觉得有道理就会接受啊。"他一副十足的老好人的样子。

"那蓓蓓为什么会这样？我是为她好啊！你觉得她那么讲 ok 吗？"我越

来越激动。

"可能是大家关系太近了吧，"他巧妙地回避掉了我的问题，"所以当那么正式地批评时，面子多少会挂不住。"

"可是我是为她好。"我纠结在这个点上就是想不通。

"为她好不代表一定要用这样的方式。"他没有任何情绪起伏。

"她那样讲，万一被开掉了，那才是对不起她吧？"我喊道，其实是想让隔壁的隔壁的她听到。

"思思，"他换了一个口吻，"其实你发现没有，你并没有在我们面前完整地上过课。所以你讲得怎么样很多人心里并不清楚。杨校长和李科老师都是新东方的元老名师，他们的话我们当然要好好接受。可是大家都知道你也是新来的，也没上过课，年纪又比所有人小，不服气也是正常的现象。"

我更大的震惊了。说实话我从来没有往这个方向想过。现在做的事情也都是领导安排，所以我必须尽力扮演好我的角色。不过仔细一想，确实好像也有道理。也许我扮演得太过投入，却忘记了也许会有人质疑我得到这个身份的实力。毕竟，平常的片段展示也只是建立在一种心态优越的位置上做出的效果，说不定，每次讲的时候，那些貌似点头认可的背后都是一些白眼和嘘声吧。

"所以你觉得我讲课会讲不好？"我充满杀气地望着他。

"应该不错吧！杨校长和李科老师那么挑剔，却愿意把如此重任交给你，肯定说明了很多问题。只是，也许有些人就需要眼见为实。"他咧嘴笑了。

"好，明天就要让你们大开眼界。"我算是弄明白了蓓蓓激烈反应的原因。不过说实话我心里还是有些打鼓：万一我真的讲得没有达到他们的期待怎么办？

　　那天夜里我怎么也睡不踏实。大一在病床上背单词、暑假开始每天起早贪黑上课、来新东方写逐字稿的片段不停在我脑海里叠加。我突然感到无比安心：是的，这就是我有底气的原因。他们以为我从年纪上说是个新老师，但是我这几年的"修炼"不是白费的，能给我提供手到擒来的内力。他们差在了哪里？他们是我最初没上课时的模样啊！我为什么会不自信？我有什么可怕的？

　　我，已经不再是那个在学校里任人嘲笑的满脸痘的胖子了。

　　第二天我们四人仍是一起出门，一路上没人说话，我们就任由这尴尬和暑气弥漫在一起。因为比起这尴尬，即将接受的审视和挑战要大太多了。

　　所有人都带着压力与期待，对俞老师的出现翘首以盼。在互联网和智能手机还不那么发达的当时，对于我们的总老大，我们所知道的也是一些虚幻的传说：复读三年考上北大，北大毕业留校任教却因为私自在外面教 GRE 课而被开除，阴差阳错地开创了新东方，从而从一个小城镇出来的农民变成了身价近百亿的"中国最有钱的教师"。我们并不期待成为第二个他，因为他太传奇，离我们太遥远；但是我们心中对他充满了无比的崇拜以及更多的感谢，感谢他创造了这个神奇的、自带光环的地方，从而让我们这些有相关才华的人不至于流落到一个平凡的地方。

　　一阵骚动过后俞老师出现了。"好高啊！"这居然是我对他的第一印象。他带着随和的微笑跟掌声雷动的我们打着招呼，然后鞠了一躬。我很难想象如此亲和的一个人一会儿会说出多么锐利的话语。

　　"老师们好。"他在杨校长简短的欢迎致辞后来到了讲台中央，那声音非常年轻，略带口音的普通话也给人一种亲切的感觉。"你们最近一定都在你们的校长和主管的摧残下过着水深火热的生活。这一切不仅仅是为了你们，更多的是为那些即将坐在下面听你们讲课的孩子，能够带着满满的、真正的收获走出新东方，告诉他们的家长和朋友，长沙新东方和他们期待中的一样好，甚至更好。为了这样一个简单却伟大的目标，再多的辛苦都是值得的。所以我今天来，一是感谢各位的信任和付出，但是我们还不到丰收和庆祝的时刻，因为，达不到我们的要求的老师，我们只能非常抱歉地让你们离开，我听说你们磨课也有两个月的时间，新东方并不想耽误各位。那么，我们就开始吧。"他讲话的方式非常特别，并不特意地搞笑、激励，说的内容也非常玄妙，加上一点紧张，但是让人听上去心悦诚服。他并没有"气场全开"的感觉，因为他似乎不需要气场，因为他仿佛已经和此时的气氛自然地融为了一体。

我就坐在他以及其他三四个集团高管的后两排。他落座了以后，李科老师便宣布汇报试讲环节开始。

第一位老师是一个教中学英语的女老师。第一个上场的巨大压力和本身稚嫩的教学经验，让她比平时的磨课讲得还要逊色几分。没两分钟，俞老师身边的一位老师便开腔道："可以了，下一个。"如此的氛围和阵仗让所有人都愈发紧张，包括我。

后面的几个老师自然也讲得大失水准；Chris、蓓蓓表现也十分普通，和昨晚我们一起讲的相差无几。我看到杨校长一直笑眯眯的脸上也紧蹙着眉头，而李科老师从来都很臭的脸更是快垮到了地板上。

"下一位，万路老师。"讲台上的老师刚屁滚尿流地败下阵来，李科老师有些急地报着下一位老师的名字。万路老师原来和我、天航学长都在广厦教书，也非常有名。在我和天航学长一起过来以后，他也自己应聘过来，还带着他美丽的未婚妻一起来面试。他讲的也是听力，但是凭借着出色的发音和幽默的风格，在几个听力老师里算得上翘楚。果不其然，在他沉着却又张扬的展示下，前面的大佬们终于露出了轻微的点头。

"下一位，陈天航。"李科老师还是非常懂得排兵布阵的，把几位更有经验的大将都压在了后面慢慢地扳回局势。而天航学长也在刚才万路老师杀出的血路中巩固了战果，进一步改变了场面。

"最后一位，周思成老师。"我听到预料之内的呼唤，深吸了一口气，然后表面波澜不惊，内心像溢出来的太平洋一样站起来，走向讲台。你听说过有人不紧张？那一定是胡扯。在乎过、付出过、期待过，才紧张。不然，你连紧张的资格都没有。

我努力地召唤我全身每一个细胞的力量，让它们活跃、激荡、澎湃起来。我努力地召唤曾经每一段孤独的、被误解的时光里所积累的每一分能量，让它们不偏不倚地排列在我吐出的每一个词句中。我努力地控制着我的眼球，让它们平等地、勇敢地把我心中不常释放的光芒散发出去，然后它们便和遇到的回应坚韧地交织。

是的，我恍惚中看到了俞老师分明的点头，以及旁边那几位一直看不清面孔的高管赞许的目光，让我觉得他们并不那么可怕，甚至还有些可爱的和蔼。于是我鼓动更大的能量，去展现我准备的那些为了"超越学生的期待"所准备的内容。然后我看到了平常那些朝夕相处的老师的眼神变化，那是一种意外、惊喜和赞叹交织的眼神，我甚至看到了蓓蓓在看到我望向她的时候，回给我一个由衷的微笑。

然后便是不住的掌声和点头，在我讲完我准备讲的每一个字后。

"因为俞老师还要赶后面的采访和活动，我们就先走了。"俞老师旁边的一位高管说道。"好的，各位老师在这里坐一下，我出去送下俞老师。"杨校长连忙起身。"各位老师中有不错的、优秀的，也有几位暂时达不到新东方的要求的。不过大家都辛苦了，等长沙学校开门迎学生的时候，我再来和大家吃饭、聊天。"俞老师仍是一脸随和地说，然后一行人便在大家的掌声中离开了。

"周思成，你讲得也太棒了吧！"旁边一个女老师激动地拍我。

"还好还好，都是一些经验的积累。"我承认我不擅长谦虚。

"你把领导们都征服了。"另外一个老师也加入了夸奖我的行列。

"没有没有，是前面万路老师、天航老师讲得好，让我水到渠成。"

在一轮对我的各种夸赞和我筋疲力尽的回应后，杨校长回到了教室。

"刚才几位领导跟我表示，绝大部分的老师还有一定差距，所以剩下的一个月你们得更努力地备课，一个月之后，你们就要跟全国各分校的新老师们一起去北京参加培训和讲课比赛了。"

"全国的培训和比赛。"我心中有着一丝丝的期待。说实话，湖南以北的地方我都没有去过呢。

"当然，领导们指出了暂时有三位老师与新东方的标准差距较大，他们可能要遗憾地离开我们的队伍。"这句话像一个炸弹，无声地掀起了巨大的气浪。

"他们是，"所有人都把心提到了嗓子眼儿。他并没有卖关子的意思，而是没有任何停顿地宣布了三个人的名字，以至于我还没有反应过来就听到了第三个名字：

"……和蓓蓓老师。"

5

我们三个站在走廊上，都不敢敲她的房门。

她房间的灯光，如同她的冷峻和倔强，从门缝里透射出来。只是在经过合页的转折时，似乎也有被拦腰斩断的悲伤。

眼神在我们之间传递和交流：我们该怎么办？要不要敲门？她会不会在里面哭？进去要说什么？

结果平常最胆小的琴鼓足勇气敲了敲门，回应都不等，就开门进去了。蓓蓓兀自落寞地坐在床沿，头发散乱，惹人心疼。她抬头看着我们，眼中并没有泪，连泪的痕迹都没有，弄得我怀疑她是在她们那神秘莫测的专业里学到了什么诡异的法术，可以一秒让泪水蒸发。毕竟，我们几个人中只有她是新东方的"脑残粉"，为了跑来当老师，美国的全额奖学金都不要了，不难过，是不可能的。

"我没事。"她却主动开了口，"其实我一直都觉得自己不适合当新东方老师，现在知道结果也挺好的。"

"那你什么时候走？"听到琴说出这样的一句"安慰"，我简直觉得她蠢爆了！可是她满脸涨红，倒是随时要哭的样子。

"呃……"蓓蓓肯定也没有想到会接受到如此这般的安慰，场面瞬时尴尬了。

"那不急吧！"Chris 出来救场了，"先休息一段时间吧！"

"嗯，我没事，你们不用为我难过，大不了我还可以去美国读书啊。"她的声音中有种苦涩的坚强。

又是一阵沉默。

"好了，"我忍不住说话了，"其实没什么。你就是差在了教学经验上，那都是可以补的，只要自己意识到要走出自己的世界，快一点改变，是能赶上来的。都准备这么久了，不应该轻易放弃！我去跟校长说，你好好休息，别瞎想了。"

我不确定我是否能做到。我也仍对她昨晚的态度耿耿于怀。可是此刻，我就希望那么做。我希望帮她留下来，我希望每个为了目标努力过的人都能有一个美好的收获。因为我又想到在广厦被"放鸽子"的过往。虽然这两件事情不一样，而且我还要感谢广厦"放弃"了我，至少离开了那里，我来到了新东方。可是如果新东方不要她，她是没法儿去一个更好的地方的。那么她的教师梦，也许就无法实现了。

第二天一上班我就跑到校长和李科老师那去"求情"：

"其实蓓蓓老师条件还是很好的，名校、英语好，又申请上了美国的研究生，可以跟学生分享出国申请经验。关键是我们平常住在一起，她很努力地在备课。她就差在了一点经验和意识上，这些东西都是可以补的。我保证我会帮她一起好好备课，多在她欠缺的方面跟她交流。校长，请你多给她一次机会。"

"既然你都这么说了，我就多给她一次机会吧。"没想到校长那么爽快就答应了，我本来还预料要来一番唇枪舌战呢。"昨天领导们对你的表现赞不绝口啊，"他笑嘻嘻地望着我，比往日的笑眯眯还要多出了一些愉悦，"所以以后在教学上面你要更加上心一些，多跟他们分享你的心得，长沙新东方的教学重任就交给你了！"我点点头，心里自然是美滋滋的。

"思思是教学天才啊，有我们最初一代名师的风采。"我走出办公室，合上门时，还听到校长对李科老师说。我也无暇逗留，只想赶紧把这个消息告诉我的三位同居密友。

已经正式入夏了。

每一天教研、磨课依然正常进行着。由于快期末考试了，我偶尔还得回学校露露面。阿坤和小鱼听我讲着经历的事、遇到的人都是无比兴奋，偶尔老师们看到我，也都表示听说我一下就进了新东方，还做了类似管理者的职务，让他们骄傲不已。

曾经的阴霾都似乎离我彻底远去。现在的我，有朋友照顾，有上司器重，有同事羡慕。一下子生活变成了抓了一手好牌的赌局，而且每抓一张牌，都觉得手掌中虎虎生风、无比顺畅。

当然，我的本质上还是一个穷学生。毕竟新东方还在筹备阶段，没有上课；所以每个月我只有一点少得可怜的坐班工资，其实和原来在广厦上课时拿的钱相差不大。所以，我依然要努力攒那么一段时间，才能去"美特斯邦威"挥霍一次。

我和李科老师成为了极好的朋友。最开始是因为我帮他管教学方面的工作，所以交流很多。渐渐地，我发现我们有很多相似之处。比如我们都有很多痘痘，所以我们开始交流"战痘"经验，并且经常一起去搜罗祛痘的产品。当然，与其说是一起，不如说是我占他便宜。因为他动辄买的"碧欧泉""SK-Ⅱ"，我都只在时尚杂志上看到过的品牌；但是他一买就是一堆，于是就会得到很多的赠品和小样，然后这些就都落入了我的囊中。到后来我就开始狡猾地怂恿他买更多、更贵的，然后我得到的小样加起来就几乎算得上一个"大样"了。

"你怎么这么有钱，你不是来新东方才两年么？我两年后也会这么有钱么？"我边吃着他出钱的晚饭，边充满期待地问。是的，那时，他已经连续一个月每天晚上请我吃晚饭了。

"还好吧，我原来在'二军大'也有钱啊。"他一副志得意满的样子。要用一种动物来形容他的话，那就是贱贱的"喵星人"：聪明、高贵、慵懒、犀利。

"你不是读博士么，而且没读完就肄业了，为什么会有钱？"我顺着话问。

"博士有教学任务的啊。我要给本科和研究生上医学英语。"他云淡风轻地说，"我是'二军大'唯一一个不备课就直接用全英文讲医学专业课的人，所有的国际会议都是我主持和翻译的。"

"天哪！"我被深深地震撼了，要知道，医学词汇都长得奇形怪状、无比艰深，"那你高考英语考了多少分啊？"

"148分。"他依旧冷艳地说，"我数学150分。"我张大的嘴还没闭上，他就给了我更大的震撼和打击。

See，只有努力进到更好的公司，才能遇到更厉害的朋友，你当然也就一点一点更厉害了。

另外一个原因是我们都非常喜欢王菲。要知道，歌迷之间都是有竞争的：

"我曾经为了看王菲演唱会考了特等奖学金。"我说。

"我拿的第一个月工资就是买了王菲演唱会门票，对了，还给我女朋友买了。"他回击。

"我会唱王菲所有的歌。"我不能输。

"我会唱王菲所有翻唱过的歌。"他不甘示弱。

"但是你唱得肯定没我好听。"我急了。

"今天的饭钱你自己出。"

"你更喜欢王菲。"

"这还差不多。"

没钱，过得就是这么没骨气。

"下周你就要带所有新老师去北京参加全国新教师培训了。"有一天吃饭时他对我说。

"嗯，听说还有比赛。"我专注在我的食物上。

"这你就不能掉以轻心了，毕竟是全国的高手。北京、上海新东方的新老师都会去。"他非常严肃地说，搞得我都有点紧张。

"你也听过上海那些老师的课，觉得我算什么水平？"我问。

"你讲课是真的不错，不过人外有人。关键是，你还要带好他们，长沙新东方是一个整体的形象，你一个人好是不够的。"他认真地说。

"嗯。"我突然觉得压力山大，忍不住又猛扒了几口饭。

"先生，请问你们想了解下贷款吗？"突然有个人站到我旁边，拿出一张纸递到我们面前，我下意识地伸头过去看。

"你干什么？"李科突然大吼一声，旁边的这个人立刻跑掉了。

"怎么了？"我完全没搞清楚状况。

"两个贼！刚才这个人问我们的时候，另一个人绕到你身后伸手拿你手机，极其之快，还好我有钱，对贷款不感兴趣，就看到了。"他得意地说。

"天哪！怎么会有这么恐怖的事情？"我受到了惊吓。

"其实社会上更复杂，你要多留一个心眼。"他语重心长道。

北京之旅开始了。

小伙伴们坐上了隔夜到达的火车，都无比兴奋。事实上，我不知道他们到底兴奋与否，但是我是极其兴奋的，正如我前面已经说到的，我从没有去过湖南以北的地方。北京到底有多繁华？我们住的地方会是什么样子？关键是，其他地方的新东方老师会不会超强的？我就像带着湘北的赤木刚宪一般，表面平静，内心忐忑。

几十号人分布在两三节卧铺车厢里，我则来回走动，跟这个老师谈谈注意事项，又看看那几个打牌的人战况如何。我竟然带领着一群新东方老师去和别的新东方老师竞争，我还时不时地拍拍自己，看看是不是梦境。毕竟，此时我刚考完大二的期末考试，当然，答案都是小鱼告诉我的。

晚上有点饿，我跑到餐车去吃东西。听说火车上的东西非常贵，此时又没有李科请吃饭，不免有些忧伤。但想到吃饱了才有力气去迎接接下来十几天的挑战，我便有种豁出去的壮烈精神。时间已经不早，餐车里一眼望去就一个人，是我的同事——李文艺老师。她是一个人如其名的大美女，刚刚从伦敦留学回来，整个人显得很洋气——和穿着"美特斯邦威"的我比起来。

"思思，来，一起坐。"她主动跟我打招呼，笑起来两个浅浅的酒窝，在白皙的皮肤上格外好看。所谓梨涡浅笑、明眸善睐，大概就是这个意思。

"我以为美女都是不吃晚饭的。"跟她毕竟不太熟，所以我拿出了我不擅长的客气。

"那么委屈自己干吗？"她继续保持着完美的笑容，"你很辛苦啊，这么多人都要你带着。"

"没办法，李科老师交给我的任务。"我耸了耸肩，看着桌上的菜单，"红烧牛肉面，六十元！"我心里惊叹道，但是并没有表现出来。特别是面前的她，戴着"香奈儿"的项链——那个双 C 的标志我很熟悉，因为曾经无数次把它标记在我忘记的词前面。而此时，它居然横亘在我的眼前。

"李科老师好像很喜欢你啊。"她继续说。

"还好吧，我也喜欢他啊。"我漫不经心地说，边想着该点什么。

"原来他们说的是真的啊！"她声音提高了几度，把我吓了一跳。

"说的什么？"我很迷惑地抬起头。

"说你们俩啊！"她看上去很兴奋。

"我们俩？谁俩？"我更加不解。

"好了不要装了。"她拍拍我的手，"你刚才不都说了吗？我刚从英国回来，周围很多朋友都是这样的，见怪不怪了！"她诡异地笑。

"我说什么了？"我被她说得愈发糊涂。

"你和李科老师啊！你不是说他喜欢你，你也喜欢他吗？"她"咯咯咯"

地笑道。

"我晕死！朋友之间的喜欢啊！"我没好气地说，"就像我也喜欢蓓蓓、喜欢 Chris，你不会这么形容你对一个朋友的感觉吗？等一下，什么叫他们说的是真的啊？"我突然意识到了什么。

这下尴尬的是她了。她收起了脸上的笑容，身体往靠背上倾靠。在餐车不明亮的灯光和车外一闪而过的光线下，她活像一个美艳的女鬼。

"我不想做一个八卦的人，"她不看我的眼睛，"刚才听到你说你也喜欢他我才说的。"

"你说吧，我不怪你啊。"我心里有些着急，毕竟听上去是件很严重的事情。

"可是跟你住在一起的那些人没有跟你说过么？"她仍是在回避话题。

"从来没有啊，而且到底是什么，你说吧。"我不耐烦了。

"就是……"她支支吾吾道，"他们说，你刚来新东方就这么得势，是因为李科老师……喜欢你，你们俩……在一起了。"她终于抬起头看着我。

"什么？！"我轻轻锤了一下桌子，整个脑袋都要爆炸了。我努力控制自己的情绪，说："李科老师有女朋友了！"

"你别气，毕竟你年龄最小，又混得最顺利，大家有议论也是正常的。"她试图安慰我。

"其实社会上更复杂。"李科才说过的话在我耳边回响。

"可是……"我强忍心中的愤怒，"大家都知道？都在这么议论？"

"有时候中午大家一起吃饭的时候就会说啊，"她知道话已说到这个份儿上，再隐瞒一些也没有意义，"很多时候大家一起聚餐，你就和李科老师两个人吃饭去了，大家就都会说啊。"

"蓓蓓和 Chris 也会说吗？"我内心只剩下最后一根稻草。

"他们倒没有说过，但是他们都在，肯定是知道大家的议论的。别想太多了，他们可能也是怕你知道会难过，所以不好跟你说。况且，大家说得绘声绘色，我都以为是真的，毕竟就算是，也没什么，他们也不好去干涉吧。"她娓娓道来。

"太荒谬了！"我感觉到所有的血都在往上翻涌，"是谁先这么说的？"我恶狠狠地望着她。

"我想想啊。"她已经失去了抵抗的心情，翻着眼珠，不一会儿，说道，"陈天航。"

6

这种感觉再一次地吞没了我。我已经数不清是多少次了。

只是这次，我以为会不一样。我以为那些明争暗斗、小肚鸡肠不过只是学生时代不懂事的产物，而那些宫斗剧也只是闲得"蛋疼"的编剧杜撰出来的；至少，这是一个学校啊！而且，这是新东方啊！关键是，陈天航是我介绍过来的啊！更何况，是在我的争取下，他才有了很多课，还当上了主管啊！那这究竟是为什么呢？

我跌跌撞撞地往回走，不知道是车厢本身摇晃，还是我心里好不容易建立起来的憧憬又重新崩塌。这个世界居然是如此恶意，而我自以为抓的那手好牌，居然在别人的眼中只是一些舞弊的结果以及发牌人的恩赐。

我穿过一节车厢，五六个老师分坐在一对下铺那里聊天，看到我，他们都十分热情地笑着招呼道："思思，要不要过来坐，一起聊会儿啊！"看着他们的笑，我仿佛可以看到那虚伪的表皮底下的冷若冰霜。

"不了，我看看大家都在不在。"我尽力地平静，挤出这些字来。毕竟，从李文艺那里得来的话还未经证实。不过我看没有假，毕竟她都点到了人上，而且蓓蓓他们都知道，应该不会是瞎编的。想到这儿，我就恨不得立刻逃脱那个现场，因为在他们的眼里，我可能不过是因为和领导有"基情"而得到了比他们更多的东西。不对，那我前两天在老俞面前讲的课难道他们听不见么？也许他们没有在听，只想着这个恶心的家伙是怎么靠不正当手段才得到了那么多吧！

我立刻离开。在另外一节车厢里，我看到了蓓蓓、Chris，琴没有来，因为教小朋友的老师是分开培训的，而他俩正和另外两个老师聊天。我对他们的感觉百味杂陈，我很想冲上去问他们为什么知道这样中伤的话语却不告诉我，但是旁边还坐了两个人，实在不方便。关键是，我怕我情绪失控会对他们破口大骂，所以我低着头，想不引起他们的注意下就溜过去。"思思。"我的想法失败了，毕竟火车上过道狭窄，而狭路必会相逢大概就是这个意思。"怎么，看你有些不开心的样子？"蓓蓓说。我的目光看向她的脸，又立刻移开。不行，我不能现在爆发，我还有任务要完成，我还要率领他们打硬仗。"没事。"我装作没事的样子，继续往前走。

我回到了我的车厢。我分明看到了陈天航带着一副十足八卦的表情，在和旁边几个人唾沫横飞地说着什么。我当然不确定他说的是什么，但是我现在满脑子都是他抹黑我的样子。我很想冲上去把他打一顿，可是他又高又壮，冲上去的结果可能跟小时候冲向那个欺负我的人有一样的下场。

历史总是就这样无止尽地、残忍地循环着，说到底我还是那颗天煞孤星啊。我悲从中来。更要命的是，他离我就两个铺位远。

很明显的是，他们看到我以后，便立刻收起了之前肆意的笑容，并且明显分开了许多。这一下我更加肯定了是他在说我坏话。是的，现在的我敏感得就像一个吹到了极限的气球，随便一点什么就能把我戳破。

"思思！"陈天航抬起一只手来招呼我，我非常艰难地点了一下头。这样一个我也算认识了一年的人，看上去无比正直爽朗，忽然可以编出这么恶毒的言论来。他旁边的那几个老师也转过头来看着我，露出似笑非笑的表情。他们那个样子，我非常熟悉。那就是我小学的时候，被班上的"主流社会"排挤的时候，他们对我流露出的表情。不屑、轻蔑、讽刺，却硬生生地凝结成了一个丑陋的笑，然后像一把把匕首飞过来。

不，可是我已经不是当时的我了。在这里，我才是核心，是主流。我不会再像原来那样摇尾乞怜地邀请他们来参加我的生日宴会，我更不会再灰溜溜地逃走，我已经不再是那个弱小的我了。我来到一个全新的，我以为高尚、纯净、成熟的地方，这些苟延残喘的暗黑居然还如影随形，这一次，我必须要痛快地反击，用我这二十年来的委屈和积蓄。

想归想，可是我好像只有我一个人，连蓓蓓和 Chris 都瞒着我。不可否认李文艺说得有道理，他们可能也不确定什么所以不好跟我说，但是他们会站在我这边么？就如我当时义无反顾地去帮蓓蓓争取留下来那样？

我突然想到，蓓蓓不会认为她能留下来是因为我和李科的"特殊"关系导致的吧？我现在已经不惮于用最坏的角度来揣摩他们了。因为只有这样，我才不会进一步失望。

李科老师自然是站在我这边的。可是，若他知道这样的谣言以后，会不会有意地疏远我呢？毕竟，这对于他的形象和威望打击要更大一些。

想到这儿，我愈发绝望了起来。车厢里的冷气也非常配合地肆意挥洒着，让我忍不住颤抖着，钻进了我铺位上的被子里。我盯着逼迫在眼前的上铺床板，心中像行星爆炸般翻涌、难受。一个又一个的假设建立又被推翻，铁轨一节又一节相交处的撞击声更撕扯着我的每一寸皮肤。而我，就在这翻涌和撕扯中，意识逐渐模糊地睡去了。

醒来时耳边传来的是列车快要到达北京站的广播。我甩了甩头，回想昨晚究竟是个梦境还是事实。而从我铺位旁边穿过的陈天航，以及看到我时立刻挤出的熟悉的假笑让我立刻清醒了过来。不行，我首先要弄清楚事情的细节。我还不能轻举妄动。

我强颜欢笑地带着大部队下了车。北京夏天的暑气一下包围过来，那是一种不同于南方的暑气。南方的湿，总是不论季节地浸润着你。而我第一次感觉到如此干燥、充满火药味的暑气，像一杯纯度最高的伏特加，直接割裂你皮肤的触觉。我不确定那是一种真实的感受，抑或是我此时难以名状的郁闷心情。本来对首都充满的憧憬和幻想完全消失殆尽，有的只是完成任务以及查清事实的想法。

我们坐着大巴车来到了北五环附近的新东方总部。一路上因为景致的开阔，我的心情也稍微顺畅了一些。北京给我的第一个感觉就是雄浑。拿主干道来说，长沙只有为数不多的路段是八车道，而长安街的双向十车道一眼望不到头，十分气派；而北京的建筑也不似上海、香港那般以"高"为诉求，它们似乎以壮阔、大气、巨型为目标。而窗外划过的那些以"门"和"桥"结尾的地名也颇有特色。车上的人也都在叽叽喳喳说着什么，我完全不想听。

新东方总部大楼到了。它位于中关村核心地段，虽然不是很高，但是造型还算别致。所有人兴奋地拿着 30 万像素的手机拍着照，然后，开心地保存或默默地删除掉。我们到的时候前坪已经站满了一堆人，想来应该是其他新东方的同事。但是大家都是小心翼翼地站在自己团队的区域里，时不时地用余光扫视下其他人。

　　等了一会儿，又来了几拨人，我们被管事的人安排到了另外几辆大巴上，然后拉到了培训基地。听说那个基地在北六环外很远的位置，让我这样生活在二环就算郊区的长沙人来说，感觉像要出国一般远。我认为培训基地应该是一个半军事化的地方，果不其然，我们被拉入了荒郊野岭，房屋越来越稀少，路也愈发不好走。突然一片开阔，一个巨大的牌子上写着："白鹭园别墅度假村"。车上所有人想必都和我一样经历了这样的心理起伏，都开始激动地嚷嚷："别墅耶！""里面好大！""还有一个湖啊，会不会有白鹭啊？""新东方真的不错，财大气粗啊！"……

　　下车之后每个人到管理老师那拿房卡，我像走了狗屎运一般，和 Chris 拿到了独栋别墅——其他人都是联排标间。我心中的怨气立刻少了一半——我就是这么容易满足和自愈啊，不然这么多年都是怎么过来的。

　　"三点钟我们在主会议厅集合，各位老师先回自己的房间整理、洗漱一下；接下来的半个月我们都将在这里度过！"管理老师大声通知着。我拖着箱子和 Chris 开始寻找我们的独栋别墅。一会儿我要问他为什么不告诉我陈天航如此中伤我的事情，我想。

　　我残存的怨气和这个美丽的度假村十分不搭。我们走过长长的、精致的走廊，然后出现的是一排排洋气、整齐的小房子，指示牌显示着"联排别墅"的字样。于是我们顺着"独栋别墅"的箭头继续往前走，道路的右边是一个偌大的湖泊，岸边茂密的、叫不出名字的植物在强烈的阳光照射下野蛮地生长着，而知了的叫声大概因为这干燥的空气也变得不似它们南方的同类们那般痛快而不羁。

"到了。"Chris 指着左前方的一栋漂亮的小房子说。我还不想理他，拖着行李走了过去。说是独栋别墅，但是跟电视剧中看的那种大豪宅当然没法比。其实就是一个套房的样子，不过已经让刚工作的我们无比满足。我把行李箱里的"美特斯邦威"们拿出来挂到衣柜里，然后躺到床上休息。

"怎么了，你看上去很累。"Chris 从洗手间出来，然后问我。

"嗯。"我不想回答，却也挤出了一丝不快。

"这不像你啊，平常精力比谁都充沛。"他自顾自地说。

"我问你啊，"我睁开了眼睛，望着他，"你要如实回答我。"

"你说。"他一如往常地忠厚老实地望着我。

"你有没有听到谁在背后议论我一些难听的话？"我终于说出了酝酿已久的话。我急切地想知道其实心里很确定的答案。

"没有啊。"他立刻回答，表情没有任何变化。

"你撒谎！你就是想做一个老好人！"我突然咆哮了起来，他那忠厚老实的样子在我面前立刻变成了一个虚伪的躯壳。

"你是说哪件事啊？"他仍是一副无辜的样子。

"还有几件事？"我听到后简直气炸了，"那你现在把你知道的都说出来！"

"不就是……你和李科老师的事情么……"他哆嗦地说。

"我们怎么了？你跟我住在一起难道你瞎了么？"我愤怒地说。

"我就是觉得没什么，才没什么好说的啊！"他也有点急了。

"什么叫作没什么？你是觉得我们没什么，还是我们有什么也没什么？"我瞪着他。

"你们当然没什么啊！李科老师还有女朋友啊！"他急切地解释。

"那别人在一起议论我的时候，你有帮我解释过么？"我寸步不让。

"我……"他低下头。

"你为什么不说？你们出了什么事我都是冲在前面！"看到他那唯唯诺诺的样子，我更是无比愤怒。

"我……"他半天说不出一句话来。

"好，那你告诉我，是谁先放出这个话来的。"这才是我最想知道的事情。

"我……我不知道。"他像一个做错的孩子一般。

"你现在还在当老好人是么？我都知道是陈天航了！"我真想上去给他一巴掌。

"我真的不知道，有一天开始，大家就经常这么说了。"他看上去很实诚。

"你们……"这回轮到我语塞了。

"你别生气了，谁人背后无人说啊。"他反过来安慰我。

"那也不能这么造谣啊！"我依然不依不饶。

"背后议论的事，一半都是造谣啊。因为你出色，没有办法的。"他真诚地望着我。

"你真的不知道谁说的？"我逼问他。

"大家都有议论，所以也很难说是谁先说的吧，"他答道，"别气了，你得到了很多，就要承受这些的。"

我得到了什么？我本来应该安安稳稳地读书的，我本来应该是"无忧无虑"地享受着单纯的年华的，而现在在别人口中，我竟然成了一个因为和上级有染才得到机会的贱人。这就是我得到的。这种感觉突然很熟悉：小 J 不也觉得我和小鱼有什么吗？

宿命，你是要一点一点逼迫我臣服于你吗？

下午三点钟，所有人赶到主会场集合。那是一个气派、豪华的大会议室，以至于容纳两百多号老师加上工作人员都不显拥挤。所有人都按照自己的学校坐成一"坨"，和另一"坨"间保持着礼貌又狭隘的距离。

"各位新老师辛苦了，"一个非常有气质、戴着眼镜、文质彬彬、身材匀称、声音好听的男老师站在台上说，"我是教学管理主任崔少丰，我代表俞老师感谢各位的到来，俞老师和各位领导都会陆续来看望大家，给大家做培训。"大家一阵掌声。

"我知道大家的学校意识还很强，所以，我要求大家的第一点就是打破这种小团体意识。大家平常在学校里就已经和同事们交流很多，来到这里，就是要接受更多人的智慧和想法。所以我们会按照项目来分组。词汇语法一组、听力口语一组、阅读一组、写作一组；中学英语人比较多，分成三组。"他边说，边用手指着不同的区域。"好，现在分属于各个不同组别的老师请坐到各自的区域。"所有人开始挪动。虽然不太情愿，但是可以暂时逃离那些八卦我的无耻之徒，我也是松了一口气。

"思思。"我坐下之后，李文艺也走了过来，坐在我的身边。我才想起来，她教的是托福语法，所以当然属于"词汇语法组"。我现在对她有种纠结的情绪。一方面我感谢她，她是第一个把这件事告诉我的人；另一方面我又有些疑虑，到底是谁先挑起的这个话题呢？一定是陈天航么？她如何肯定的呢？我的纠结一定写在了脸上，因为她立刻说："还在想那个事啊？有什么关系呢，我一直就不停地被别人说，早就习惯、没感觉了。"

"别人说你啥？"我问道。

"你也知道，女生之间那些事情。谁让我长得这么漂亮。"她边抚摸自己乌黑的头发。

我"噗嗤"一声笑了。不是因为她太自恋，因为她确实非常美。只是她能这样毫无害羞地说出来，让我觉得有种无比爽快的感觉。

"可是你们是女生啊！女生之间明争暗斗也就罢了！男生不就应该爽快直白么，有什么来跟我说啊！当面说！"我被她那爽快的态度感染了。

"可是你不觉得你也有女生的特质么？我不是说你'娘娘腔'啊，很多优秀的男生都会有女生的特质！"她直白得吓人。我一点也不尴尬，从小被别人说到大，我已经免疫了。

"可是陈天航没有啊！他看上去多 man 啊！"我更不能理解了。

"各位，"崔丰老师在上面又发话了，"我们每天白天会有你所听过的最有名的新东方第一代名师来给大家做培训，晚上他们会根据自己的教学沉到各个项目里去听各位讲课、评分。倒数第二天，我们会评出每个组的第一、二名，然后最后一天在大领导们面前进行汇报比赛。"底下泛起了小小的议论声。

"思思，你别乱想了，最后拿个名次回去，让那些人住嘴。其实你这些东西我都经历过的。"李文艺在我耳边小声地说。我突然对她好感倍增。

"另外，今天晚上有个开营晚会，你们现在还有三四个小时的时间去准备。我们要你们现在分好的项目组来出节目，这也是考验你们迅速沟通与合作的能力。好了，你们准备开始吧。晚上六点半开餐，八点晚会开始。门外左右手边各有一些小的会议室，上面已经贴了你们各个组的名字，你们一会儿排练以及以后每晚的磨课都在里面进行。散会。"

晚会？表演节目？我突然意识到了什么。这不又是我擅长的事情么？我预感我也许会像在军训时一样脱颖而出。

同样在汹涌的人群中，两年后，我不再胆怯。

虽然我知道，眼前的环境其实更加凶险。

7

"各位，我们先自我介绍一下吧。"约莫二十人集合在了贴着"词汇语法组"的小会议室里，一个高大的男生主动挑起了话题。

"我叫吴亮，来自西安新东方学校，我现在在西安交大读博士，在新东方教 GRE 词汇。"他用低沉却洪亮的声音说道，言语和眉宇间充满着自信。当然，他说的头衔与经历让他有这自信的资格。于是，每个人都按照他的模式介绍了自己。

"我觉得我们应该选出一个组长，这样以后的活动都有人来管事。"所有人结束了介绍以后，吴亮继续说道。然后接着的是一片赞同声。不知为何，此时此刻的情景让我想到岳不群在嵩山大会上想要夺得武林盟主的样子。

"那想做组长的就简单说下自己的想法，然后大家一起投票吧。"他继续道。

"吴亮老师，就你做组长吧，你一看就是我们的大哥的样子。"我说话了。眼看又过了二十分钟，如果再选一个组长出来，准备节目就没有时间了。组长什么的我自然是没有兴趣，但是在晚会上闪耀，则是我的小算盘。

所幸的是大家都附和了我，于是就立刻爽快地定下来了。因为吴亮看上去颇有领袖气质，身高、学历以及教的科目都非常有气势，而且这种气场是所有长沙新东方老师中没有的。如果这一组讲课比赛，他应该是我最大的对手。

"谢谢各位，那我们赶紧讨论下今天晚上晚会的表演内容吧。"他说。

"时间紧迫，我们一起演唱一首歌吧。"有位老师提出。

"很多组肯定都会这么想。"我说道。

"那周老师有什么建议么？"吴亮转过来看着我。

"跳舞。"我吐出这两个字。刚才，我已经飞速地在脑海中构思出了一个简单但是人多跳出来好看的舞了。

"可是跳舞很难，我们只有三个小时了。"另外一个老师说。

"是啊，跳舞，大多数人可能都不行。当然，你这个构想是非常不错的。"吴亮面面俱到地说。

"所以，"我自然想好了应对之道，"我选的这个舞蹈非常简单，叫《浪漫樱花》，是前两年非常火的手足舞，其实跟健身操非常像，重复动作多，节奏感超强，一定很有氛围。"

"噢，那个电影我看过，舞蹈很好看，很有动感。"一个老师附和，然后更多老师也点头。

"好，那么周老师你就负责教舞。对了，跳舞的话，音乐怎么办？"他非常迅速地做了结论，再抛出了问题，领导力果然超强。

"我的手机里有，"我笑道，"郭富城是我的偶像，因为他我学了十几年的跳舞。"

　　我来不及听大家的感叹，就指挥他们把桌椅摆到墙角，露出中间一块空间，开始摆队形。摆好以后，我先示范性地跳了一遍给他们看。跳完之后，他们下巴都要掉到地上了，纷纷表示三个小时不可能跳出来。我鼓励他们道："大家不要有先入为主的畏难情绪，这确实是一件你们不擅长的事情，但是以后学生们来上课，学英语对于他们来说也是难的事情，所以这就是一个体会他们心态的好机会，而且以后还可以跟他们分享这个过程。"

　　说完这番话之后他们自然是停止了抱怨，因为我抓住了他们的死穴——"为人师表"。我开始努力地把动作分解，教给他们。当然，我显然低估了一个没有跳过舞的人手脚不协调的状况，我每次一回头，就看到他们手脚乱成一锅粥，而且经常打到一起，"啪啪啪"的，我都替他们疼。

　　眼看他们又要开始抱怨，我急中生智："你们看，第一个动作就像'洒洒水'，然后第二个动作就是把自己鬓角上的水'擦干净'。"我边说边演示给他们看，他们瞬间记住了动作之间的逻辑关系，一下就连了起来。我突然发现，我不知不觉地用到了讲单词的方法——联想记忆、化繁为简。看到他们突然有些开窍的模样，我立刻绞尽脑汁编了下去："接着来'晾衣服'，然后'抖一抖'。"我尽量思考着这些动作如何幻化成生活中直白的样子。他们也被我逗乐了，逐渐"嗨"了起来。"打麻将，抓张牌，砌起来。"我越编越顺。不一会儿，一个舞蹈就被我化解成了口诀。虽然看到他们轻松的表情我也备感欣慰，可我心里还是默念了一遍："郭富城，对不起。"

　　"好，接下来，我们把所有的口诀串起来跳七遍。"说出七遍这个数字的时候我又被自己震惊了：每个单词最开始要拆解完，然后写七遍，这是最开始记住的方法。原来，我讲课的内容已经深入了我的灵魂，我开始在任何方面都渗透它们了。

第一遍，自然是跳得磕磕巴巴的，有些口诀忘记了，有些口诀对应不上动作。

第二遍，稍微顺畅了一些，但是还是偶有忘记。

第三遍，极少数人忘记，只是动作有些丑罢了。

第四遍，大家都似乎记顺了，动作仍然僵硬。

我停下来，给他们再讲了一遍每个动作做好看的要领，并添加了一些细节的想象力："'抓牌'的时候眼神要琢磨不透、虚张声势，手腕翻的时候感觉拿了一张得意的牌。""做'长征'那个动作要有狼牙山五壮士的飒爽，而不是汉奸那般蹑手蹑脚。"……

第五遍，由于加入了新的想法和细节，他们又有些乱套。

第六遍，开始重新顺畅，只是细节还在揣摩。

第七遍，已经顺畅，基本成型。

大家热烈地鼓掌。花了两个小时让一群手脚不分的人学会了一支舞，我都被自己吓到了。"我们休息十分钟，"我谦虚地摆摆手，"因为肌肉本身的惯性需要记忆，而且要多重复，十分钟以后我们再跳三遍，就基本没问题了，还能提早半小时收工，然后回去洗个澡，晚上让别的组大开眼界。"

"好！"他们好像一齐变成了我的学生，眼神中居然透露着听话和尊重。"组长，麻烦你休息时用电脑下载下歌曲，晚上吃饭的时候问下组织的同事要把音乐拷给谁，把名字报给他。""好的，思思，有你真好。"他由衷地回给我了一个微笑。

晚会开始。果不其然，一半以上的节目都是唱歌，而且有的小组也许文艺人才凋敝，居然推出的是独唱，还唱的是刀郎的歌，令人怀疑这到底是高大上的宇宙第一英语学校的晚会还是某同名厨校的茶话会？当然还有两个小组在短短的时间内居然各排出了一个小品、短剧，粗糙是一定的，不过还算用心。根据上场前各组长抽签的顺序，我们是中间靠后上场。在主持人介绍之后，我们组所有人都一起站到台上，底下的老师们看到我们的"全员参与"，而且还是跳舞，显然受到了惊吓，都瞪大眼睛看我们会带来怎样的表现。我低声提醒他们："表情、笑容，记住口诀，大胆去跳。"

真正的表演一下就过了，我看不到他们的表现，但是从观众的反应和掌声来看，应该非常不错。我站在最中间尽情地摆动着，时不时地也瞄向观众，看到他们露出兴奋的目光。"这位老师请留步。"我们鞠完躬准备下场的时候，主持人走到我旁边对我说，我差点没反应过来。

"刚才我们在下面看你跳舞，都看疯了。"他边说边僵硬地扭动了一下自己的身体，底下迸发出了一阵笑声，整个场子都变得无比热络了起来。"来，介绍一下自己吧。"

"大家好，我是来自长沙新东方的周思成，很开心能和大家相聚在一起。"我沉着地说。

"哇，说话都好有明星的气场，不愧是来自娱乐之城的长沙。请问你教……"他征询地望着我。

"我教六级和考研，也是长沙新老师的领队。"我顺畅地接过他的话茬儿。

"你咋跳舞跳得这么好呢？"他问出了感兴趣的话题。

"我学了十年跳舞。我是文艺特长生。"不知不觉，这已经成为了我强大的资本。

"那你现在多大啊？"他饶有兴致地问。

"十九岁，刚上完大二要进大三了。"底下响起一片惊叹的声音。

"周老师真的是我们今天晚会的明星啊，最后一天的结营晚会上，你再给我跳一个呗。你一个人跳，他们在旁边影响效果。"他调侃道。

"好啊，"我爽快地说，"但是他们真的学得很快了，我以我们能一个小组在这里表演感到自豪。"打官腔的能力我也是见长。

"那就这么说定了啊，我们还是期待看到你独舞，最后一天俞老师也会来！"他说。

"好的，谢谢大家。"我稍微鞠躬，然后在又一次掌声响起后走下了舞台。

在走下舞台，走回人群的短短路上，我居然看到了各种不同的面孔交织成的复杂现实：我看到了许多陌生的、钦佩的眼神，我也看到了一些礼貌却冷漠的瞳孔，我还看到了熟悉却不怀好意的人向我鼓掌，我甚至看到了赤裸的嫉妒目光和我的目光相交时不需要任何过渡就绽放出的笑脸。

我突然发现了我"天煞孤星"般宿命的另外一个层面：太多年的孤独和练习其实造就了我的强大和与众不同，而这份不同势必会成为我的原罪，刺痛那些弱小的人。但是，我难道要用这份原罪去惩罚自己？我难道可以为了保存他们的尊严而掩盖住自己好不容易练就的光芒么？自然不可以。

所以，我就只能让他们伤得更痛，痛到连不爽的资格都没有。

这非我所情愿，但似乎是眼前唯一的路。我曾经不情不愿、半推半就地走到了这样一个位置，现在，我要毫无牵绊、一往无前地走下去。

8

当一个圈子相对较封闭的时候，有些事情就会被放大，且不那么容易散去。

反之亦然。比如说娱乐圈，就是一个相对开放的地方，它和媒体、民间打通，所以很多事情来得快，去得更快。如今，不会有谁一提到陈冠希就满脑子的"艳照"，甚至媒体在文章身上做的文章，也被逐渐遗忘了，在这样一个开放的圈子里，一个消息能红火三天，已算很了不起。所以久而久之，我等民众的值域也会提高，对很多事情也就见怪不怪了。

可是，在我们这个两百多位新老师培训的圈子则完全不是那么一回事。我们被放逐在穷乡僻壤的美丽山庄里，与世隔绝，加之老师们本身就是一群非常单纯的生物，所以有什么涟漪，都能变成巨大的风浪，而且持续激荡，久久不散。

比如，我从晚会后的第二天开始，就被所有人叫成"明星"。不管在上下培训的走廊里，还是吃饭时大家聚在一块儿，大部分人都会主动跟我打招呼：

"明星好。"

"大明星你来了。"

"明星，最后一天的舞一定要好好准备哦。"

"明星，你跳舞老好了。"

"……"

最开始我觉得这样非常奇怪，很是不舒服，但是被叫惯了以后倒有一种虚幻的尊贵感。有一次长沙的老师看到我，说："思思，今晚……""叫我明星。"我下意识地打断了她。说完，我都被自己笑傻。还好我这一年多积累了足够多的"美特斯邦威"，其他老师都很单纯，并不太看重品牌，但是看到我一天一套地换着，他们也常常调侃我："不愧是明星，每天都换衣服。"我并不想太去思考这后面的善意或者恶意，因为我开始说服自己去接受我的原罪：我就是与众不同的。

新东方的培训组织得有声有色。我们每天都会有必修课和选修课。必修课是一些集团领导、超级名师来讲些务虚的东西，什么"新东方精神的内涵与外延"啦，什么"论一个老师的自我修养"啦，什么"新东方名师的成长之路"啦，什么"新东方女老师该如何存活"啦，云云。别看理念、精神这种东西很虚幻，却是很有效果的。每每听完之后，在座的人无不想回去好好备课，期待真正上课的到来，然后祈祷自己有一天也能成为名师，站在那个闪光灯下接受下面膜拜和崇敬的眼神。

下午的选修课都是分项目进行的。各个项目会在全国范围内请来最有名的培训师——一般他们的名字都印在书的封面上——来给我们分享针对性和操作性更加强的专业知识，比如"词汇课堂三步走""语法老师的课堂互动"

等等，对于课堂的设计确实帮助挺大。

恐怖的是晚上。那些白天给我们培训完的"大牛"，晚上就会潜入各个小组来听老师们讲课。新老师们大多无比紧张，毕竟那些培训师都是真正在新东方最顶层呼风唤雨的人儿，而我们，只不过是半只脚踏入新东方的门槛，大多数还没接触过学生的愣头青。

我以前以为杨校长和李科已经是"损人界"的两朵无法超越的奇葩，毕竟两个人已经是两种风格的极端。一个是笑里藏刀，一个是排山倒海。但是我发现他俩和我都太单纯了，因为我发现这些培训师侮辱人的方式可谓是五花八门。有听你讲完抬都不抬头望你一眼让你无所适从的，有讲你一两句就开始吹嘘自己的历史的，有不阴不阳讽刺你的，有不给评语只给你一个让你备感屈辱的分数的。这不，李文艺刚讲完，几个培训师就开始轮番蹂躏她了：

"这位老师的长相和上课水平呈反比啊。"

"我教托福语法的时候，学生们都是双眼放光的，他们都叫我教主。我……"

"好了戴老师，别说那么多。3分。"

"……"

李文艺一脸尴尬地走下来。吴亮走了上去。我也是第一次听他讲课，备感好奇。高大的他站在白板前，有种自带气场的感觉。他讲的是 GRE 词汇。那些"triphosphoric acid（三磷酸腺苷）""helicobacter pylori（幽门螺杆菌）"从他口里自如地蹦出来，再加上时不时地"我们西安交大的博士实验室里……""我是我们博士学生会主席"，给人一种心悦诚服却又喘不过气的压迫感。

"嗯……"他讲完之后几个培训师都沉默了。看得出来，他们都想要挑出点什么刺来，以显示自己的权威。

"讲得还可以，但是这位老师没有必要老用自己取得的成绩来说事，这是对学生的一种'胁迫认同'。你看我，我来新东方的第三年就……"听着那位老师如此不自知的点评，所有人也都在没好气地交换着眼色。

"4.5分。"结尾酷酷的老师说。

该我上场了。我弄明白了一点：首先要在气势上压倒这些不可一世的培训师。如果你越弱，他们就会越打击你。同情弱者这件事，在这里是不存在的。另外不要把平时准备的那些"鸡汤"拿出来讲，因为他们每个人都是"鸡汤"专家，对别人家的"鸡汤"一定是无比排斥的。

于是我"直勾勾"地盯着他们几个人，开始娴熟地讲起我讲了一年，又在过去三个月的磨课和教研中精进过的内容。我永远都先盯着一个人，直到他不好意思，终于移开了视线以后，再开始"进攻"下一个人。而板书上的内容，我几乎可以不用看，就用另一只手写出来。"注意教态、必须幽默、旁征博引、体系丰富、要有逻辑"，这五点第一次我来新东方面试被提出的不足，已经融化在了我的血液中，在我每一次走向讲台，站在讲台上的每一刻，都陪我一起绽放光彩。

"嗯……"第一个培训师在听我讲完以后，又开始搜肠刮肚地思忖侮辱我的方式了，"你讲课时有一种让我晚上想去你房间的吸引力。当然，这是一种好事。"他说出了这句让人难以置信的评价。

"我没什么可说的。已经比我讲得好了。"另外一个培训师说。我自己都有些受宠若惊。

"4.8 分。"第三个老师依旧是冷冷地说。

"培训完以后 10 点到 112 号别墅集合，汇报今晚试讲情况，请相互转告。"我给每个组的长沙同事发信息。毕竟，带领大家整体取得好成绩才是我的使命。

10 点钟到了，大家也陆续到了我们的别墅。不太大的房间，一下就满满当当的了。"每个分组的小组长，先汇报一下你们同组成员第一晚试讲的情况。"——我在所有人被分到不同项目后，在每个项目指定了一个小组长。

"被虐惨了！"我话音还未落，一个老师就大声说，"那些培训师都以打击我们为乐。"她继续说，人群中有人点头。

"蓓蓓，你们组什么情况？"我问。

"北京、上海的培训师都比较护着自己学校的老师，而且大部分的培训师都是北京、上海的老师。"她说。

"其实不管怎么样，他们显摆也罢，护犊子也罢，我们就是要做到让他们无话可说。这对我们是更高的要求和更好的锻炼机会啊。"我想要努力平息大家的焦躁。

"那你们组呢？"有人问。我循声音看过去，居然是陈天航。这下好了，我还没找他，他又来挑衅我。"我们组我和万路老师打分都不错，都有进决赛的可能。"他貌似平静地说，而所有人应该都听出了他的炫耀。

"思思是我们组第一。培训师说思思讲得比他们都好。"李文艺居然开腔帮我。我不知道大家是否闻到了浓浓的火药味。但是，现在还不是开战的时候，我还有更重要的任务要完成。

"是我们组的培训师人比较好。"我压抑住本来已经燃起的火焰，表面无比平静地说，"既然陈老师你自己完成有余力，就麻烦多帮帮同组被培训师说得比较惨的老师。"

"好的。"他简短地回答。声音里也读不出任何情绪。

"好，今天每个项目打分最后两名的人到各组组长那把明天要讲的内容先讲一遍。陈天航、万路，还有哪位打分较高的老师？好，徐老师以及我，分别到各个组和组长一起帮助他们磨课。其他人麻烦对自己提出更高的要求，明天争取打分超过今天。长沙新东方最开始的名声就全部在我们的肩膀上了。"我飞快地分配着任务。

"思思。"路灯下，我正赶往写作组组长的房间，突然有人喊住了我，我一看，是万路老师。

"你在听力口语项目那边吧？"我问道，等他赶上我。

"是啊。对了，你和陈天航怎么了？"他问。我心里略微吃惊，难道是我的情绪隐藏得不够好？一定是的，我根本就不懂如何伪装自己啊。

"没什么啊，怎么这么问？"我故作镇静。

"今天你们俩都有点刺，大家都能看出来。"他说。

"大家？为什么大家这么八卦？我听说大家很爱议论我。"我暧昧不明地说，语气中尽量不带着在乎的气息。

"你也知道，你们俩原来在广厦就都是优秀的老师，到这来也都是主管，难免有比较嘛。"他毕竟是原来广厦的老师，虽然我们没什么交道，但是对广厦的情况他自然是非常清楚。

"没有呢，我不是主管。我只是被委托暂时组织一下。"我努力地控制自己很想问清楚的冲动。

"嗯，其实没什么事儿，都是一些小误会。"他拍拍我的肩膀。

"你怎么还不睡？"Chris睡眼惺忪地站在我面前，两个小时前的一点钟他已经上床了。

"你怎么起来了？肾虚起夜？"我调侃他道。

"喝水喝多了。"他迷迷糊糊地说，"你在干吗啊？"

"我也要备备课啊。"我边看着电脑上刚打完的逐字稿。

"你还要备课啊，要逼死我们是吗？"他边嘟哝边往厕所走。

接下来的日子过得十分单纯：每天就是在各种"大师"的言论下培训，然后赛课；晚上则要给"后进生"打气、指导。而每晚小组赛课时我已经不需要再上去展示，培训师给的理由是："给其他老师一些磨练的机会。"

倒数第三天是每组决赛的日子。"每组前两名获得最后在俞老师和集团各位高管前展示的资格。"而且每个人的名次都会有相应的积分，最后换算出每个学校老师的综合排名，所以无比重要。前一天晚上，据说绝大部分人凌晨三四点还在备课，写逐字稿——自从知道了我写逐字稿以后，大部分老师也开始效仿了。

最后，我们组自然是我、吴亮出线；其他组里面陈天航出线。出线的十二个人里有两个来自长沙，实属不错，而陈天航能够出线，也是在预料之中的事情。

"长沙的荣耀就靠你们了。"当天晚上大家聚集在我房间里，给我们打气加油。

"其实大家的名次都比刚开始前进了，这比较重要。"我为任务的完成感到无比轻松。

"思思你真的很棒，肯定能拿冠军的。"有人说。

"对啊，你就是长沙的骄傲。"陈天航转过来对我说。

"希望是吧。"我毫不避讳他的目光，更没有跟他客套的心思。

"今天是我们这一次教师培训的汇报比赛，一共有 12 位新老师中的佼佼者进入了这个环节，让我们向他们祝贺！"掌声响起。我和其他 11 名选手坐在第二排，陈天航坐在我的旁边，正好省掉了我要和旁边的人寒暄的麻烦。坐在第一排的是俞老师和其他我不认识的人，应该就是经常听说的"集团高管"了。我们 12 人在之前已经抽签决定好了顺序，我是第五个上场。其他的两百多号老师坐在我们后面。不管之前的情况如何，此时的紧张已经和他们无关。只听到主持人宣布："下面有请第一位老师，来自北京新东方的何锋老师，他讲的是四级写作。"

能够进入到决赛的老师水平自是较高。台上这位一口"京片子"的老师火力全开，无比激情，全场的气氛都被他煽动了起来。

"你觉得他讲得怎么样。"陈天航在我耳边鼓捣。

"挺好啊。"我不想看他。

"跟你比自然是比不上啊，"他不理我的冷漠，"毕竟李科老师应该教给你很多真传。"

我脑袋"嗡"的一声。他居然选择在这个时候对我明嘲暗讽。他太可怕了。我该怎么做？他的用意很明显：在我上场前激怒我，让我出丑。我不能着了他的道。

"是的，"我偏过头望着他，"领导们当然会选择把最重要的方法传授给最有能力的人。"小声说出这句话以后，我都把自己吓着了。什么时候开始，我居然也变成了一个指桑骂槐、曲意逢迎的人了？难道这就是所谓的成长么？

"就怕这种能力是用不正当手段获得的。"他仍是似笑非笑地盯着我。

"没关系啊，今天这个舞台不就是一个检验真正能力的机会么？"我突然笑了。

"现在我们有请下一位老师，来自长沙的周思成老师。"

我站起来，轻蔑地看了他一眼，然后走向了那个纯净的讲台。

Chapter 5

凤凰涅槃，我心炽热

我的追求就是在讲台上把每一个知识讲得无比精彩，

把每一段岁月演绎得鼓舞人心。

我希望我能切切实实地影响到更多的年轻人，

那些跟曾经的我一样孤单、彷徨却炽热的灵魂。

1

　　有一句大俗话，叫作成长最大的悲哀，就是我们渐渐长成了自己曾经都鄙视的样子。其实，这句话是有非常显著的弊端的。因为它似乎基于一个认知，即我们曾经认为的就是好的，或者我们曾经鄙视的就是不好的。可是，我们都知道，我们的曾经不一定都那么单纯，更谈不上正确。所以，万一我们曾经鄙视的样子是好的呢？或者我们曾经的坚守仅仅是因为无知呢？

　　所以，人生变得愈发艰难了。我们一边做梦，一边追梦的同时，也得分清楚哪些是值得一直坚守的好梦，又有哪些只是太年轻太狂妄所造就的痴人说梦。我们得多灵活、多不自我，才能边立边破。表面笑颜如花，内心却忐忑敏感地长大啊。可是，正是这份纠结和迂回，才让人愈发强大并有智慧，不是么？这也是为什么，真正的出世必须要先入世，真正的单纯是因为见过所有的不单纯的原因吧。

　　正如我，从小因为一般的家境和天生很"娘"的属性一直被人奚落甚至攻击，以至于我觉得，只有单纯、不世故、不迎合，才是我要成为的样子。可是在这不长不短的两年里，我从进大学被人嘲讽，在广厦被人落井下石，好不容易来到了新东方，我以为自己已经是青城山上修炼千年的白素贞，已经慧根深重、神功大成，结果又被卷入了更大的口舌和是非：我还没有正式站上新东方的讲台，就被大多数周围的人认定此时的一点点成绩是因为我被领导"包养"，而谣言的罪魁祸首，在我即将站上证明自己的最重要的讲台的时候，微笑地坐在我旁边告诉我，是啊，一切都是老子干的，你发飙啊。你以为"时代姐妹花"的"撕逼"非常"抓马"（英文 drama，意为过于戏剧化、闹腾、甚至不真实）？

因此，一味地固守自己所谓的"单纯"，无疑是在这个残酷世界找死。我必须活下来，才有资格去散播那些"野火烧不尽、春风吹又生"的理想与温暖。

就凭着这点儿求生欲，我在讲台上努力平静地站定。我的观众并不多，完全不能和军训时的军歌比赛相比。可是它却复杂很多：你面对的是大佬们挑剔的眼神，一些对英语教学有追求的高手或者自以为的高手的目光。他们或许对你已经有了先入为主的偏见，又或许有着不切实际的期待。其中还有一道目光，充满着对你的恨。关键是，我根本不知道这恨从何而来。

两百多个人，意味着每一个人的细微表情都能一览无余。我感觉前面似乎是寒风呼啸的万仞悬崖，无数不可见却分明存在的冰刀正在一起向我飞过来。我试图张开嘴，却发现自己的声音在瑟瑟发抖。我调动更大的气力来对抗这寒冷，反而让自己更大地哆嗦了一下。

"其实最挑剔的眼神是学生的眼神，"杨校长的话突然回响在我耳边，

"你为备课做的每一点努力和准备，都是为了对得起你的学生。"是的，我不能把这些人当成我讲课的对象，这会有一个完全不对的气场。想到这，我深吸了一口气，变化了一下思路，走下了讲台。

我径直走到了陈天航的面前，对他说："同学，你知道单词的前缀是干吗用的么？"说罢，我把话筒递给了他。

"老师，不知道欸，知道我就不用来这了。"他怪腔怪调地说。很好，跟我预计的回答相差无几。我转向了大家：

"说得非常好！你都知道了就不用来了！所以我们经常丢出一个新知识点的时候，很多人都会觉得难，觉得沮丧，这是完全没必要的！如果我讲的每个东西你之前就知道，那才是在浪费你的时间。所以，我们一听到不会的东西时，第一感觉应该是：爽！而新东方的课堂，就是让你从头爽到尾的一个地方。"我大气沉着地接过他挑衅的回答，抑扬顿挫地说。

"那么今天我们的第一个"爽点"就是要让大家知道，一个单词的头几个字母可绝非那么简单随意地在一起，它们不同的组合其实有着不同的玄机。"我开始自然地说起那些我已讲了数遍，又思考改进了数遍的内容。

一如往常，随着我的展示的进行，底下原本各异的表情开始逐渐舒展、统一：他们逐渐放松、平静，然后开始有些兴奋，再开始不住点头，直到脸泛潮红，最后以热烈的掌声收场。

我走下场，才发现全身都是细密的汗。我 Hold 住自己已经瘫软的脚步和脸上的笑容，回到自己的位子。坐下的时候我扫了陈天航一眼：只见他颓丧地坐在那儿，并不再看我。

陈天航在我后两个讲，他发挥极其失常——当然，这也是意料之中的事情。看着他在台上双眼无神、举止僵硬的样子，我心中突然有种无比畅快的感觉。

"谢谢各位老师的精彩演绎。"所有老师讲完了以后，主持人上场了。陈天航坐在我旁边，完全失去了我上场前对我挑衅的气势。我在等待着即将揭晓的结果，那一定会重重地给他几个响亮的耳光。

"现在我来宣布比赛的结果，"主持人毫无悬念地用一个大喘气来制造悬念，"我先来宣布团体奖项，评判的依据是每个学校的每个老师在各自小组所取得的名次对应的积分之和再除以每个学校老师的人数。"他居然可以毫不结巴地说出如此拗口的一句话，也是有种冷幽默的意味。"获得冠军的是北京学校！恭喜他们！"他激动地喊出来。我有些失落，但此结果却也在预期之内——毕竟北京新东方是所有新东方的老大哥，教学和培训体系自然更加完善，而且有一半以上的培训师来自于北京新东方，这多少对于老师之间的分数会有影响。我想其他人和我也有一致的看法，所以大家都一齐鼓掌。

"亚军是，"他狡黠地扫了一下全场——毕竟，相较于"众望所归"的冠军来说，亚军才是更大的悬念。会是我们吗？我没有把握。"上海新东方！"所有人又是掌声。嗯，北京然后上海，这是按照规模来排的么？我心里略有不爽。

"季军是一所非常年轻的学校，我们的长沙学校！"这一回他没有再卖弄关子，而是径直宣布了结果。我不由得开心起来：李科老师之前交代我要去集团拿个名次的嘱托我算是完成了。"请三所学校的领队老师上台领取奖杯！"主持人热情地呼唤着。

此刻的我，感觉是湘北篮球队的赤木刚宪一般，有种忍辱负重打完全国赛，虽没夺冠但内心依旧喜悦的感觉——毕竟跟背景雄厚和血脉正统的名门比起来，我们怎么看也是一些临时拼凑、实力孱弱的野路子。我恍恍惚惚地走到台上，和旁边两位领队站在一起，表面平静却内心无比澎湃。

"三位请留步，"一个集团领导给我们颁奖之后，我们准备下台，却又被主持人叫住了。"我看三位老师也都入围了刚才的讲课决赛，你们预测一下自己能拿多少名吧！"说罢便把话筒递到了北京领队老师的前面。他有些不知所措，但还是飞快地给出了一个无比官方的答案："我觉得大家表现的都不错，这很难说。""对，"上海的领队也凑到话筒前，"大家都很强，谁都有可能。"

"那我们长沙的'明星'，周老师怎么认为？"主持人问罢，北京的老师把话筒递给了我。"我。"我不假思索地答道。底下传来了阵阵的笑声，还有零星的鼓掌。"当然也感谢大家天天叫我'明星'，给了我很多自信，下一次见面的时候，请你们不要这样叫我，你们要叫我'巨星'。"我用一种特有的、略带湖南口音的普通话——就像你经常在"快乐大本营"上听到何老师讲的那种——不露痕迹地逗趣着。底下又响起了绵密的掌声。

"周老师果然自信啊，那我们来宣布下结果吧。"主持人笑呵呵地展开手里的名单。"冠军是，"他望着我们三个；"冠军是～～"他拉长了声调～～"会不会是自信的周思成老师呢？我们先来宣布季军。"底下传来一阵胃口被吊起来又砸到地上的嘘声。

"好吧！既然你们那么想知道，就先说冠军吧，毫无悬念地是长沙的周思成老师！"他激动地、飞快地转折、呐喊，活脱脱像一个婚礼主持人。而此时的我，就像一个新郎官儿一样，向天地、高堂、人群方向纷纷行礼。我的心里自然是无比愉悦，那么多深夜时写的逐字稿，同学都在玩儿，我已经开始每日每夜备课的时光一齐绽放出了美丽的焰火。我激动的同时，还看到俞敏洪老师向台上走来，走近我，然后一个礼仪小姐恰到好处地出现在他身旁，手里端着一个精致的水晶奖杯。俞老师满脸笑容，伸出手来，我赶紧伸手出去，瞬间感受到他厚实有力的一握。

"去长沙那次就对你讲课印象深刻，小伙子很不错，风格很独特，讲课又很有内容，以后一定能成为名师。"他的声音不大却很通透，和我想象的不大一样——我以为按照他的自传上写的，刚创立新东方时只有他一个老师，他连续三年几乎每天都从早到晚上课，喉咙应该讲哑了。

此时的我站在掌声和众人目光的中间，手里还拿着一个如此难得的奖杯，旁边还站着如此最了不起的人物。这跟我大一军训时拿到"最佳指挥"的心情是完全不一样的，因为那件事只有我会，其他人都很业余。而当老师这件事，我也才做了一年，一起竞争的是全国各地卧虎藏龙的高手们，奖杯的分量自是重上千倍。甚至，我突然有种人生瞬间被治愈的感觉。原来，所有的孤单和伤害，那些你以为是毒药的东西，才正是我们渺小如尘埃的人生的解药。只要你不在孤单中退缩，在伤害中沉沦，它们反而会一点一点地把你武装成意想不到的样子。

我已不记得其他名字的宣布，也不记得走下台的路上对一路投射而来的善意回了多少句"谢谢"。我走回原位迎上的最后一个目光是陈天航的眼神，他的眼神似乎滤掉了所有的情绪，只剩下混沌的复杂，凝结成一片迷茫的暴风雪。

我没有理由胆怯啊。可是看到那目光我还是内心打了一个寒战啊。这是怎么了？

幸好周遭持续的热力把我拉了回来。我坐下来以后，仍感受到沸鼎的人声和热切的目光，以及一侧耳朵尖儿上莫名的凉意。

"明晚是我们的结业演出，大家都可以好好勾画，然后晚上到我这来报节目。当然，我们不能保证每个人的节目都能选上啊，所以你们一定要拿出压箱底儿的本领来。再次感谢今天 12 位老师的精彩表现，也期待明晚你们完美的谢幕！"

走在长廊的屋檐下，酷暑的暴戾似乎可以直接掀翻头顶上的瓦片，直接"噼里啪啦"地撕扯你的皮肤。一路上都会有其他老师不停地恭喜。我和几个长沙的老师走在一起，他们也在说我刚才的表现有多么棒。

"不知道这下陈天航会不会收敛一点。"我自言自语道，心里却给出了一个"No"的答案。

"这有什么联系么？"Chris 问。

"上场前他居然还在挑衅我，说我讲课好是因为得到李科老师的特别真传！"提起来我还是难免激动。

"所以啊，"万路老师说，"你再怎么做，他对你不爽就是不爽。你以为你拿了第一他就没话说了么？他就会说：'对啊，就是李科老师什么都教他，他才那么厉害，我们就没有这样的待遇啊 blablabla'。想恶心你的人，眼中是看不到你的对错的，因为他就是想恶心你而已。"

"可是我怎么他了，他要恶心我呢？我把他介绍来这儿，他没课我帮他要课，我对他很好了啊！"万路说得非常有道理，我只能另辟战场。

"那你有没有想过，他会觉得凭什么是你介绍他，又是你帮他要课呢？

人的嫉妒心，就是这样莫名其妙地出现和顽固地坚持的。"

嫉妒心？我其实没往那方面想啊。我一直都被边缘化，也没有什么惊人的条件。虽然我也没有想过要嫉妒别人——毕竟我就是我，你懂我是什么的——可是别人嫉妒我？

"他个儿比我高，学历比我好，口语也比我好，爱情也顺利，他羡慕我什么啊？"我觉得很荒谬。

"你就是太单纯了，喜欢钻牛角尖，这不是这么算的。嫉妒本来就是一种扭曲，他可能会觉得：是啊，我什么都比你强，怎么现在搞得还需要事事都靠你了？最关键你要想，你来广厦前，他最有名，而你来了以后抢了他多少风头啊，所以他才会把你在别的地方兼课的事捅出来啊。"

"什么？是他说的？！"本来前面我还听着觉得十分有道理，结果听到最后，居然发现了一个我长久以来都很想解开的秘密！

"呃……"刚才还分析地头头是道的万路老师也突然沉默了，他好像意识到自己说漏了什么。

突然，这一切都说得通了。

2

"哎呀不错，出色的完成了任务啊。"一回到长沙我和李科就约出来吃饭，见到我的第一句话他便开心地说。

"我都要累劈了。"我还没有从二十天的培训中缓过来。特别是最后一天拼了老命跳的舞，现在走路仍然合不拢腿——当时我看到台下一"嗨"，血便往头上冲，然后就加了一个劈叉的动作。要知道，做技巧性动作之前都是要热身的，而我已经许久不跳舞，更别说热身了。所以现在大腿内侧的筋上都仿佛有几千只蚂蚁在啃噬，一动它们就咬得更紧了。

"你最后是跳了一个什么舞？还戴了个面具？我听他们七嘴八舌地说也没听清楚。"看来我最后一天的表演比我得了第一名的事迹传播得更广。

"我跳了一个独舞，算是艳舞吧。"我喝了一口水，漫不经心地说。

"他们让你一个人表演节目？你混得风生水起啦。"我们已经迅速成为了"时代姐妹花"，哦不，"时代弟兄连"，所以说话自然是极其随意。

"对呀，你不知道我在那里天天受人膜拜，也是挺累的。不过还有一个胖胖的女老师独唱，听说她还在悉尼歌剧院唱过歌。"我说。

"那你最后跳到俞老师那儿去干什么？"他突然话题一转。

"你都知道还装作问我干什么嘞？"我忍不住翻起来白眼。

"就想听你亲口承认做的那些不堪入目的行为啊。"他不甘示弱。

"我当时穿着一个无袖衣，戴着面具，跳了一个艳舞，本来以为俞老师不能接受，结果他一个人鼓掌鼓得最凶，我也不知怎么回事，一下就跳到他身上去了。怎么，他觉得不妥了么？"我问，心想是不是集团直接跟他说了些什么。

"俞老师怎么可能觉得有什么，他什么妖孽没有见过啊。他回到房间还跟别的高管说：'跳得好！跳得好！'然后别人就跑来告诉我了呗。"

"老板旁边都有你的眼线啊，那你不会没听过那件事吧？"我端起杯子来喝了一口水——是的，我必须要说出来，虽然尴尬难堪，但是我必须要解决它。

"你是说陈天航吧？我都知道了。"他说。

我和李科走得近的另外一个很重要的原因，就是我们的思维方式很类似，所以交流起来毫无禁忌、毫无障碍，即使是如此荒谬无稽的事情仍然可以拿出来讨论。虽然严格意义上来讲这已经不是我的第一份工作了，但是初入职场能遇到一个这样亦师亦友的领导，不得不说是我的幸运。或者说是宇宙中某种神秘的力量对我前十几年"天煞孤星"命运的补偿。从大学的小鱼、阿坤，到现在的李科和一些同事，应该都是老天派给我、安慰我的天使。

"那你觉得怎么办呢？"我想这件事毕竟也事关他的名誉，就算我和他只是普通同事关系，他也不可能袖手旁观吧。

"哎，算了。"他长叹一口气，"既然知道不是事实，何必去辩解这么多。"

"那就任由他继续说下去吗？"我对他的反应感到窝火。

"谁人背后无人说呢？你站得越高说你的人就越多，这点诋毁都受不了，道行太浅了你。"

"要分事情，这种事情太难听太过分了吧？"我一想到"包养"这两个字就无比火大：人家明明是靠才华吃饭的好吗！而且，喂，我脸长成这样也能被包养？口味得多重啊！

"你要我怎么说他呢？把他开了？或者跑去跟他说'嘿，我没有包养他'？"他也略有点激动。

我沉默了。确实，这几种显而易见的处理方式他都不可以做。这种事情就好像吞了一个苍蝇一般恶心，还是刚从厕所飞出来的苍蝇。你绝不想咽下去，但是又吐不出来，总之就是无可奈何。一想到

这里，我的心情就好像走进了一个死胡同，一下子就阴郁了起来。

"马上就要开始上暑假班了。你的实力还没有经过学生的检验，所以好好准备上课吧。不要因为一点负面的情绪就把大方向弄坏了。我也会看着他，如果他再过分的话再想办法。"

"嗯。"

暑假班就这样华丽丽地拉开了序幕。之前听过无数人描述新东方暑假班的恐怖景象：每天从早到晚十个小时课，而且要在烈日下不同校区之间奔跑；每个班都人数众多，要扯着喉咙一直喊——所以每一个新东方老师都要像"长留上仙"一般功力深厚，对自己的弟子也要不为所动。

当然，"仙"也是有级别的。蓓蓓因为还在领导对她的"观察期"，只得了两个班十二节课；而 Chris，因为带的课种比较小众——初二语法，所以一个班只有六节课。倒是琴，因为少儿老师的紧俏反而接课众多。每天晚上我和琴一前一后拖着疲惫的身躯回到家里的时候，Chris 和蓓蓓常常穿着睡衣和拖鞋坐在沙发上看电视。那是选秀节目最火热的一个暑假，李宇春、张靓颖、周笔畅三人在舞台上战火纷飞，身边每个人都或多或少地谈论着她们。我有心中挚爱的女神王菲，所以对他们顶多就是关注。其他人则都纷纷拿出手机投票，李科的选择非常特别——他给纪敏佳投了无数票。

"我投票投得都快破产了。"Chris 可怜兮兮地说。

"你要节制啊！你课又不多，应该没多少钱吧？"我直白地刺痛他。

"下一季的房租都不够交。"他的表情有一种被自己并惨的感觉。

"那你怎么办呢？"我看着他，心生怜悯。

"先管家里要吧。"他默默地说。

虽说家里一定会无条件地给予支持——而且听说他家境还不错，但是开始工作了以后多少会有想要像父母证明自己的欲望。何况在跟父母说"我来的是新东方，不是那个厨校，是最有名的英语学校"时，父母多少还是有些疑虑。所以，我们都很想把第一个月的工资甩在父母面前，告诉他们："爸妈，你们可以放心了。"

所以，"先管家里要吧"，是多么悲伤的一句话啊。

让他们的凄惨更加凄惨的自然是我的红火。每天从早到晚连轴转，每个班的学生都是满满当当的。而且我在考研班和六级班都和杨校长、李科一起搭班——新东方的工资是由最后一节课全体学生给老师打的分数决定的，几个人搭班，就意味着打分会有高下之分。虽说输给他们一点儿也不丢人，可是也不能输得太惨。

学生们对我的"爱"冲淡了我的忐忑。

第一节课后学生是可以免费退班的，而我创造过 403 人的班无人退班的记录。

有一个 300 人的班因为人太多，有学生中暑了，家长来接的时候学生死都不走，结果再听了一节课，自己又在人群中痊愈了。

还有一个六级班，我在上最后一节课的时候刚走进教室，灯瞬间全部熄灭了，然后突然学生们点燃了蜡烛，捧着一个大蛋糕走过来，看到我哭着了一朵傻【消音】花儿了。

我把在俞老师面前跳舞的事情在上课时说了以后，有学生提出了质疑："老师，你这么胖也能跳舞？"然后我就跳了一个。学生们震惊的表情让我上瘾了，此后每一个班结课时我都会跳舞给他们看。渐渐地，这成了一个长沙新东方的招牌。只要我的教室音乐一响起，旁边教室的老师也会让他们的学生出来加入对我的围观，经常造成教室外的人比教室里的人还多的景象。

最后，我第一个班打分第二名，输给了李科，超过了杨校长和他们在外地请来的名师。第二个班，我就打分第一了。校长倒是非常"想得开"，说："把你们培养得超过我们，就是我们的成功啊。"

接着我拿到了第一个月的工资。据说为了让我们体会拿现金的快乐，第一个月的工资要去领现金。当然，并没有《中国合伙人》里用麻袋装钱那么邪乎，又或者是此时新东方已经发展太快，老师太多，每个人都收入已经不能和创始名师们相比。不过我数了好久，几百张百元大钞把我给数晕了。我突然意识到：曾经设立的三十岁时每个月赚到餐餐吃必胜客的钱的目标，居然突然就实现了。

这一年，我没满二十。

所以，高中毕业时年少轻狂的热恋再失恋，刚进大一时因为一点才艺而迅速脱颖而出，结果又无法跟他人好好相处、怀着一颗对艺术追寻的心却突然得了心肌炎，病好后孤独的学习每天背单词十几小时，大一的暑假就开始每天从早到晚教课结果又被同事"暗算"跳槽，以及前几个月貌似光辉其实背后无数人用不能更恶毒的语言来议论你的话语——它们就为了这一天啊。

我欣喜的当然不是说钱可以磨平那一切，而是让我发现：快乐和郁闷，似乎都在通过各种各样的形式转换、守恒。如果我一直无比顺利，赚到几万块钱时也许也不会有那么大的感觉和快乐。可是正是因为备受生活的打击却一直笑中带着泪的前进着，才能感受到那种"穷人乍富"的惊喜和感恩。

只是另一边，蓓蓓从学生那里的得分却仍然非常低，离及格线都非常远。她的留下毕竟在某种程度上来说是我向校长"请求"而来的，所以我有些担心校长再次发难的话，我就无话可说了。我并没有安慰她，一是我不知道如何安慰一个自我世界如此强大的人，二来我的课太多让我应接不暇，加上校长也没有找我说起此事。于是渐渐地也就淡忘了。

暑假的末尾。一轮一轮班下来，我的口碑开始发酵：长沙新东方有个老师讲课活泼，结课还会跳"艳舞"！每个班都有上一个班学生推荐来的学生，而我跳舞的时候他们还是会拿着30万像素的手机把我跳舞给录下来，再传到网站上。多年以后我在吃饭的时候，仍有人跑过来对我说："思思老师，我是你十年前的学生，我当时录了你跳舞的视频，后来每次换手机都会把那段视频导进去，时不时地看一下，提醒自己要努力。"

　　说来你可能不信，我每次跳舞都会有人哭。我有时候会问："你们哭什么？"他们往往都会说："看到你上一天课那么辛苦还跳舞跳得汗流浃背，就觉得很励志很感动啊！"

　　我漫长的新东方岁月，就这么开始了。我收获到了曾经想都不敢想的工资和感动。我原来担心从小到大都没有朋友、遭人讨厌的个性会在学生身上重演。可是我发现这种担忧完全没有必要——学生对我讲的知识和灌的"鸡汤"都照单全收，我后来领悟到了，谁不是充满个性但因为个性招到别人的讨厌呢？只是讨厌的程度不同罢了！而他们也许看到了我这个貌似个性的样子，结课后敢在讲台上跳舞的叛逆都能够肆意地"活得很好"；也许他们从我身上找到了同理心和方向——原来我可以不受规则的束缚却依然活得很好啊。

　　"思思。"有一天我下课回来，拖着暑假已到尽头的灵魂都要出窍的身躯，被蓓蓓的招呼一叫，又回到了人间。

　　"嗯？怎么了？"我嘶哑着嗓子问。

　　"我明天就走了。"她平和地说出这句话，突然让我有种血液逆流的感觉。

　　"为什么？！"我调大了声音，自己都被自己的公鸭嗓难听到了。

　　"我……"她有些支支吾吾地说，"想了很久，觉得自己可能性格不太适合这份工作。加上也没什么课上，爸妈也挺着急的，他们觉得我还是应该去美国读书，毕竟有全奖。"

　　我应该拿出上课给学生灌鸡汤的姿态大声地告诉她"怎么能轻言放弃呢，你已经走到了现在。""父母不了解你的啊，你要坚持自己的选择。""没

有天生就合适的事情，你要不停地调整自己去适应你的选择啊！"……可是
我什么也说不出来，我知道如此冷静的她必定已经想得非常清楚了。我的眼
泪一下就流了下来，我不知道为什么会那样，也许想到如果是自己放弃那么
多，努力那么多却是这样的结果会有极其难受的同理心，又或者是一起住了
三四个月了，也有了战友的感情。她看到我哭了，也红了眼睛；我看到她那
个样子，就哭得更凶了。我们俩就在楼梯上，一直哭了很久。

第二天上午我有课，通常我会睡饱再起来，以保证白天上课的精力。可
是那天天还没亮我就起来了，因为蓓蓓很早的飞机，我至少要送她到楼下。
我帮她提着箱子走出单元门口的时候，一阵风吹过来竟然让我打了一个寒
战：这样一个火热的夏天，终于以一个伤感的模样走到了它的尽头。

做学生的时候，成绩不好可能会挨骂，最多会降级；工作时，表现不
好，居然会随时离开：可能是你的上司把你开掉，也可能是你自己都无法再
忍受自己的表现。这就是温暖的象牙塔和残酷的职场的最大区别。而像陈天
航那种唯恐天下不乱却工作表现尚可的人，依然在这里混得不差，更是让我
没完全做好准备面对社会的心经常不解，甚至愤怒。

这，就是成长的烦恼吧。

3

"大家好，我叫 Vicky，我来这里应聘考研翻译老师。"

经过了身心俱疲的暑假，秋季开始后就只有周末上课了——新东方是个培训学校，所以跟别人的繁忙以及休息都是颠倒过来的。所以，我的主要工作又回到了面试、师训上来了。眼前是新一批的面试者，一个女老师站起来，瓮声瓮气地说道。

"我是湖南大学的研究生，刚毕业，现在在中南大学教书。"她开始丢出自己的背景——面试者最爱使出的伎俩。我上下打量了她一番，心里随即翻了几十个白眼：Come on! 一个大学老师怎么可以这么没有品位！哪有大学老师会扎两个麻花瓣的？她以为她是丫蛋儿啊！一讲话露出一排钢线的牙套，看上去都觉得要把那些牙齿拉回一条线上耗尽了它们的力气。关键是，一套背带牛仔裤的里面搭着一件深红色的帽 T，真是吓死本"宝宝"了——面试多了以后，见到任何一个人我都会有一种杨校长和李科双重附体的感觉，立刻开启"挑剔

bitch 模式"。虽然大 bitch，哦不，大 boss 李科同志此刻正坐在旁边。

"我觉得考研翻译很简单的，比如……"这位 Vicky 老师继续粗放地嚎着，我有点听不下去了，便站了起来大声地对李科说："尿急，你自己听吧。"说罢就逃离了那个地方。面试者见多了，会产生一种直觉，就是扫一眼大概就能判断谁可以谁不可以。而面对今天扫了很多眼都觉得没一个看得上眼的人的场合，我觉得还是不要浪费自己时间了。

"你丫尿个尿就不回来了是吧？"面试完，李科走到我的办公室里，劈头盖脸地骂。

"你还鸡呢！怎么，被那些人恶心到了心情不好是吧？"我回击道。经过一个暑假的洗礼，我的攻击力又 up 了许多。

"哎，不行，什么时候能再挑出一个你哟！"他毫不介意，转换得非常自如。

"呵，那还是有点难。怎么，一个苗子都没有留？"我得意地说。

"嗯……那个 Vicky 先留着看看吧……"

"啊？她啊！就是她把我恶心出去的啊！"我惊呼起来。

"哎，别人怎么也是中南大学的老师啊。"

"来面试的大学老师也不少啊，都是用在大学里上课那套感觉讲课，不行的啊。我们要幽默、励志、激情、学术啊！他们一点儿也没有的。"此刻的我，应该像一只心高气傲的孔雀一般目中无人吧。

"她还是挺年轻的咯，刚进大学当老师，可塑性很强。"

"好吧……那你让她准备什么课呢？"

"初三语法。"

"你好毒啊！别人应聘考研翻译，你让别人讲初三语法！"我简直笑了出来。

"确实也没那么好，让她先试试，不行就算了。"

"何必浪费时间，她肯定不行的。"我无所谓地说。

我就这样"嚣张跋扈"地开始在新东方横冲直撞了。我不再小心翼翼、如履薄冰，不再认为我是永远不被人待见的，因为我发现我努力跑，才能遇到那么多知己和风景；我不再担忧现在获得的将突然失去，因为为了这些获得，我有过无比踏实的付出和舍弃。我切身明白了杨校长在那次全体新教师培训大会上"炫耀"的经历和李科放弃了博士而追逐自己心中梦想的笃定。

我明白了为什么很多人标榜"听过了那么多道理，却仍然过不好这一生"。因为他们只是在听，没有在做。为什么没有做？因为他们害怕，害怕跳脱出自己安全区的未知感，害怕周围的人对你的评头论足。另一方面，你明明还没过完一生，而且一生也许刚刚开始，其实不管有多少阻力，不管你走得多慢，只要你一直傻呵呵地往前走，就可以走到一个你不敢想象的地方。

我更知道，那个地方只是你一个人可以去的。所以，千万不要期待有人能陪你。得之，你幸；不得，就自娱自乐地一个人走吧。

某天，我正在办公室里闲晃，突然看到一个满脸是泪的女子从李科办公室里走了出来。我一下认出了那是 Vicky——因为她哭的时候露出的牙套线实在太过夺目。想也不用想，她一定是被李科骂哭了。对她本来没有什么好感，所以我完全不打算安慰她，准备转身飘走。哪料她"啪唧"一下坐到旁边的凳子上大哭了起来，那架势，好像第一次买了棒棒糖的小女孩，刚准备吃第一口，就被小混混抢走了的那般伤心，直白又透彻。虽然对她印象很是一般，但是看到她哭得梨花带雨的样子，周围又只有我一个人，所以只好走上去。

"被骂了？"我走到她跟前，不情愿地说。

她抬起头来，看了我一眼，立刻把头埋下去，哭得更凶。

"你还是小孩子么？越哭越大。"我非常拙劣地安慰她。

"你穿得太吓人了。"她泣不成声地说出这句画风不对的话。

"喂，好心来安慰你嘞！我穿得怎么吓人了？"我咽下了后半句"总比你强多了吧"。

"哪有人穿西装里面光膀子的啊！"她哭着哭着，居然破涕为笑了。

没错，那段时间我的穿衣风格进入了一个无比诡异的时期——当从月入一两千突然暴涨几十倍的时候，我再也不用考虑这个月的工资只能买几件"美邦"的问题了。那些品牌就像已经撕破脸的前任，再也不想见到。于是，我走进的店子，已经从原来标记在一二三单元常忘单词前的那些记号，进化到了四五六单元常忘单词前的那些品牌了。但是由于品味还没有赶上口袋膨胀的速度，所以搭配起来无比诡异。我有时收拾以前的东西时会无意翻到那时的照片，常常吓死"宝宝"我了：在这张照片里我穿着牛仔裤，搭着牛仔背心，里面当然什么也没穿，活像一个水管工；在那张照片里我穿着衬衣、西装，下身穿着一条五分裤，还有些时候我可以穿十几种颜色在身上。关键是有些是暗色系，有些是荧光类，活像一只刚掉进泥沼的粉红猪。更有甚者，我会把各式各样的配饰、项链、挂坠挂在身上，比如脖子上挂着军人的铭牌，腰间又别一个狐狸毛做成的小尾巴，在穿着两只完全不一样的鞋。我多想把它们销毁掉，因为只看一样，那副景象就会深深地烙印在我的脑海里。

可是我当时可不觉得，所以立刻回击到："时尚你不懂的。你是哪儿人？"

"山西人。"她别说，别抽泣。

"所以嘛，你们那边都是煤老板的审美。"我轻蔑地说。

"你有病吗？难道每个山西人都是煤老板？"她边哭边笑，突然让我觉得挺有意思：大部分的老师，特别是新老师，对我都是客客气气；而她，到这儿来脚跟都没有站稳，就敢跟我说"你穿得太吓人""你有病"这样的话。我突然有种皇上见了小燕子般眼前一亮的感觉，之前对她的反感少了一半。这种口无遮拦、大大咧咧、自以为是，那么似曾相识啊！没错，我不就是那样的么？

"被骂很正常。"我开始安慰她。

"太侮辱人了。"她又欲大哭。

"他怎么侮辱你了？"我觉得她用的词语好笑极了。

"我是大学老师，叫我教中考也就罢了；我今天讲完以后，她说我中考都讲不了，让我教初二！"说罢她又咧开嘴大哭起来。

"你是大学老师，这不是一个名头，更需要你做很多东西去匹配它，因为它会让我们对你的期待和要求更高。"我拿出了平素教育新老师的架子。

她突然不哭了，好像变脸一般，说："哎呀妈呀，看你长得那么闹腾，怎么说出来的话那么深刻啊！"

我又再度被她弄笑了："别说那么多了，你讲话的风格其实很有趣，好好去备课，最重要的是，写逐字稿，反复揣摩。"

"李科老师也是这么跟我说的。"她平静了下来，擦掉了一脸的泪。我猜发现她今天披着头发、乌黑笔直，居然还有几分好看的样子。当然，看到若隐若现的牙套以后，我还是感到了眼球被灼烧的痛。

"所以，要好好地接受意见，然后去改正。你都降到初二了，没地儿降了，该往上走了。"我突然发现自己的话语在恶毒中还搅拌了些许温暖。她也猛地点头。

我的生活就在讲课、讲座、培养新老师和购物中循环往复了起来——明显，前三者就是为了最后一个做准备；而最后一个完了以后，就必须重新做前三件事，才能继续又回到第四件事。

我的每个周六日都是从早上八点半到晚上九点。别看只有两天有课，其他天有无数的讲座安排。我曾经在一个月内讲过 17 场讲座——别问为什么没有每天都讲，因为周六周日就占掉了 8 天。我常常白天坐着那时候老旧绿皮火车来到另一个城市，讲完后要么就在陌生的小旅馆里过夜，要么就连夜赶回去然后在天亮前打开房门。

所以一有时间，我就会出现在商场里。也幸好我的时间不多，不然我早就破产、喝西北风了。我曾经在新百货店开张促销时，为了能拿到免费的数码相机一天就花了八千块；我也成了曾经以为高不可攀的 Levi's、G-star 等一众牌子的 VIP 会员。然后，我第一次去了梦寐以求的香港。当我站在曾经单词书最后一单元才会标记的 "Hermes（爱马仕）"店前的时候，我有一种站到了世界之巅的感觉——虽然我只能买起里面的一条皮带而已。

在办公室遇见 Vicky 时她还是时不时地哭鼻子。她总是在抱怨被骂得有多么的惨——因为她是李科决定留下的，所以一直都由他来负责磨课和培训。终于有一天我忍不住了，把她拉到办公室，让她讲了一遍课给我听。我给她细致地分析了一遍问题的所在，她拿出小本儿仔细记的时候，脸上的认真和一开口的大大咧咧是两种完全不同的光景。看着她一点儿一点儿进步、眼泪一次比一次少，我觉得无比欣慰。

生活中的惊喜也在不断地涌现。有一天下大雨，我在大厅里检查各种报班单页。突然我听到雨声明显变大，一看，一个已经淋成落汤鸡般的女人拖着两个硕大的行李箱卡在了门口——感应门自动打开了以后，她拼了命地把两个箱子往里拖却卡在了门槛上，感应门又缓缓地关上把她夹在了中间。那副惨烈又好笑的景象让我努力分辨，发现居然是蓓蓓！我连忙上去帮忙，边提着湿透的箱子边问"你怎么回来了？！是舍不得我吗？""你先让我进来啊！"她的声音在和哗哗的雨声作对。

回家以后，我召集了Chris、琴，他们听到消息后都无比惊讶加兴奋地飞奔了回来。我们围坐在沙发上，等着刚洗完澡的蓓蓓走出来向我们坦白这背后惊心动魄的故事。此时的我们就像"时代姐妹花"在等待出逃回来的南湘讲述她的故事一般激动。

"瞧你们那样儿！"蓓蓓穿着我们熟悉的睡衣走下楼来。

"说吧。"我披着刚买的"Dolce & Gabbana"的大方巾，悠闲地等待着精彩的故事。

"是啊，你快点儿，太【消音】吓人了。"Chris语调起伏了起来。

"我一直都不想走的，你们应该知道。"她缓缓地说道，琴忍不住地点头——她眼睛都红了。毕竟蓓蓓一走，她一个女生跟我们两个男生住一起多少有些孤单。

"但是当时压力大，爸妈又觉得我应该出去读书，奖学金也很难得。我当时没想清楚，就仓皇地逃走了。"

"停。这个经历对你讲课很有帮助，你已经会转折、会制造冲突了。"我从无数个D和G的字母里伸出头来点评道，"但是，不要用'仓皇''逃走'，这是书面用语，会拉远和学生的距离。"

"哎呀，你好讨厌，让蓓蓓说啦！"琴大叫起来。

"我刚回去就后悔了，但是又不知道怎么跟爸妈说，一直特别纠结，而且去美国的机票都买好了。越接近出发的日期我越纠结，所以我知道我心里是不想离开的，我觉得我还是想当老师，所以出发前一天，我跟爸妈说了。"她停下了，喝了一口水。

"好！还会用停顿制造节奏并代入情绪！"我故意逗他们。

"你爸妈气疯了吧！？"Chris插嘴道。

"那肯定啊！所以他们跟我出演了特别俗的戏码：'女儿，你要不出国我们就不认你了！'"边说她边手舞足蹈地学了起来。

"好！"我鼓起掌来，"你都会演了！"他们都不再理我，因为知道我只会更起劲儿。

"第二天我爸拖着我和我的箱子去了机场。"她努着嘴，我们知道故事的高潮要来了，都屏住了呼吸。"我Check-in了以后，怎么想怎么觉得我不能走、不能这样放弃，而且我想清楚了：我一定要当一个好老师。我觉得我以前太冷静了，所以我就又出来了。"

"You must be kidding me（你绝【消音】是在开玩笑啊）."我都从沙发上弹了起来，"你的行李不都运进去了吗？"

"行李进去以后会在飞机起飞前再一起送进去啊，你以为进去一件行李就一件一件进飞机啊。其实你不想飞是自愿的，找地勤把你行李找出来就可以了。"她又恢复了她的冷峻——这一番经历之后，她的冷峻瞬间充满了资本。

"所以，我就回来啦。"她双手一展。琴直接冲上去抱住了她，哭得连妈都不认识了，还边喊一些听不清楚的话，什么"……再也不要……""你不知道……我……"之类。

真好。我的生活已经像一个万花筒一般光怪陆离，永远不知道下一段会有什么"抓马"。

比如，我发现 Vicky 对我开始有些躲闪。我经常看到她从李科办公室出来以后，就快速遁形。有时候看到我以后，就是漫不经心地打个招呼、掉头就走。几次下来，让我不得不心生疑窦。所以又一次看到她来了以后，我就一直坐在李科办公室门口的工位上等她出来。我在外面听到她的讲课已经开始条律清晰，而且自信十足的样子了。讲完后，李科也没有挑出什么巨大的毛病。

门开了，我起身站起来。没等她说话我就直接说："你来我办公室一下。"然后不由分说地看着她。她似乎有点知所措，但还是跟着进来了。

"最近一段时间你怎么有点怪怪的。"一关上门我就立刻对她说。

"没有啊。"她不看着我。

"别装了，你这种傻大妞骗得过我吗？说，你是不是听到了什么？"我其实已经隐隐地预感到，是不是又有人在她耳边吹风。

"那个……"她眼睛不敢看我。

"快点说！拿出你刚才试讲的气势来！"我提高了声调。

她半晌不说话，我终于确定了心中的疑虑。

"肯定是有人跟你说什么我被'包养'了之类的话吧。"我盯着她。

"我也不知道……他怎么就跑过来……跟我说这些东西。"她唯唯诺诺地说。

"他是谁？说名字！"我喊了出来。

"陈老师。"她眼看又要哭了。

"你太让我失望了！"我咆哮起来，"我把你当朋友的啊！他对你怎么了？他说什么你就信啊！你不仅不辩解，不来告诉我，你还这样疏远我！我有没有被'包养'你看不出来吗？！你瞎了吗？"我不在乎办公室外面的人是否能听见，我甚至想让他们听见，我想让坐在市场部主管工位上的陈天航听见。我不怕你，我现在就要冲出去跟你来个一刀两断。我气极了。

"不是的。"眼看我要往外冲，她连忙说。

"那是什么？你说啊！"我用尽肺部的所有力气把声波压在她的头上。

"我……我……我和我谈了七年的男朋友分手了。"

我惊呆了。看着眼前的她，不似以前被骂那般大哭，两道泪水安静却汹涌地倒了出来，她的眼睛也撑得通红。

"那……那……"现在换我不知道该说什么了。

"我又马上要上课了，"她哭得时发自内心地揪心，"课还没备好，所以每天都很着急，我就想赶紧把课备好。"

我内心的佩服和心疼一起涌起来了：那么久的爱情断了，她没有沉溺在分手的悲伤中，想得居然都是把课备好。

"你别生气，我从来不相信他们说的话，我把你当作这里最好的朋友。"她抬起头，反过来安慰我。

那一刻，所有的伤害和委屈，似乎都瞬间愈合了。

你受过那么多的白眼和冷漠，就是为了找到懂你的人。不用多，几个就好。他们才是你披荆斩棘的盔甲，而那些刺和箭，算得了什么。

4

强大的时间以钟摆那不容置喙的步伐前行着，所有的人都不过是它无比弱小却不可或缺的拥趸者。

我在新东方的生活精彩又平凡地重复着。我迈进新东方的第一年中，就在全国新东方举行的人气教师评选中取得了冠军。紧接着，又作为长沙新东方唯一推选的教师，得到了全国新东方"优秀教师"的称号。我上课的课酬也水涨船高，比进来时飞速增长了一倍有余。

于是飞去香港购物成了我最大的休闲。两三个月密集的课程后，我便会立刻去香港，把所有的疲劳都挥洒在海港城和铜锣湾的大小名店里。我终于可以比较自如地买曾经单词书上最后几个单元常忘词前标记的品牌了。当我身边的同事都以用"迪奥"的化妆品为自豪的时候，我已经穿着"迪奥"的窄版西装，打着"迪奥"低调奢华的领带，然后勉强地把自己的双腿放进"迪奥"的裤子里了。我经常住在四季酒店的海景房里，孤独地看着维多利亚海港里来回的各类船只，然后把手里的白水喝出香槟的做作。

不久后我买了人生的第一辆车，那是一辆"奔驰"，那年我21岁。说实话，我从来没有想过买车，毕竟打车多爽啊！结果有一次，我陪一个朋友去看车展，我们转悠着转悠着，突然她停在了"奔驰"的展区，指着一辆车说："思思，那辆好不好看？"我毫无想法地顺着她说："哎哟不错哦！"她立刻把销售叫过来说，那辆，买了。前后过程不过是十秒的事情！这可在我心里掀起了惊涛骇浪：凭什么啊？都是朋友，咋差距那么大啊！于是我咬着牙，对着喜滋滋准备去开单的销售说："等一下，加一辆，跟她一样的。"我转过头装作稀松平常地望着她，说："很好看，很耐看！"

再不久，杨校长果然高升，李科自然接任了校长，而我也名副其实地成了主管，而且掌管了两个部门。蓓蓓上课的打分缓慢却顽强地上升着，并且成了我们部门的副手。Chris闷声发大财，追到了大学班上的班花，即将成为我们的大房子第一个搬出去的人。琴幻想着找一个外国男朋友，然后和他环游世界，所以在努力准备雅思考试。

李科当上了校长以后自然是忙了许多，我们一起出去吃饭和休闲的时光自然是大大减少了。这也能理解，毕竟以前只需要管管老师，现在从市场宣传、工商税务、租金契税、水电空调等都要他最后拍板。可是让我略有不爽的是，他对我的要求也日益多了起来。杨校长在的时候对我可谓是放养模式，上班不用打卡、开会可以请假；我以为我最好的朋友当头了以后我可以享有更多的便利，结果经常我早上还在睡觉的时候，就接到他的电话："怎么你办公室里没人？"开会迟到了十分钟，他发话："某些主管要加强自我约束与控制，下次再迟到就要罚款了。"

我开始受不了了，我经常顶撞他：

"你们让我来做的时候就说了我可以弹性上班的。"

"那个时候你还要考试，你现在就要毕业了根本没事。"

"杨校长在的时候都……"

"他是他，我是我。"

"喂，你是我最好的朋友，你一人得道了我还不能沾点光吗？"

"就是因为你是我最好的朋友，大家都在看着，我就更要公平。"

"公平？他们有我上课好吗？他们有我招来的学生多吗？你让他们周末上课、晚上讲座，每天还要按时上班啊！"

"那是你老师的职责，你既然做了主管，就要有……"

我挂掉电话，关上手机。我不想再听他的道理。我知道他奈何不了我。我就不去上班，我就不去开会。

不久后他常常会软化下来，主动给我提出"和解"："晚上一起吃饭吧。"于是他又免不了"吐槽"一番当了老大的压力啦，头发都变白了啦，开始过劳肥了啦，大家都会看着他他必须做出公平的姿态啦云云。我当然不会记恨，因为这更加证明了我的判断：我很重要，我对他很重要，我对学校也很重要；我是一个特殊的人物，你不要拿条条框框来约束我。

这也许是从小受到了无数的压迫和歧视的爆发吧。按照"主流社会"的条框，我成了最怪异的孩子；按照"人际准则"的条框，我成了不受待见的范本。现在我有了无数本质都很怪异、多少不受待见的孩子们的喜爱，我就要用他们给我的力量冲破那些条框，告诉他们，努力地忍受规则，终有一天你能够创造规则。

在这样一种膨胀的心态下，每每我和李科的关系从紧张到缓和之后，不久就会陷入更加紧张的状态。因为他在"别人都在看着他所以要公平"的驱使下总是看不惯我的某些行为，而我则在"我就是特别的"这样一种叛逆的心态下故意做出很多事情去挑战他。

"周思成老师，上个月看到你有一次上课十分钟的迟到，根据规定，要在本月工资里扣掉三百元。"人力资源主管打电话给我，告诉我上个月的工资异动。

"那天是全程爱心接力，很多路段封路了所以是不可抗逆因素，你可以查一下我迟到的日期是不是吻合。"我虽然常常打破规则，可是上课的规则是不会打破的。所以，两三年下来，我从来没有因为一点不舒服调过课，迟到的情况更是屈指可数。因为，老师这个角色在我心中是无比神圣的。

"是，没错，可是根据规定，如果出现了不可抗逆因素，教师必须在之后一周内写邮件告知教务，教务好在结算课时时标明。但是教务没有标明你的情况，请问你告诉教务了么？"人力资源主管噼里啪啦地说了一大段。我对她是最没有好感的，因为所有的主管考勤都是她管，所以我和李科之间经常因为一些繁文缛节而起的冲突一定有很多都是她挑起的。

"你们人力资源能不能人性化一点？都说了是因为封路。"我开始进入了作战状态。

"可是制度对大家都是一样的，也麻烦周老师以后有相同的情况记得报备。"她表面礼貌，却寸步不让。

"所以你是什么意思呢？"我冷冷地问。

"这次的三百我们肯定是要扣掉的，不然对那些曾经扣掉的人不公平，以后我们也无法开展工作。"她用同样温度的语气说。

"你要扣了我的工资，我就不去上课了。"我放出了我的大招。

"周老师没有必要因为这样的事情伤害学生的利益吧？"她立刻回击我的死穴。

"你！"我竟哑口无言，"我去找校长说！"

我冲进校长办公室的时候人力资源主管正坐在里面，想到她一直在背后不停地找事儿我就火冒三丈。"你进来之前不会先敲门的么？"我刚准备发火，李科就对着我吼了起来，把我都弄懵了。

"你们是说什么怕被别人听到的事情吗？"我立刻调整好状态准备大战一场。

"我正跟校长报告周老师迟到的情况。"人资主管转过来，透过眼镜望着我。

"我天天勤勤恳恳地给学校上课、讲座、拉学生，因为一个特殊情况迟到就要扣我钱这像话吗？"我大声说道。

"周老师，你平时的特殊情况已经够多的了，我们都没有处理，但是上课是个严肃的事情，只是希望公平起见，我们希望你不要激动。"她用一种刻薄女人特有的尖声和语速说着，更刺激着我的神经。

"你们？我不是这个学校的吗？"我已经大吼起来。李科一言不发，但是脸色越来越沉。"如果你要今天扣了我钱，我现在就辞职！你们去找别人吧！"

"周老师，麻烦你稍微讲道理……"

"你让他辞。"李科突然大声打断了她，"现在就辞！"他转过眼来瞪着我，眼睛里充满了陌生的凶狠。

我完全没有想到他会有这样的反应，整个人好像被浇了一大盆冰水般地在那里战栗。

"怎么，你不是要辞职么？你写辞职信啊！"李科随手抽出一张纸和一支笔，重重地摔在我面前。人力资源主管仍是在旁边冷冷地打量着我。

我忍住巨大的震惊和即将掉出的泪，在眼前的白纸上飞速地写出简短的辞职，然后狼狈不堪地逃出了那个我奋斗了三年的地方。

悲伤、愤怒、不解、怀疑、失落、绝望，我被无数负面的情绪撕扯着。刚才的事情像一场噩梦一般，在这场梦里，我最最好的朋友、我以为是我整个人生的幸运星的上级如此无情地把我扫出了我立下赫赫战功的地方。我就像一条失魂落魄的丧家犬一般，不知道该往哪里去、不知道该投奔谁。我不能回家，我无法告诉他们发生了什么，他们会看我笑话吗？他们会怎么劝我？

我该怎么办？我的学生怎么办？我在这里顺风顺水的职业怎么办。无数个问题像坠子一般扎到我的胸口、我的大脑，让我全身有种被啃噬的痛。我突然想到，我可以去北京找俞老师！我要让他给我主持公道！我就不信新东方会这样对我！

想到这儿，我拦下一辆的士直奔机场。在的士上我买好的机票，订好了北京新东方的酒店。上飞机前，我在博客上发上了一篇短短的状态：

"我的学生们，

我去北京讨公道了，

暂时不能给你们上课很抱歉。

一个这样的地方我待不下去了。

爱你们的思思。"

发出去以后我便关上了手机。我需要休息一下，也许醒来了以后会发现这是一场梦呢。

可是所有坏事大概都是这样：发生的当下你可能手足无措想要逃避；而一觉之后的清醒和肉体疲劳的恢复会更加让你感觉到那真真切切的痛楚。迷迷糊糊、断断续续的睡眠和记忆后，我突然完全醒过来。漆黑的机场、轻微的颠簸、"嗡嗡"的轰鸣都在提醒我，这一切原来都是那么真切。我哭不出来，因为我知道我还有场硬仗要打。我必须坚强。

走出机舱门的那一刻，我差点被迎面而来刺骨的寒风给切碎，十二月初的北京原来像一个天地都结冻的大冰窖。记忆中来北京都是十分温暖的日子，而这寒冷，和我当下的际遇倒是十分配。我行尸走肉般地和人群一起上了摆渡车。下意识地打开了手机，然后便是无数条短信。"你怎么了？""你没事吧？""你去北京干吗？"还没看清楚发送人是谁，就立刻被下一条挤进来的信息覆盖了。摆渡车里的灯非常昏暗，我像一个混迹人间的孤魂野鬼般，空洞、麻木、苍白不堪。

电话持续的振动带回了一丝我的灵魂。我机械地拿起来，"Vicky 来电"映入眼帘。本来仿佛五感已经被剥夺的我又感觉到了一丝痛楚。想到今后也许有无数的解释工作要做，我便感觉胸口被压了一块巨石一般。我现在还不想说话，我也不知道该说什么，所以我又放下了电话。可是它响个不停，似乎传递出了对方的着急，我只好接起来，以一种自己都听不见的声音说了一个"喂。"

"你做错了。"我以为的安慰居然是这样的一句话。我无力反击，我什么也说不出来。

"李科对你那么好，但是任何人都有底线，何况他现在是校长。"她不是训斥，只是用一种平常的语气在说着，仿佛这并不是一件大事，但是却把我打醒了："你做错了。"

其实我心里不知道么。我的人生似乎终于进入了一段万里无云、一帆风顺的旅途，我是多么努力、尽责地驾驶着我的人生大船啊。可是，突如其来的顺境似乎让我忘记了曾经的艰难，失去了动物的应激本能。我常常挑战着周围的一切，做出危险逾矩的动作；之后我自己都觉得自己过分、任性，可是周围的人却对我无比宽容，让我觉得，其实，这没什么。原来，叛逆，是会上瘾的。它会散发刺激的迷醉，尽管有时我也觉得不可以再这样，但是每每又被引诱进入更坏的循环。所以，当然是我错了。

可是，那又怎么办呢，这已经是个既成事实了。

"你去北京干吗呢？讨公道？你说到哪儿都是你错了。"耳边仍是她小心拿捏的语气。

"那你希望我怎么样。"一句简单的话，我几乎花光了全身力气。

"跟他道歉啊，让他原谅你。"她说。

我挂掉了电话。我知道我错了，可是我残存的骄傲不允许我道歉。何况，事态的影响也许已经由不得我用一个道歉就能挽回了。

我把自己塞到一辆出租车里，望着外面划过眼际的路灯，和那以外遥远的、巨大的建筑物和空洞的黑夜。我突然想起了第一次来北京的样子，那时的我还没有真正站上新东方的讲台，那时的我还做什么、说什么都小心翼翼、亦步亦趋，那时的我还为了一个不重要的人四处散布我的谣言而生气。而此时的我，那么不同，又那么相同。我发现自己并不健全的反应机制不管面对诋毁还是爱护时，都不能做出正确的反应。太久的冷板凳和突如其来的主角资格，让我十分努力，也十分极端。

电话又振动了起来。我一看，是一个完全陌生的号码，归属地是武汉。这么晚了，应该是响一下就会挂断的骚扰电话吧。结果，这个号码也跟前面 Vicky 的来电一般坚持不懈，看我没接，又继续耐心地摇晃着。

"哪位？"我终于接起来。

"你好周老师，我是武汉新东方校长助理孙老师，我们去年一起去美国学习过，还记得么？"没错，去年新东方在每个学校选出最优秀的老师赴美学习，长沙自然选出的是我。

"孙老师好，请问有什么事么？"我虚弱地说，我想不出他会找我有什么事。

"我看了你的博客，我也不想问发生了什么事，兄弟你总之要照顾好自己。然后就是如果你不想待在长沙新东方了，可以来武汉新东方啊。我已经请示过校长了，他也非常欢迎。长沙和武汉非常近，城市也很类似；武汉学校规模更大，我们的课酬你也放心。"他热心地说。

"谢谢孙老师，"我大脑开始运转了起来，说实话，这是一个选择，而且还不赖。"我考虑一下啊。"

"好的，你好好休息，别想太多。有时候在一个地方工作久了，氛围不对了，换一下也挺好的。"他非常耐心地说。

挂完电话后我舒服了一点，并不是因为觉得这是一个很好的选择，而是我发现，其实我可以有很多选择。无论如何，这三年的努力不会白费的。"船到桥头自然直"这句话，虽说有些自我安慰的嫌疑，但也是千真万确的。

进入酒店的房间，我把暖气开到最大，好解冻我冰凉的身心。我才发现我没带任何行李，连手机充电器都没有。我连忙管前台借了充电器——毕竟诺基亚在当时还是主流。充上电以后，我已经没有任何力气，倒在沙发上就睡了过去。

第二天早上我是被自己咳醒的。我一坐起来就是一顿呼天抢地狂咳，鼻涕也就直接流了下来。我才发现我连被子都没盖，就在沙发上睡了一晚。加之昨天的疲劳和北京的寒冬，直觉告诉我：我一定是感冒了。好吧，祸不单行，永远如此。

经过了昨天那么大的打击，这点事情已经不会让我觉得更凄惨。我摸摸额头，没有什么感觉——我时常觉得电视里那些摸了额头就露出惊讶的表情的人是手上装了一个温度计还是怎样。我打电话到前台问附近是否有医院，并托他们叫了一辆的士把我载过去。

原计划是，我来北京"讨公道"——虽然我已经意识到公道就是"我错了"。但是我也没有预料到接下来的几天我居然需要在北京一家陌生医院的急诊输液走廊里度过。

我突然不那么难过，而且居然觉得我的人生透露出那么一丝幽默的意味。

那三天，我多半是盯着吊针一滴一滴落下，再静默地钻进我的血管这个过程中度过的。身边该不该发信息来安慰的人也都发过了，我也慢慢接受了这个事实：我"被辞职"了，被我的骄傲和任性辞职了。从此，我不再是那个讲台上最绚丽的花朵，我必须另谋生路，重新开始。还好，我才23岁啊。

我病快好的时候，收到了人力资源主管发来的一条短信：

"周老师，希望你已经平复了下来。你虽然辞掉了行政职位，但是在老师这个角色上你无疑是做得最好的那个人。所以你可以考虑一下继续留下来做老师，我们会把课酬再给你涨一些，来弥补你在行政工资少的那一块儿，这也是校长希望我转达的意思，希望你能好好考虑一下。"

我笑了。他自然不会收回我"辞职"的事情，正如我也不会向他道歉一样。而他提出的这个方案，无疑也是对我们友谊的致敬吧。

离开北京的时候，我发了两条信息，一条是给武汉的孙老师，谢绝了他的好意；另一条是给人资主管回了一条信息：

"我会留下一段时间，我准备开始考试，申请美国的研究生了，也请你们准备好接替我课程的老师。"

也许，这也是一件好事，我是该去外面的世界看看了。

5

倱若问我短短二十余年懂得了什么最重要的玄妙道理，那莫过于万事皆平衡了。

我儿时的孤独，有充足时间学得的才艺来平衡；我大学时每天背单词十三小时、住院都不停学习的辛苦，有大二就来到新东方、迅速成为名师、取得高薪来平衡；我的骄傲、任性和不自控，又有从最高处直接跌到最低处来平衡。现在，我大学几乎没有上过课的这一缺失，需要被什么东西来平衡一下了。

毕竟，我选择了出国读书，准备时间不多，要准备的东西却不少。从北京回来了以后，我便马不停蹄地做了 conditional application——有条件的申请。也就是先提交申请，然后在学校要求的最后期限内提供语言成绩。托福这样容易的考试自是没有问题——这不是装【消音】，因为托福只是一个纯粹的语言考试，对于天天教考试的我们，自是没有任何问题。关键是我是读商科的——想起我的专业来，我也是花了不少力气，因为我真的不记得任何专业课老师的名字和面容了，因为我真的没有去上过课啊——所以我要申请的话，也是 MBA（工商管理硕士）之类的学科，而这些专业需要 GMAT（研究生管理类专业入学考试）成绩。GMAT 不是一个语言考试，而是用英语来考察你的专业知识。比如 GMAT 的数学，就是用英语来做准高三的数学题，这对于我来说无疑是个巨大的障碍。而它考的逻辑题更是无比诡异。比如我有一次拿起一个例题，是这么说的：

"经过长期的实验，科学家们得出结论：所有具有某种骨骼结构的动物都是鸟。后来他们偶然发现：大象身上也具有这种骨骼结构，所以，_____。"

答案非常反人类："大象也是鸟。"

这【消音】不是搞笑的么。

而它的词汇量也是远远超过托福、雅思类的考试，语法更是推翻了曾经听说过的语法。所以，我要花相当长的时间来准备它。提出申请三个月后，我陆续收到了大部分我申请的名校给我的 conditional offer（有条件录取）——毕竟，以我大三就在全国最大的教育上市集团担任两个部门主管的闪耀履历，这自然不在话下。于是，过完年之后，我开始了除了周末以外每天学习的生活。

从学生那里得知，省图书馆有一个对公众开放的自习室，每天早八晚十开放，一天两块，月票五十，十分便宜。一个人在家看书自然是没有气氛，我又有些怀念大一时每天在各个自习室中称王称霸的日子，所以便轻装简从地跑了过去。起初我会有些担心，毕竟教书三年多，每天都是给别人灌"鸡汤"、打"鸡血"，要努力、要奋斗，我会不会已经完全丢失了那些奋斗的动力？但是一坐在那陌生又熟悉的氛围中我才发现这样的担心是如此多余：我真的太想念这样单纯的味道了！

我每天不用考虑穿什么衣服、换什么包、去哪里吃饭、约谁出来玩，原来是这么开心的一件事情，那些连我都不认识的单词，背起来是那么爽。我在班上找了两个刚保送清华的高三生来帮我补数学，那些以前认为不可能懂的概念，现在理解起来也不再觉得困难，甚至挺有趣。慢慢地，我连手机都不用带——那是有一次我忘带手机，有些焦虑地度过一天，回家后，发现有个未接来电，然后打过去，结果对方也不记得找我干吗了。原来，我没有那么重要；原来，我可以肆意地为自己而活。

自习室很快就有学生认出了我。我教的考研学生居多，而他们很多时候也不愿意在学校上课，跑到这里来换个环境，还有一些则是我在新东方第一年教的学生，现在都工作了，请假准备考各种各样的职称、证书，或者为换份工作而争取多一些的资格。于是在众目睽睽之下，我只能更加以身作则，告诉他们我在课上说的自己的奋斗史所言非虚。因此，我每天早上总是还没开门的时候就到了，晚上自然也是看书到关门。他们时不时会来问我一些问题，我也俨然成了自习室的核心和权威。某些时候有些中学生很闹腾的时候，我就会理直气壮地训斥他们，然后我的学生们就会一齐用目光杀死他们。

我开始感谢那一段错误，让我不至于一直沉溺在过早的顺境中，能让我重归学习的心态。而且，我也十分期待去到世界顶尖的学校去感受真正知识的气息。当然，我并不想象已经置身于那里的样子。因为想象往往是浪费时间的借口，而且想象，一般都不会成真——我还想象我在新东方会一直顺利、步步高升呢，结果呢。

三个月之后，我凭着托福 114 分（满分 120 分）、GMAT 770 分（满分 800 分）的成绩达到了给我 offer 学校的所有要求。我选择了哥伦比亚大学——因为它在纽约，处于世界中心的摩天大厦们似乎已经在向我招手了。

我也已经完全走出了那巨大的打击。其实想想，每一个打击和挫折都让我去到了更好的地方不是么。大学时生病，结果阴差阳错爱上了英语；在广厦被"陷害"，所以来了新东方。现在，是我实现人生开始新飞跃的时候了。

我准备出去度个假，放松一下几个月准备考试的身心。然后，便是我在新东方讲台上将度过的最后一个暑假了。我订好了去新加坡的行程，整装待发。

结果到机场的时候，我接到了一通电话：

"思思老师，你还没走吧？我是市场部小陈。"对面说。

"怎么了？我已经到机场了，准备 Check-in 呢。"我不知道市场部找我能有何事。

"有几个《快乐大本营》的导演来新东方选嘉宾去上一期奥运专题的节目。"《快乐大本营》？如此火爆的节目来新东方选人了。嗯，毕竟是奥运年，应该要讲些英语的东西，所以也合情合理。

"然后呢？"我仍然不知道找我的意图是什么。

"他们见了一些老师都不满意，然后对你很感兴趣。"

"为什么？他们怎么会知道我？"我有些惊讶。

"他们看了学校的日历，你是封面啊。他们翻到第一页就问：'这个老师在哪里？'他们觉得你是合适人选，现在想跟你见面。"

"我的照片是有怎么样么？"我笑了，"他们为啥会凭空觉得我合适？"

"他们说：'能摆出这样 pose 的人一定很有舞台表现力。'还说……"结果那边没说完，就听到另一个人抢过了电话，用一种很有气质、甜美却坚韧的声音说：

"周老师你好，我是《快乐大本营》导演组组长李蓓，请问你在哪里啊？我们见个面，聊聊节目呗？"

"我……马上要飞新加坡了，在机场呢。"我如实说。

"新加坡啊？我去过，不好玩儿！而且可以以后再去啊，'大本营'可不是什么时候都能上的，你懂的。"她瞬间把新加坡说出了一种农村的感觉。

"可是我机票、酒店都订好了，不能退啊……"我有些为难——说实话，听上去能上'大本营'确实是件极其精彩、难得的事情。

"那有什么关系，新加坡又不贵，而且周老师，我们都听说你很有钱的，这点儿对你不算什么。"我觉得虽然没见到对方，但是真的遇到"人精"了。

"呃……要我干什么呢？"我确实动摇了。

"展示学英语的乐趣啊！"

"你们找了多少人？"

"我们就要两个，一个是上海地区的一个女老师，唱歌很好的那个，你认识吗？"——我当然认识，那不是跟我一起在新教师培训上有独自表演资格，两年后又参加了"超级女声"进入杭州十强的翟梦吗。

"我认识，很有名。"我回答。

"然后就是你咯！毕竟'大本营'是长沙的节目，我不想去找什么北京的名师了，我就想在本地找一个。我虽然之前没听说过你，但是你在咱们长沙学校的封面上，而且刚才李校长也极力赞扬了你，怎么样，来吧！绝对比去新加坡好玩儿！"她的声音中都充满了笑意。

李科极力赞扬了我。我的心头一暖。说实话，那之后，我跟他没有说过一句话，我甚至不记得有没有遇见过他了。

"嗯……好吧。"我突然决定。

"你看你，名师的气魄就是不一样，我们在学校等你哦，打车快点儿回来。"她更开心地说。

我对身后排队的人说不好意思，然后拖着箱子飞奔出了机场。看吧，不要想象那么多，未来会用你根本想象不到的方式来等待你。

"周老师辛苦了！"我一进办公室，沙发上的一个女子便用比电话里更加活灵活现的声音迎接了我。她五官的每一个部分都投射出了"快乐"这两个字，难怪能做出如此快乐的节目——虽然工作忙了以后并不会像小时候那般守着电视看《快乐大本营》，但那毕竟是小时候每周六的盼望啊！"快来坐！"她呼唤道。她旁边还有一个女子，短发、利落、精神，一看就是一个 team。

"周老师，我们知道翟老师唱歌厉害，所以你跳舞就可以跟她区分开来，特别好。"她任何一句普通的话，都可以用眉飞色舞的表情来说。

"是的，没问题。而且我还可以拉小提琴，一动一静，所以我的形象会更丰富。"我被她感染了，也兴致勃勃。

"太好了，我们就喜欢你这种'骚气'。"她可以在之前的快乐上再绽放出更多的层次。

"新东方的老师就是要骚啊！不骚 hold 不住学生。"我完全不觉得"骚气"是个贬义词。

"那也没有，刚才我们见了很多报名的、推荐的老师，嗯……"她努着嘴，摇了几下头。

"所以我是新东方第一名师嘛。"我也半开玩笑地说。

"哈哈，自信！我们'快本'就是要这样的人！那你就准备一支小提琴曲、一段舞蹈。另外，我希望你能展示一下你有趣的教学，要不你现场给我们讲一个词吧！"她眼睛亮晶晶地望着我，非常鼓舞人。

"好，我来讲一个词，叫作 narcissist。很长，对不对？这个词意思是'自恋狂'，你们刚才跟我聊天是不是觉得我很自恋？所以你看这个词，nar-ci-ss-ist，那是思思他，那是思思，他是自恋狂哦！"我随口就讲了一个词。

"天哪！"她们俩拍起手来，跟我班上学生的反应一模一样，"我们原来的英语老师要是你就好了！那就这么定了！你真太合适了！我们过两天来找你对表演的内容，你再想几段类似于这样的教学，肯定没问题的！"

她们走了以后，我赶紧跑到琴行去借琴——要知道，我从上高中开始就没有摸过琴了。而现在，居然要在全国收视率最高的综艺节目上拉琴，还要跳舞！那种感觉可真是无比玄妙！

我突然想到我曾经的梦想是舞蹈，又想到我父母对我最大的期待是小提琴手。可是我后来因为主观和客观的原因放弃了它们——客观上，父母的不支持以及身材的不达标，导致我没能继续追寻我的"舞男"梦；主观上，我成长的叛逆和对小提琴的不"感冒"导致父母曾经投资我练小提琴十年，却丝毫没有结果。可是，我居然即将站上那样华丽而亿万瞩目的舞台表演它们！

原来，很多东西不必如此刻意、现实。你付出的，就永远不会白费。当然，你的纠结也是成长的一部分，正如我刻意地练跳舞、父母现实地逼我练小提琴十年。可是我的纠结，导致我最后放弃了它们。可是我的放弃不是因为懒惰，而是因为我找到了更加喜爱的东西——英语、教书。如果我放弃了，去干的是一些堕落的或者父母希望我选择的事情，那么也许之前的付出就是白费。可是我纠结以后放弃了，而是开始更加努力地去干我想追求的事，所以，那些之前的付出和那些后来的努力，都会完完整整地存在在我的身体里，并在我需要的时候，助我一臂之力。

这就是我为什么作为一个英语老师，但是在《快乐大本营》的舞台上除了教英文之外，还可以大"秀"舞蹈和小提琴的原因。那一刻，我十分感谢父母曾经那么逼迫我练小提琴，更感谢自己在选择了心中所想之后，更加坚定地付出而不是让时光虚度。

当我颤颤悠悠地拿起小提琴的时候，一种久违的结界突然把我笼罩起来。我摆好了架势，右手提着弓往下一滑——音符和旋律就那样流淌了出来，一点不陌生，丝毫不费力。十年，我儿时的所有闲暇时光几乎都在练小提琴。所以，尽管有许多年没有碰琴，却仍像见了一个从小形影不离的老朋友那么自然、不需过度。这，就是童子功吧，付出的，就是不会白费的呀。

那些你曾经不知道为什么要练习的；那些你辛辛苦苦获得后也觉得没什么用的；那些你肝脑涂地付出过后而掌控的……它们也许看上去毫不搭界，甚至相互冲突，但是总有一天，它们会水乳交融、毫无违和地紧密结合在一起，让你的"小宇宙"瞬间爆发到"第七感"，使你超过自己想象极限的你将来的样子。你要做的，就是不绝望、不放弃、拼下去，蜕变就一定会发生。

当我真真实实地站在"快本"的舞台上，无比自如地一遍就过了所有的节目流程，和五位主持人谈笑风生毫不胆怯的时候，便是那一刻。

节目大获成功。非明星参与录制收视率最高的成绩让导演组开心地跟我联系，说以后有合适我的主题就请我再上——而且后来我一共参与了五期《快乐大本营》的录制，甚至超过了绝大多数明星录制的期数。第一期奥运特辑被"快本"总导演钦点选送当年的"亚洲电视大奖"娱乐节目评选，并获得了特等奖。

节目之后的效应更是很快发酵。无数的学生和家长来到前台点名必须要上我的课；很多有钱的家长四处打听如何能请我给他们的孩子单独辅导并表示价格不是问题；各大电视台，从央视、浙江卫视、江苏卫视到各种地面频道都向我伸出了橄榄枝，邀请我去录制各种节目；无数大公司出五位数一小时的价格邀请我去给他们的员工培训；还有几家出版社来跟我洽谈出书的事宜……可是我只能一一推掉，因为上完了暑假班我就得出去读书了，我想给自己的新东方生涯一个完美的句点。

我虽然享受站在聚光灯中间的那种感觉，但是，那不是我的追求。我的追求就是在讲台上把每一个知识讲得无比精彩，把每一段岁月演绎得鼓舞人心。我希望我能切切实实地影响到更多的年轻人，那些跟曾经的我一样孤单、彷徨却炽热的灵魂。

只是，我马上就要离开了。

6

其实当你专注做一件事情的时候，时间是飞快的，它一点也不难熬。

比如说，我小时候拉琴，我知道今天得拉十个小时，所以，尽管我心中有千百个不愿意，但是第一弓下去以后，接下来的十个小时皆已注定。

所以，当我背单词的时候，那些日子，就是用睁眼和闭眼来计算的。我一睁开眼睛，就背单词，背到身边人都走光了，我更精神；闭眼睡觉其实并不是疲劳，而是一种生理需要——我第二天还要背单词呢。

开始了讲课的日子。周末、寒暑假，每天都是十小时的课，上课本身虽然充满挑战，但却没有变数——我就对着那么些人把知识讲精彩了，其他什么也不用担心。所以，从我踏进教室的那一秒开始，今天其实已经到了尽头。

而之所以会烦，大抵是因为把生活切得太碎：早起要晨读半小时，然后吃早餐；要赶几点的公交、去赴什么样的会面；中饭给自己一个期限，然后再午休二十分钟；下午的工作或者学习排满，晚上对自己说还是学习一小时，然后看看"芒果台"的最新青春剧。哦不行，还有八分钟的腹肌训练没有做呢！做到一半就开始想朋友圈那点事儿。

这样的生活，掐时间都会耗掉一半元气吧。一段时间里，就一个，最多两个重点，其他的事情要让路——别说什么都很重要，如果你做了那么多都很重要的事儿，为什么你还是那么不重要呢？

"重"，是慢慢累积的，什么都浮光掠影、蜻蜓点水，重量和深度是出不来的。"要"，是寥寥几个要点，你把优势的精力，集中攻破它们，才能真正把它们招至麾下。

因此，尽管有很多的打扰和诱惑，还有无数赚钱的机会，我仍十分珍惜在新东方的最后一个暑假。所以，这个暑假也如同前面那些整块儿的时光，尽管我再不舍，还是疾驶而过。

"你走前我们吃个饭吧，给你送行。"结课前几天，我突然收到了李科的短信。我才发现，我们已经整整十个月没有联络了，除了中间"快本"的导演跟我说："李校长也极力赞扬了啊！"

"嗯。周日中午喜来登自助餐吧，我周六结课。"我想了想，回复了他。

怨恨已经没有了，还剩了一丝丝尴尬。但是，确实是我错了，是我自己断送了我在新东方的前程。其实也谈不上断送，如果继续做老师，我是可以很好地做下去的；只是，那一丝丝尴尬，和对外面的好奇，让我选择了离开。

刚开始见面确实有些尴尬。我们只是僵硬地笑了笑，然后就都各自取食物去了。坐下以后我们开始扒拉着盘子里的食物，我在思考该用什么话语打破这种尴尬，却死活想不出什么好办法。

"东西收拾得怎么样了？"他装作漫不经心的样子。我突然想起刚进新东方的时候他天天请我吃饭的日子，我想到他赶走了小偷，想到了他借我钱买衣服的时刻。那时候他还不是校长，我还不是名师。"还没呢，之前一直都忙上课。"我也尽量平常地说。

"别走了。"他突然说。

"啥？"我吃惊地抬起头看他。

"都已经过去那么久了，那时候我们都有不对的地方。但是不管怎么说，我不希望你走。"他真诚的样子，仿佛不是那个冷峻、高傲的校长。

我笑了。现在说这些，是不是晚了点。我当然不是在生他的气，只是，我都努力了那么久，也有很好的结果，现在说这些，会不会有些儿戏。

"而且你最近那么多邀约，其实名声这种事要好好把握，一两年之后就不会有人认识你了。"他说。

"你不会是因为我变红了才留我吧，我可不红。"我半开玩笑地说。

"你要这么想我就伤心了。"他喝了口水，"国内部主管的位置我一直就没有给别人，一直等着你回来呢。我觉得我们的心态都需要调整，如果你在新东方这么好的势头就这样断送了，我会非常内疚，也替你觉得可惜。"

又陷入了沉默。其实，我有想过他开口留我，我也想过他留我我该怎么办。换作之前，我当然毫无留恋；可是突然多出来的录节目、培训和出书的机会，我一直都在压着自己拒绝它们。

"你也知道，哥大很难考。"我默默地说。

"我当时的博士不也放弃了。"他使出了无敌杀手锏，"何况，你现在眼前的机会，真的非常难得。"

"可是，"我低了一下头，"你得请我吃一年的东西。"我突然笑开了——

其实我多希望谁给我一个理由留下啊！

"瞧你那点儿出息！"他也露出了那久违的笑容。

那一霎，我如释重负。是的，反正我的生活已经有如此多的意外，那也不差这一个了。而且我终于可以自如地去接受那些新鲜、未知的挑战了。

"不过我还有一个要求。"我似乎找回了之前两个人交流的语气。

"怎么了？不要过分。"他装出一副威严的样子。

"我上班不用打卡，你要给我弹性的时间去录节目、写书。当然，我会优先保证上课的时间。"我说。

"嗯，自己到处走动的时候也要注意安全，外面的人比新东方内部要更复杂更精明。"

这段"吵架辞职风波"到此可算正式画上了句点。那之后，我和李科又恢复到了好朋友的关系。不多久，我们似乎就摆脱了那些阴影。谁也没有再提起那一段日子，就好像一切没有发生过一样。

但是我心里无比清楚，那一段岁月对我真是意义非凡：它让我从高峰被拉到低谷仍保持着隐忍、奋斗甚至更加努力的心态；它更让我知道了人生永远都要 expect the unexpected（期待那些意料之外），选择其实可以无比灵活，只要你有灵活的资本和条件；它更让我明白了骄傲、友谊的边界是什么：没有人对你的好是理所应当、无限供应的。

接下来，我带着更强大却谦卑的内心火力全开。我更努力地上课，并连续三次得到了新东方"人气王"的称号；我录了无数央视、各大卫视的节目，敬业和表现力使得每个台录完一档节目后就会有兄弟节目接着来找我；我开始了全国的巡回演讲，所到之处都山呼海啸，人满为患；我出了第一本书，极高的销量立刻吸引了更多的出版社轮番跟我谈合作的事宜。

我也把车从"奔驰"换成了"保时捷"，并早已住进了宽敞的江景豪宅。

"你应该去试一下竞聘集团的培训师。"有一次我难得空闲下来和李科约吃饭，他建议我。

"我应该不需要那些证明了吧。"我不以为意。

"当然需要。你现在已经有很多闪亮的成绩了，需要一个这样学术的称号来完善。"培训师是新东方老师的老师，就是我刚进新东方，去北京参加培训时天天点评我们的那帮人。新东方两万教师，培训师不到两百人，可谓是百里挑一。

"哎，好吧。反正我对当校长、往上爬也不感兴趣。在教学上拿到一个"培训师"确实也有必要。"

于是我收拾心情，推掉了一些工作，开始准备培训师的竞聘——我已经习惯了，一段时间，就努力做好一件，最多两件事情。

培训师的竞聘包括了三块内容。第一是笔试，会把托福、专八等题目混合考试；第二是展示，展示的不是你如何上课，而是你如何教老师上课，因为叫作"培训师"；第三是即兴点评，现场会随机放一段新老师的上课片段，然后让你分析优劣，并即兴按照他所讲的内容重讲一遍。

考试的部分我自然不在话下。而第二块比较需要精心勾画，毕竟我擅长的是如何自己讲好课，而指导别人，当然是一件不同的事情。第三部分则无从准备，全看教学的见识。于是我加大了英语的阅读量，每天看美剧也从一集增加到了三集，但求迅速提升英文的感觉。而第二块，我又拿出了新老师备课写逐字稿的方式，一点一点写、改，再征询别人意见。

培训师的竞聘自然是在北京，全国各分校的精英相聚在一起来竞争这教师中的最高等级。说实话，我对北京的好感不多，这多半是因为不管是第一次来培训，还是后来"逃难"来北京，都给我留下了不同程度的创伤。当然，现在的我已经从各个方面都跟当时完全不同，并且已经是全新东方首屈一指的名师了。

笔试满分 100 分，我考了 98 分，排第二。居然有人非人类考了满分，要知道笔试是把平常三个小时的题量让我们一个小时做完呐！

展示这块应该没有什么问题，因为讲课是我的强项。以往每次培训师都招四人，所以基本稳妥。

我们抽好了签，主持人宣布评委入场。走在第一个的人吓了我一跳，居然是杨校长！我激动地起身跟他握手，寒暄了两句，他身后跟着的是我几年前去美国交换学习时的一个队友，后来也升任了某校的校长。我心里更加窃喜，因为我跟他关系不错，而且平常也偶有交流。第三个人是全国国内考试中心的主任，我跟他礼貌地打了招呼。最后一个是我经常在新东方的杂志上看到的面孔，他是第一批新东方名师之一，以深厚的文学功底著称，算是学术界的大师。他们四位坐在了教室的最后一排，让见惯了大风大浪的我都感觉到了隐隐的压力。

第一个上的人果然总是压力山大，而且往往不堪此山的重负，所以讲得有失水准——虽然我也不知道他的水准是怎样，但是跟我以为的培训师的水平相去甚远。四位评委都给出了 80 出头的分数，这对于一个 100 分为满分的标准应该非常一般。

第二位老师站在前人的"尸体"上自然要自然很多。可是，我仍听得意兴阑珊。没有办法，半只脚在电视圈里趟了一圈以后，我的笑点和眼界都已经不是一个老师的精彩可以满足的了。不过，他得到了四人皆接近 90 的分数。

该我上场了。台下还略微紧张的我，一站定、拿起话筒后便似有神助——我其实非常习惯台下紧张这件事情了。每次录节目上台之前，候场时我都紧张得想吐。听着前面主持人已经在谈笑风生，我往往大脑一片空白，喉咙发紧，总觉得厕所没上干净。可是每次我从后台走出来，见到底下无数台摄像机、观众和身边的大咖主持人时，我往往就一点儿也不紧张了。后来我发现，其实紧张是一件好事，说明你在乎。如果没有紧张的感觉，那状态其实也很难起来。

所以我当然是无比精彩地完成了我的展示部分——这不是自恋，精不精彩其实从底下的反应和气场是很容易判断出来的。当然，这么多年，不管是上课、演讲还是录节目，我几乎没有碰见过冷场的状况。果然，第一个亮分的杨校长给了我 95 分，紧接着和我一起去美国的队友给了我 96 分。我心里窃喜：我知道我表现出色，不过这分数，未免也甩别人太远了一些。我还在想，第三位评委又亮出了 92 分的分数。大家也开始鼓掌了，虽然后面还有很多老师没有讲，但是这应该已经没有了悬念。我笑盈盈地望着最后一位"文学大师"，他貌似有些犹豫，没有爽快地翻开。所有人都回头望着他，他望着手里的分数，还是翻了过来：

"79 分。"

所有人惊讶地安静了下来，包括我。我在飞快地判断着眼前的形势，有那么一秒钟我对自己说，他应该是在开玩笑吧。结果他突然说了一句："对，79 分。"来终结了大家的惊讶和猜测。

　　"我想问下老师为什么给我这样的分数。"我突然开口，问道。我一点也不害怕顶撞了他，这也太不可思议了一点，我有理由知道为什么。

　　"没有为什么，每个人有各自的喜好和判断标准，我不能欣赏你的风格。"他用一种很奇特的声音说。

　　"请问我的风格怎么了？"我毫不示弱。

　　"我没有向你解释的义务。"他轻蔑地说。

　　"你！"

　　"思思，先坐回来。"杨校长发话了，用一种不容置喙的声调。

　　我无比愤怒地坐回到位上，我觉得我受到了极大的侮辱。虽然我已经修炼得自以为很强大，但是他如此嘲讽的语气和分数我真的不能接受。我气鼓鼓却又无比憋屈地坐在那里捱完了整个过程。

　　最后宣布结果，我的总分是第三名。我的气消了一点，毕竟会招四个人，算他没有品位。

　　我还在回复呢，结果主持人宣布，由于现有培训师数量接近饱和，这一次只招前两位。

　　我立刻收拾东西，不管旁边人的安慰和挽留，冲出了会场。

　　真恶心。

　　我又想到了"嫉妒"二字。是的，从我来新东方以后，这两个字就和我如影随形。从最开始的陈天航，到后来我上了节目以后，其实各种恶毒的言论都不停砸向我，只是我日臻强大的内心在这些利剑和刀刃下变得愈发强韧。

　　"这种上课跳舞的老师应该被开除出新东方。"校长会议上，几个别的学校的校长联合起来向李科开炮。

"是啊，离开新东方的老罗总抓着这一点攻击新东方。"更多高管搭腔。

"可是周老师讲课非常好，学生无比喜欢，这才是重要的事情。"李科总是在帮我辩解。当然，这是我从别的校长那得知的——有时候我到各地演讲时，当地校长招待我吃饭时，总是会神秘兮兮地透露给我那些高层的斗争。

"周老师不应该去上那么多节目，把新东方搞得太娱乐化，很多老师会效仿他。"

"这也是在传播新东方精神。在新东方元素里，幽默是很重要的一个。"杨校长也会帮我解释。

"但是他宣扬自己成功的时候会有拜金主义的色彩。"

"我不明白了，校长们也都谈业绩、工资、'逆袭'、人才引留，周老师明明就在给很多年轻人树立榜样。"一些接触过我本人的校长也会加入战斗。

其实这种情况，已经几年了。但是想到还有那么多人的声援，特别是无数学生的喜爱，我也就慢慢忍了下来。

"老师，我开学回北京上课，有个老师说你只会跳舞，我在课堂上跟他大吵了一架。"

"周老师，有些学生道听途说了你的讲课，然后我用四级成绩帮你好好地给了他一耳光。"

"思思老师，我们这里的新东方老师跟我说是看了你在电视上，才想进新东方的。"

……

我突然意识到我怎么忽视了平衡：有多少人喜欢你就会有多少人不喜欢你来平衡抵消。王菲、周杰伦、郭敬明有多少人骂啊，可是喜欢他们的人也同样众多啊。

你越强大，站得越高，就会有更多人不喜欢你呀。可是你更应该看到喜欢你的人给你的力量，才能不浪费时间和心情在那些于你根本无关紧要的人身上。

何况，越往前走，人迹会愈发罕至，氧气会更加稀薄。你能啜饮的，也许只有你曾害怕的，那份寂寞。

恍恍惚惚中，我已经到了机场。我也已经基本平静下来——不知不觉间，我已经练就了无比强大的自我修复能力。是的，再负面的情绪也无法笼罩我很久。其实跟以前的无数挫折比起来，这算什么。

我像没有任何心情波动过似的下车，提着我的行李箱，奔向了头等舱柜台。

电话响起——虽然无比做作，但是出于某些纠缠的缘分，机场确实是一个电话容易响起的地方，而且一响就会带来意料之外的事——

"喂，周老师，我是郭老师，对，刚才的评委。其实选出的培训师也是我们项目中心聘请来培训，你真的很优秀，所以有些事情，我也不便说明，但是你也千万不要生气。我决定特聘你来做培训师，所有的待遇都和正式的培训师一样，而且也会去帮你申请以后不用竞聘，直接进入培训师的行列。"

"谢谢郭老师，"我平静地说，"培训新老师是我应该做的事情，但是培训师这个头衔我不需要了。什么时候培训你就提早通知我一声，关于待遇，我要加一条，我要坐头等舱。"

"好的，周老师。"我们都笑了。

尾声

总有一天，你会强大到冲破偏见的桎梏。

你可能想知道我的那些小伙伴现在怎么样了。

小鱼后来保送了研究生，在一家大型的国企里混得风生水起。而阿坤把所有心思放在他女友佳佳上，结果两人一起考研，双双失败。第二年再考，佳佳以全国第三的成绩从她的二本考上了浙大，阿坤却仍没有考上。果不其然，不久后，佳佳遇到了浙大里的年轻才俊，抛弃了阿坤。阿坤悲痛欲绝，花了两年时间重新考研，最后考上了北大。

蓓蓓和Chris都离开了新东方，在长沙各自创立了属于自己的留学和培训机构。他们赚得比在新东方都多得多了，但是也都非常辛苦。不过他们都很开心，因为他们都在做自己喜欢的事情，而且是为了自己。有什么重要的场合我们仍会聚餐，聊天虽没有当时的亲密，但仍有老友的默契。

李科去了更大的学校做校长，因为业绩优秀，又调任到了集团做俞老师的特殊助理。今年不久前，他升任了新东方的副总裁，成了整个新东方排名前五的高管。虽然我们都很忙，但是一年我们会找一两次时间一起出去旅游。我们已经修炼到极致的友谊，这是我任何时候想起来都无比亲切而强大的财富。

Vicky 是我现在在长沙新东方最好的挚友。当时和她七年的男友分手后不久，她就坚强地走出来，邂逅了现在的老公。虽然怀孕生孩子后为了带孩子暂时放下新东方的事业和我有些小口角，但是不多久我们就相亲相爱地坐在一起谈天说地、没心没肺。去年，她代表中南大学得到了湖南省高校教师讲课比赛的第一名，并被各大媒体疯狂报道为上课永远爆满的"女神教师"。今年，我"引诱"她出山跟我一起上网课，一个打破时间和空间的教育公平化的产物。我们瞬间创造了面授课无法创造的奇迹——每个班都有几千人同时无距离、无隔阂地听课、学习。

而我近三年创作的《一笑而过》系列，从中学到研究生，从词汇到语法再到真题，已经销量过百万，直追那些在英语出版江湖霸占十年之久的巨头。

"思思，来参加集团演讲师的竞聘吧。"李科打电话跟我说。

"你别害我，我才不去。"我再也不想趟这些浑水。我这样挺好，做个"无冕之王"。

"演讲师现在集团才七个，今年选五个，顶尖中的顶尖啊！比培训师还稀缺多了！"他诱惑我。

"我只有一个我，是不一样的焰火呢。"我笑着说，丝毫不为所动。

"你怕输对不对？"他狡猾地说。

"你别激我。"我看穿了他的伎俩。

"喂！你就当我新上台支持我的工作啊！"他没好气地说。

"哎，真麻烦，当了这么大的领导还需要我来支持你！"他总是能找到我的要害。

"好了，你到时加油啊！"他开心道。

"什么，你把我忽悠去，自己不当评委啊？"我吼他。

"避嫌。这样你才能赢得光彩！"他愉快地说。

"好了，你总是最有理，我来就是了。"

我挂掉了电话，从我刚搬进的长沙最顶级的江边豪宅的卧室里望着窗外不远处的橘子洲头，旁边的桌上放的是我刚预订的最新款"法拉利"敞篷跑车钥匙。从这个角度往外看出去，真的挺冷清寂寞的。

我还在顾影自怜，外面突然响起了敲门声。那力度和节奏，是如此熟悉。

我欢快地穿过卧室、巨大的衣帽间和十米多的进门长廊，打开门去迎接那张我熟悉的笑脸。

完

图书在版编目（CIP）数据

寂寞是毒，也是解药 / 周思成著.
-- 北京：北京联合出版公司, 2015.9
ISBN 978-7-5502-6277-5

Ⅰ. ①寂… Ⅱ. ①周… Ⅲ. ①成功心理 - 通俗读物
Ⅳ. ①B848.4-49

中国版本图书馆CIP数据核字(2015)第226204号

寂寞是毒，也是解药

项目策划　紫图图书ZITO®
监　　制　黄利　万夏
丛书主编　郎世溟

责任编辑　谢晗曦　夏应鹏
特约编辑　宣佳丽　车璐　安琼琼
装帧设计　紫图图书ZITO®

北京联合出版公司出版
（北京市西城区德外大街83号楼9层　100088）
北京中科印刷有限公司印刷　新华书店经销
200千字　880毫米×1230毫米　1/32　11.25印张
2015年10月第1版　2015年10月第1次印刷
ISBN 978-7-5502-6277-5
定价：39.90元